1949年後
中國行政審批制度變遷

廖宏斌 編著

財經錢線

序

　　制度好,可以使壞人無法橫行,制度不好,可以使好人走向反面,甚至變壞。行政審批制度對於政府管理的重要性亦如此。中共的十八屆三中全會做出全面深化改革的戰略部署,明確了完善和發展中國特色社會主義制度、推進國家治理體系和治理能力現代化的總目標。中共的十九大報告又提出:「轉變政府職能,深化簡政放權,創新監管方式,增強政府公信力和執行力,建設人民滿意的服務型政府。」就此而言,改革和完善行政審批制度,不僅是落實簡政放權任務、深化行政體制改革的核心內容,也是轉變政府職能、建設服務型政府的重要途徑,關係到政府治理體系和治理能力現代化的順利推進與實現。

　　新中國成立70年以來,行政審批制度經歷了漫長且複雜的變遷過程。根據相關研究報告統計,僅2002年至今這一時段,中央政府便先後開展了七輪大力度的行政審批制度改革,地方各級政府開展的行政審批制度改革實踐更是不勝枚舉。在此過程中,行政審批制度的改革與變遷一方面受到了建立健全市場經濟體制、加入世界貿易組織(WTO)、經濟發展進入新常態等外在因素的深刻影響,另一方面也是中央與地方各級政府重新配置行政權力、提高公共服務供給效能、妥善處理「政府—市場—社會」關係等內在因素推動的結果。歷經半個多世紀的變遷與演進,如今行政審批制度改革形成了諸多共識,其中最根本的一條是緊緊圍繞使市場在資源配置中起決定性作用和更好發

揮政府作用的要求，達成「創新政府管理、轉變政府職能、加快建設法治政府、創新政府、廉潔政府，努力為人民提供優質高效服務」的目標。

與行政審批制度變遷70年相伴隨的，除了行政審批制度改革取得的諸多成果，還有行政審批制度改革過程中遭遇的一系列困境與矛盾。實際上，行政審批制度變遷與改革的過程，就是不斷解決行政審批制度領域困境與矛盾的過程。因此，當我們認為行政審批制度改革仍將發生在未來時，實際是承認當前行政審批制度改革仍面臨待解決的困境與矛盾。根據國務院《關於深化行政審批制度改革 加快政府職能轉變工作情況的報告》，現階段行政審批制度改革面臨的問題主要是「與經濟社會發展的迫切需要相比，與全面深化改革的總體要求相比，與人民群眾的熱切期盼相比，仍有較大差距……政府職能越位、缺位、不到位問題依然突出，不該管的管得過多，一些該管的又沒有管好，管理服務能力較弱，行政效能不夠高」。

基於「歷史是人類最好的老師」的認識，也正值新中國成立70週年之際，西南財經大學公共管理學院整合相關研究力量與資源，就新中國行政審批制度變遷進行專題研究，形成了《新中國行政審批制度變遷》的研究成果。該書以1949—2019年的中國行政審批制度為研究對象，按照「脈絡—邏輯—評價」的分析框架對中國行政審批制度變遷進行梳理、總結和評價，回答了70年來中國行政審批制度經歷了怎樣的變遷、變遷背後的邏輯是什麼和變遷的成效怎麼樣三個核心問題。具體的章節結構安排為：第一章從總體上交代了行政審批制度變遷的分析框架，第二章分析了改革開放以前的行政審批制度變遷，第三至五章分析了改革探索階段的行政審批制度變遷，第六至八章分析了加入WTO後的行政審批制度變遷，第九至十一章分析了十八大以後的行政審批制度變遷，第十二章總結指出了行政審批制度變遷的約束條件與發展方向。

該書的撰寫和出版得到了出版社的大力支持，在此深表謝意。由於編者水準有限，書中難免存在不足之處，懇請各位專家學者、實務工作者和讀者朋友批評指正。

編者

目錄

第一章 脈絡、邏輯與評價：行政審批制度變遷的分析維度 …………… 1
- 第一節 制度、制度變遷與行政審批制度變遷 ………………………… 2
- 第二節 行政審批制度變遷的分析維度 ………………………………… 6
- 第三節 行政審批制度變遷的分析方法與途徑 ………………………… 10

第一篇 改革開放以前的行政審批制度變遷

第二章 改革開放以前的行政審批制度變遷 …………………………… 19
- 第一節 改革開放以前行政審批制度變遷的主要內容 ………………… 20
- 第二節 行政體制變化下行政審批變遷的基本方面 …………………… 24
- 第三節 改革開放以前行政審批制度變遷的主要邏輯 ………………… 29
- 第四節 對計劃經濟體制下行政審批制的評價 ………………………… 32

第二篇 1978—2000：改革開放探索階段的行政審批制度變遷

第三章 改革開放探索階段行政審批制度變遷的主要內容 …………… 37
- 第一節 改革開放探索階段行政審批制度改革的背景 ………………… 38
- 第二節 經濟特區涉外領域審批權的先行改革 ………………………… 41
- 第三節 逐步擴大企業自主權 …………………………………………… 42
- 第四節 將多種審批權下放到地方政府 ………………………………… 48
- 第五節 備案制的初步發展 ……………………………………………… 53
- 第六節 來自地方政府的行政審批制度改革創新：深圳的案例 ……… 54

第四章 改革開放探索階段行政審批制度變遷的主要邏輯 ⋯⋯ 60
　第一節　誘發環境：改革開放給政府管理模式提出新要求 ⋯⋯ 61
　第二節　中國行政審批制度改革的動力機制分析 ⋯⋯ 67
　第三節　中國行政審批制度改革的利益主體分析 ⋯⋯ 71

第五章 改革開放探索階段行政審批制度變遷的評價 ⋯⋯ 73
　第一節　配合了社會主義市場經濟體制的發展 ⋯⋯ 74
　第二節　推進了政府在社會主義市場經濟體制中的服務職能 ⋯⋯ 79
　第三節　有利於「依法治國」的開展 ⋯⋯ 81
　第四節　改革中的難點與不足 ⋯⋯ 82

第三篇　2001—2011：加入WTO後的行政審批制度變遷

第六章 加入WTO後行政審批制度變遷的主要內容 ⋯⋯ 95
　第一節　加入WTO後行政審批制度改革的背景 ⋯⋯ 96
　第二節　以法為綱：行政審批的法治化進程 ⋯⋯ 100
　第三節　效率第一：行政審批的模式再造 ⋯⋯ 116
　第四節　地方政府行政審批制度改革的探索與創新 ⋯⋯ 136

第七章 加入WTO後行政審批制度變遷的主要邏輯 ⋯⋯ 142
　第一節　誘發環境：WTO對成員公共管理質量的要求 ⋯⋯ 143
　第二節　加入WTO後行政審批制度改革的動力機制 ⋯⋯ 149

第八章 加入WTO後行政審批制度變遷的評價 ⋯⋯ 154
　第一節　改革進程總體特點回顧 ⋯⋯ 155
　第二節　行政審批改革取得的成效 ⋯⋯ 165
　第三節　改革中的難點與不足 ⋯⋯ 169

第四篇　2012—2019：黨的十八大以來的行政審批制度變遷

第九章　黨的十八大以來行政審批制度變遷的主要內容 …… 175
- 第一節　行政審批制度改革的背景和目標 …… 176
- 第二節　審批權力的削減和規範 …… 179
- 第三節　權力的約束：三張清單和一個監督體系 …… 185
- 第四節　權力的有效運行：行政審批機制和技術創新的深化 …… 193
- 第五節　相對集中行政審批制度改革 …… 199
- 第六節　兩個重點領域的改革 …… 214

第十章　黨的十八大以來行政審批制度變遷的主要邏輯 …… 227
- 第一節　制度變遷的誘發環境：黨的十八大以來面臨的內外部環境 … 228
- 第二節　制度變遷的根本動力：相關者的行動邏輯 …… 234

第十一章　黨的十八大以來行政審批制度變遷的評價 …… 243
- 第一節　進一步優化了政府職能 …… 244
- 第二節　活躍了市場和社會 …… 248
- 第三節　仍然存在的問題 …… 256

第十二章　路在何方：中國行政審批制度變遷的約束條件與發展方向 … 260
- 第一節　新中國成立以來中國行政審批制度變遷的總體特徵 …… 261
- 第二節　新中國成立以來中國行政審批制度變遷的基本經驗 …… 264
- 第三節　現階段中國行政審批制度變遷的約束條件 …… 267
- 第四節　未來中國行政審批制度變遷的發展方向 …… 271

參考文獻 …… 275

1949年後中國
行政審批制度變遷

第一章
脈絡、邏輯與評價：
行政審批制度變遷的分析維度

「行政審批制度變遷」這一研究命題，以「行政審批制度」為研究對象，以「制度變遷」為研究任務。為有效開展中國行政審批制度變遷分析，首先需搭建一個整體性研究框架，以框定分析邊界，設立分析目標，確定分析維度，厘清分析內容，明確分析方法。本章擬圍繞上述任務開展基礎性研究工作，一是對制度、制度變遷、行政審批、行政審批制度、行政審批制度變遷等關鍵概念進行界定，二是對行政審批制度變遷的分析維度——脈絡、邏輯與評價進行論證，三是對行政審批制度變遷的分析方法與途徑進行選取。

第一節　制度、制度變遷與行政審批制度變遷

確切的概念界定是一切研究的邏輯起點與理論基石。行政審批制度變遷涉及制度、制度變遷、行政審批、行政審批制度、行政審批制度變遷等基本概念，有必要對其一一加以界定，以為後續研究奠定堅實基礎。

一、制度的類型及其限定

「制度」一詞在《辭海》中的定義是「要求社會成員共同遵守的、按照一定程序辦事的規程或行動準則」①。在此基礎上，張序等認為，制度具有兩個層次上的意義：第一個層次是社會制度，指在一定歷史條件下形成的規則化、系統化、強制化的社會關係規範體系，表現為政治制度、經濟制度、文化制度等；第二個層次是指政府、機構、團體等特定主體制定的行動準則與管理規程，表現為法律、法規、規章、政策等。②顯然，本書中的行政審批制度對應的是第二個層次意義上的制度，即由行政機關制定的對社會成員具有普遍約束力和一定行動指導意義的管理規則和流程。

一般來說，按照是否成文以及對人們約束力的差異，制度可分為正式制度和非正式制度。其中，正式制度是人們有意識建立起來並以正式方式加以確定的各種制度安排，如各種成文的法律、法規、政策、規章、契約等，對人們具有正式的約束力。非正式制度是指人們在長期的生產活動和社會生活中逐步形成的對人們行為產生非正式約束的一系列規則，表現為習慣習俗、倫理道德、文化傳統、價值觀念、意識形態等。③

---

① 舒新城. 辭海：合訂本 [M]. 北京：中華書局，1947.
② 張序，張霞. 機制：一個亟待釐清的概念 [J]. 理論與改革，2015（2）：13-15.
③ 陳成文，黃誠. 論優化制度環境與激發社會組織活力 [J]. 貴州師範大學學報（社會科學版），2016（1）：50-56.

第一章　脈絡、邏輯與評價：行政審批制度變遷的分析維度

　　本書中的行政審批制度不僅包含正式制度，即對應於由公共權威機關制定的與政府行政審批活動直接和間接相關的各種成文的法律、法規、規章、規範性文件、政策文本等；也包含非正式制度，即對應於對行政審批發展與改革實踐產生非正式約束的意識形態、價值觀念、文化傳統等。相應地，本書不僅廣泛搜集各類正式制度文本，也充分考察各種非正式制度及其影響，以此作為分析中國行政審批制度變遷的全部資料來源。

二、制度變遷的內涵與分析維度

　　制度變遷是經濟學中的重要術語。20世紀70年代前後，美國著名經濟學家道格拉斯·C.諾思（Douglass C. North）引入制度因素解釋經濟增長，並在此基礎上提出了制度變遷理論。[①] 根據新制度經濟學的觀點，制度變遷指「制度的替代、轉換與交易過程，是新的制度代替舊的制度，它實質上是一種效率更高的制度對另一種制度的替代過程，是制度穩定性、環境變動性和不確定性及利益最大化追求三者之間持久衝突的結果」[②]。由此可知，制度變遷包含以下內涵：首先，制度變遷在整體上體現為一個過程，且是一個具有動態性、持續性和演進性的過程。其次，制度變遷必定涉及具有時間先後性的「兩種制度」。一方面，後一種制度比前一種制度具備更高的效率。另一方面，後一種制度與前一種制度之間存在替代、轉換或交易的關係。再次，制度變遷的動因複雜，是制度本身、外部環境、制度主體等因素相互疊加影響的結果。

　　從學術研究的角度審視「制度變遷」，可以認為制度變遷的分析維度包括如下：第一，制度變遷的基礎理論，主要回答制度變遷「是什麼」的問題；第二，制度變遷的脈絡，主要回答制度變遷「怎樣變遷」的問題；第三，制

[①] 道格拉斯·C.諾思.制度、制度變遷與經濟績效［M］.杭行，譯.上海：格致出版社，上海三聯書店，上海人民出版社，2008.
[②] 歐紹華，吳日中.中國國企高管薪酬制度改革的路徑分析——基於制度變遷理論的視角［J］.宏觀經濟研究，2012（7）：93-100.

度變遷的方向，主要回答制度變遷的「向哪裡變遷」；第四，制度變遷的邏輯，主要回答制度變遷「因何變遷」的問題；第五，制度變遷的階段，主要回答制度變遷「有哪些變遷階段」的問題；第六，制度變遷的場域，主要回答制度變遷「在哪裡變遷」的問題；第七，制度變遷的路徑，主要回答制度變遷「如何變遷」的問題；第八，制度變遷的評價，主要回答制度變遷「效果怎樣」的問題等。以上制度變遷分析維度的重要性程度具有差異性，有的制度變遷的分析維度更為重要，有的制度變遷的分析維度相對不重要。本書認為，對於任一載體的制度變遷而言，其基本狀況為何、如何發生以及有何影響，應當是對其開展學術研究所必須回答的三個關鍵問題。這意味著，制度變遷的脈絡、制度變遷的邏輯與制度變遷的評價在所有制度變遷的分析維度中具有更高的重要性程度。

三、行政審批制度的概念界定

行政審批的概念在理論界和實務界基本不存在分歧。早在2001年，國務院印發《關於貫徹行政審批制度改革的五項原則需要把握的幾個問題》，明確將行政審批的概念界定為「行政審批機關（包括有行政審批權的其他組織）根據自然人、法人或者其他組織依法提出的申請，經依法審查，準予其從事特定活動、認可其資格資質、確認特定民事關係或者特定民事權利能力和行為能力的行為」[1]。這一定義指明了行政審批的主體、客體、前置條件、法定原則、內容事項等內涵要素，被學者們廣泛援引。

行政許可與行政審批是一組值得辨析的概念。一方面，二者都是一種具體行政行為，表現出共通性。另一方面，二者又存在明顯區別：從學科角度講，行政許可是行政法學概念，而行政審批是行政管理學概念；從邏輯關係上講，行政審批與行政許可之間是種屬關係，「行政審批是一個更為廣泛的概

---

[1] 關於印發《關於貫徹行政審批制度改革的五項原則需要把握的幾個問題》的通知［EB/OL］. http://www.chinalawedu.com/falvfagui/fg21752/30641.shtml。

第一章　脈絡、邏輯與評價：行政審批制度變遷的分析維度

念，不僅包含了行政許可，也包含了政府內部審批以及與審批相關的所有行政行為」[1]。

學術界對行政審批制度的概念表述存在差異，如有學者將其界定為「行政審批機關（包括具有行政審批權的其他法定組織）根據公民、法人或其他組織依法提出的申請，以書面等方式準予或不准許其從事特定活動的一種制度，主要包括核准、備案及審批等」[2]，有學者將其界定為「國家行政機關依法審查相對人的申請，並決定是否准許行政相對人從事某種活動或者實施某種行為的各項具體制度的總稱，具體包括規定審批機關、審批事項設定、審批職能、審批範圍、申請、審查及審批程序、費用及監督檢查、撤銷、變更審批的方式等方面的制度」[3]，有學者將其界定為「行政機關依法處理行政相對人的申請，依法賦予行政相對人從事特定活動、認可其資格資質、確定特定民事關係或特定民事權利能力和活動的各項具體制度的總稱」[4]。

本書認為，行政審批制度的概念界定應當揭示出行政審批制度的具體內容構成。為此，本書把行政審批制度的概念定義為包括行政審批的範圍與項目、理念與目標、前置條件、實施機關、審批流程、審批時限、審批收費、審批監管、審批責任等內容的一系列的制度安排。

四、行政審批制度變遷的概念與內涵

在上述對行政審批制度和制度變遷兩個子概念進行討論的基礎上，本書把行政審批制度變遷的概念界定為：新的行政審批制度替代舊的行政審批制度以更好適應行政審批改革與發展實踐需要的過程。

根據這一定義，行政審批制度變遷的內涵主要包括：首先，行政審批制

---

[1] 行政審批與行政許可的區別 [EB/OL]. http://www.chinalawedu.com/web/21698/jx1608183348.shtml。
[2] 吳曉燕，韓承鵬. 當前中國行政審批制度改革中存在的問題及對策 [J]. 改革與開放，2015（1）：35-36．
[3] 歐桂英. 行政審批制度改革若干問題解說 [M]. 北京：中共中央黨校出版社，2003．
[4] 成娟. 中國行政審批制度改革過程中的利益分析 [J]. 法制與社會，2016（12）：152-153．

度變遷在根本上體現為一個過程，且該過程具有時間上的持續性、階段上的演進性和狀態上的動態性。其次，行政審批制度變遷涉及新舊兩種行政審批制度，且這種「新」與「舊」是特定時空條件下的相對狀態。比如，一種條件下的「新」行政審批制度可能是另一種條件下的「舊」行政審批制度。再次，行政審批制度變遷是行政審批改革與發展實踐塑造的產物，或者說，行政審批制度改革與發展實踐需要構成了行政審批制度變遷的根源性動力。

第二節　行政審批制度變遷的分析維度

行政審批制度變遷分析維度是指對行政審批制度變遷這一對象進行分析的基本維度，回答的是「從哪些維度對行政審批制度變遷進行分析」這一問題。通過確立行政審批制度變遷的分析維度，實際確立了行政審批制度變遷的分析框架。行政審批制度變遷的分析維度是多元化存在的，我們對行政審批制度變遷的分析不可能也沒必要面面俱到。這就需要以行政審批制度變遷的分析目標與任務為先導考量，確立與行政審批制度變遷分析目標與任務相耦合的行政審批制度變遷分析維度。

一、行政審批制度變遷的分析目標與任務

從根本上講，一切研究都是面向問題的，也都是要回答問題的。[1] 以行政審批制度變遷為對象的研究即回答與行政審批制度變遷相關的問題，這也是行政審批制度變遷分析的目標與任務所在。

---

① 鄧曦澤.問題研究與文本研究——基於知識生產視角的學術方法論探討[J].中國人民大學學報，2013，27（5）：144-150.

第一章　脈絡、邏輯與評價：行政審批制度變遷的分析維度

根據前文對制度變遷分析維度的分析可知，行政審批制度變遷本身涉及一系列相關問題，如「行政審批制度變遷是什麼」「行政審批制度因何變遷」「行政審批制度變遷的目標為何」「行政審批制度變遷有哪些階段」「行政審批制度變遷的場域為何」「行政審批制度如何變遷」「行政審批制度變遷有哪些影響」「行政審批制度變遷效果如何」等。同時，這些行政審批制度變遷問題的重要性不同，其中「行政審批制度怎樣變遷」「行政審批制度變遷因何變遷」和「行政審批制度變遷效果如何」三個問題更為重要。

行政審批制度變遷的分析目標與任務與上述問題密切相關。可以認為，每一個行政審批制度變遷的問題都可以納入行政審批制度變遷的分析目標與任務範疇。本書不擬對行政審批制度變遷的全部問題進行分析，而是僅聚焦於「行政審批制度怎樣變遷」「行政審批制度變遷因何變遷」「行政審批制度變遷效果如何」這三個更為重要的問題。由此，本書中行政審批制度變遷的分析目標是對「行政審批制度怎樣變遷」「行政審批制度變遷因何變遷」「行政審批制度變遷效果如何」這三個問題作出回答。相應地，分析任務是圍繞「行政審批制度怎樣變遷」「行政審批制度變遷因何變遷」「行政審批制度變遷效果如何」這三個問題對行政審批制度變遷展開研究。

二、制度變遷分析維度與行政審批制度變遷分析目標的耦合

制度變遷的分析維度旨在回答與制度變遷相關的問題，從而對制度變遷這一活動現象做出相應解釋。按照對「是什麼」「怎樣變遷」「向哪裡變遷」「因何變遷」「有哪些變遷階段」「在哪裡變遷」「如何變遷」「效果怎樣」等問題的回答，制度變遷的分析維度包括制度變遷基礎理論、制度變遷脈絡、制度變遷方向、制度變遷邏輯、制度變遷階段、制度變遷場域、制度變遷路徑、制度變遷評價等。

作為制度變遷概念的外延，行政審批制度變遷的分析維度與制度變遷的分析維度一致，即包括行政審批制度變遷基礎理論、行政審批制度變遷脈絡、行政審批制度變遷方向、行政審批制度變遷邏輯、行政審批制度變遷階段、

行政審批制度變遷場域、行政審批制度變遷路徑、行政審批制度變遷評價等。根據前文，行政審批制度變遷的分析目標是回答「行政審批制度怎樣變遷」「行政審批制度因何變遷」「行政審批制度變遷效果如何」三個問題，因而對應了行政審批制度變遷脈絡、行政審批制度變遷邏輯和行政審批制度變遷評價三個行政審批制度變遷分析維度。

由上可見，制度變遷分析維度與行政審批制度變遷分析目標二者之間存在密切的耦合關聯（如圖1.1所示）。

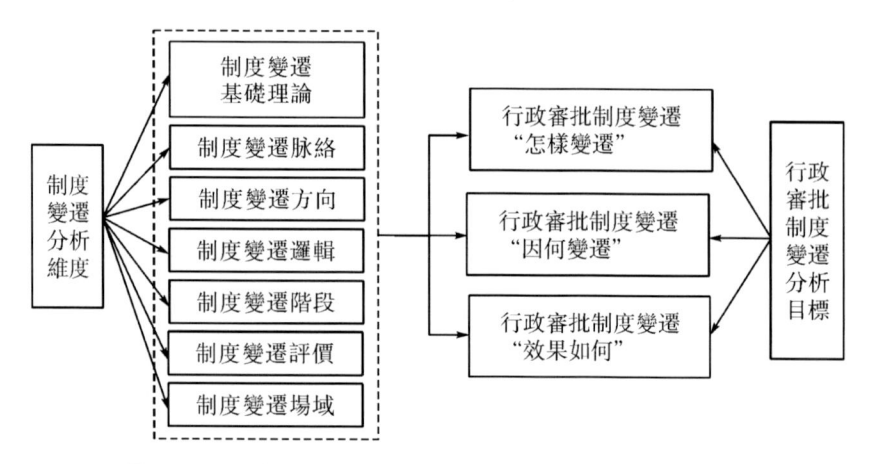

圖1.1　制度變遷分析維度與行政審批制度變遷分析目標的耦合

三、脈絡、邏輯與評價：行政審批制度變遷分析的三重維度

根據上文，與行政審批制度變遷的分析目標——回答「行政審批制度怎樣變遷」「行政審批制度因何變遷」「行政審批制度變遷效果如何」三個問題相對應，行政審批制度變遷脈絡、行政審批制度變遷邏輯與行政審批制度變遷評價構成了行政審批制度變遷分析的三重維度。這三重維度在目標、途徑、作用、特性等方面均有所不同（見表1.1）。

第一章　脈絡、邏輯與評價：行政審批制度變遷的分析維度

表 1.1　行政審批制度變遷三重維度的比較

分析維度	比較維度			
	目標	途徑	作用	特性
行政審批制度變遷脈絡	回答「怎樣變遷」	呈現事實、劃分階段、總結特徵	掌握變遷事實	描述性
行政審批制度變遷邏輯	回答「因何變遷」	揭示內外動因	掌握變遷動因	解釋性
行政審批制度變遷評價	回答「效果如何」	評估成績與不足	掌握變遷得失	評估性

首先，在目標上，行政審批制度變遷脈絡的分析維度以回答「行政審批制度怎樣變遷」的問題為目標，行政審批制度變遷邏輯的分析維度以回答「行政審批制度因何變遷」的問題為目標，行政審批制度變遷評價的分析維度以回答「行政審批制度變遷效果如何」的問題為目標。

其次，在途徑上，行政審批制度變遷脈絡的分析維度以呈現行政審批制度變遷的基本事實、劃分行政審批制度變遷階段、總結行政審批制度變遷特徵等為途徑，行政審批制度變遷邏輯的分析維度以揭示促進和推動行政審批制度變遷現象發生的內在和外在動因為途徑，行政審批制度變遷評價的分析維度以總結提煉行政審批制度變遷的成績與經驗、檢視和反思行政審批制度變遷的不足與局限等為途徑。

再次，在作用上，行政審批制度變遷脈絡的分析維度有助於掌握行政審批制度變遷的基本事實、情況與特徵，行政審批制度變遷邏輯的分析維度有助於把握行政審批制度變遷的結構性動因，行政審批制度變遷評價的分析維度有助於總結行政審批制度變遷的得失。

最後，在特性上，行政審批制度變遷脈絡的分析維度具有描述的特性，行政審批制度變遷邏輯的分析維度具有解釋的特性，行政審批制度變遷評價的分析維度具有評估的特性。

第三節　行政審批制度變遷的分析方法與途徑

恰當的方法與途徑選擇是確保研究可操作和順利達成研究目標的要件。[①] 行政審批制度變遷的分析方法與途徑是達成行政審批制度變遷分析目標和實施行政審批制度變遷分析任務的重要保障。行政審批制度變遷的分析方法與途徑的選擇要求圍繞呈現行政審批制度變遷脈絡、揭示行政審批制度變遷邏輯和實施行政審批制度變遷評價這三個行政審批制度變遷分析目標來進行，並與之相匹配。

一、行政審批制度變遷的分析方法

行政審批制度變遷脈絡、行政審批制度變遷邏輯和行政審批制度變遷評價所依循的分析方法有所不同，總體上包括文獻分析法、歷史分析法、邏輯分析法、案例分析法和對比分析法五種。

（一）文獻分析法

所謂文獻分析法，指「按照研究問題的需要，對一系列相關（制度）文本進行文本查閱、鑑別評價與歸類整理，試圖發現定性資料中存在的規律性問題」[②]。文獻分析法集中應用於行政審批制度變遷脈絡的分析中。行政審批制度變遷脈絡分析對行政審批制度變遷事實的呈現、行政審批制度變遷階段的劃分和行政審批制度變遷特徵的總結均需要直接依託於大量行政審批政策文本。行政審批制度變遷邏輯分析和行政審批制度變遷評價分析也需要運用文獻分析法，表現為借助行政審批政策文本和相關的學術文獻開展研究，並從中引出相應的學術觀點。

[①] 鄧曦澤.問題、方法與比較研究——《論六家要旨》的啟示［J］.江漢論壇，2018（2）：42-49.
[②] 曹玉濤.文本實用主義的陷阱——分析馬克思主義的文本分析法批判［J］.教學與研究，2009（9）：51-55.

第一章　脈絡、邏輯與評價：行政審批制度變遷的分析維度

（二）歷史分析法

歷史分析法也稱縱向時間序列分析法，是指「把研究對象放到特定的時空條件下進行分析的一種研究方法」①。歷史分析法有助於歷史地、具體地分析問題。對新中國行政審批制度變遷的研究，首先從總體上把行政審批制度置於1949—2019年這一六十年的歷史時段中，然後以時間為順序，具體分別從1949—1977年、1978—1992年、1993—2001年、2002—2011年、2012—2019年五個歷史時段分析行政審批制度的變遷。同時，對各個時段裡的行政審批制度分析，以及各個時段之間的行政審批制度變遷分析，都結合特定歷史背景和歷史條件進行，力圖從歷史的角度解析六十年間中國行政審批制度變遷的脈絡與邏輯。

（三）邏輯分析法

邏輯分析法是指「分析數據與文獻等諸多有關資料及撰寫論文中，大量運用了分析與綜合、歸納與演繹、分類與比較等一些邏輯方法，在經過充分論證的基礎上得出一些有關結論」②。在行政審批制度變遷脈絡分析中，對行政審批制度變遷階段的劃分和行政審批制度變遷特徵的總結需要應用邏輯分析法中的歸納法和分類法。在行政審批制度變遷邏輯分析中，對行政審批制度變遷動因的揭示需要用到邏輯分析法中的推理法和類比法。在行政審批制度變遷評價分析中，對行政審批制度變遷的成績與不足分析需要用到邏輯分析法中的歸納法和比較法。

（四）案例分析法

案例分析法是指「通過研究和資料搜集等途徑，對於已經發生的、典型的事件，撰寫成描述性的文字材料，然後用公正的態度對其評析或得出解決問題途徑的方法」③。在梳理行政審批制度變遷脈絡的過程中，對於具有標誌

---

① 文世芳.中國共產黨對境外發展經濟經驗的認識與借鑑（1976—1984）[D].北京：中共中央黨校，2017.
② 謝志強，鄭麗闖.福建省大學生接觸大眾傳媒體育信息現狀調查與分析[J].湖南科技學院學報，2017，38（12）：149-150+153.
③ 王聖華.基於博弈論的城中村改造模式演變研究[D].杭州：浙江大學，2013.

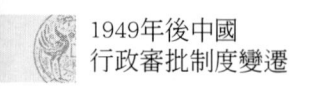

性和關鍵性意義的行政審批制度變遷事件、行政審批改革與發展中的重大舉措、制定出抬的重要行政審批制度文件、地方政府探索實施的重要行政審批改革實踐等，採用案例分析法進行專題分析。

（五）對比分析法

所謂對比分析法，是指將比較對象與相應的標準進行比對，進而對比較對象的優劣、好壞等做出評判的方法。行政審批制度變遷評價應用的核心分析方法即是對比分析法。行政審批制度變遷作為一種客觀既存事實，對其成績與不足進行評價屬於主觀分析範疇，必須依據一定的應然標準。通過將行政審批制度變遷事實與行政審批變遷的應然標準二者進行對比，得出行政審批制度變遷取得何種成績和存在何種不足的觀點。

二、行政審批制度變遷的分析途徑

行政審批制度變遷的分析途徑需要基於適恰的理論基礎。行政審批要素框架、行政生態理論和交易成本理論對行政審批制度變遷分析具有較好的適用性，可以為行政審批制度變遷脈絡、行政審批制度變遷邏輯和行政審批制度變遷評價的分析提供具體路徑。

（一）基於行政審批要素框架的分析途徑

「行政審批」是行政審批制度變遷的主體。通過梳理和總結行政審批的基礎理論與知識，發現行政審批存在特定的要素框架，可為行政審批制度變遷提供基本的分析途徑。

文獻調研發現，絕大部分以行政審批為研究對象的學術文獻大體均從行政審批價值與目標、行政審批範圍與項目、行政審批前置條件、行政審批告知承諾、行政審批流程、行政審批手段、行政審批責任、行政審批時限、行政審批收費、行政審批監管、行政審批服務中心等眾多角度中的一個或多個開展研究。比如，姜曉萍、郭金雲從行政審批項目、行政審批程序、行政審批政務中心、行政審批監管等方面討論了地方政府深化行政審批制度改革的

第一章 脈絡、邏輯與評價：行政審批制度變遷的分析維度

路徑①；又如，張定安從行政審批思維、行政審批理念、行政審批方法、行政審批體制等方面提出突破行政審批制度改革攻堅期問題的策略②；再如，孫彩紅從行政審批目標、行政審批程序、行政審批時限、行政審批事項、行政審批監管等方面分析了當前中國行政審批制度改革存在的突出困境。③ 基於上述，可以提煉出由行政審批的價值與目標、範圍與項目、前置條件、告知承諾、流程、手段、責任、時限、收費、監管、服務中心等要素組成的行政審批框架，可稱為「行政審批要素框架」。

行政審批要素框架為行政審批制度變遷脈絡、行政審批制度變遷邏輯和行政審批制度變遷評價提供了基本的分析途徑。按照行政審批要素框架，行政審批制度變遷脈絡、行政審批制度變遷邏輯和行政審批制度變遷評價可以就行政審批的單個或多個要素進行分析。比如，可專門圍繞行政審批目標這一要素，分析行政審批目標如何變遷（脈絡）、因何變遷（邏輯）、效果怎樣（評價）。同理，也可有選擇性地就行政審批範圍與項目、行政審批前置條件、行政審批告知承諾、行政審批流程、行政審批手段、行政審批責任、行政審批時限、行政審批收費、行政審批監管、行政審批服務中心等的單個或多個要素分析其變遷的脈絡、邏輯與效果。

（二）基於行政生態理論的分析途徑

行政生態理論由美國學者弗雷得·里格斯（Fred W. Riggs）提出。行政生態理論的核心思路是運用生態學的研究方法分析行政系統與其周圍環境的各種因素之間的相互影響和相互作用關係，進而分析如何實現行政系統與其周圍環境之間的生態平衡與協調。④

行政生態理論的主要觀點有：第一，任何一個行政系統都存在於一定的生態環境（包括自然環境和社會環境）之中。第二，行政系統的運作和發展

---

① 姜曉萍，郭金雲.地方政府深化行政審批制度改革的個案研究——以四川省成都市行政審批制度改革為例［J］.中國軟科學，2004（7）：151-156.
② 張定安.行政審批制度改革攻堅期的問題分析與突破策略［J］.中國行政管理，2012（9）：14-18.
③ 孫彩紅.地方行政審批制度改革的困境與推進路徑［J］.政治學研究，2017（6）：81-90，127-128.
④ 黃愛寶.行政生態學與生態行政學：內涵比較分析［J］.學海，2005（3）：37-40.

依賴於其所處的生態環境。第三，對行政系統的研究不僅要研究行政系統本身，更要研究行政系統與生態環境之間的關係。第四，分析生態環境對行政系統的影響，實際是分析一個國家所特有的社會文化以及歷史等多方面的因素如何影響並塑造該國的公共行政系統。第五，對影響行政系統的生態環境，主要考察經濟要素、社會要素、溝通網絡、符號系統和政治構架五個要素。其中，經濟要素涉及經濟結構、經濟發展的水準與方式等，社會要素涉及社會組織、社會文化程度、社會發展水準等，溝通網絡涉及語言使用、社會輿論力量、通信及交通狀況等，政治架構涉及政治與行政的關係、政治文明程度等。

行政審批制度變遷是行政系統的構成內容，或者說，是作為一個行政子系統而存在。因而，行政生態理論對分析行政審批制度變遷具有適用性。

行政生態理論為行政審批制度變遷提供了如下分析途徑：一是從系統的角度審視行政審批制度變遷本身，即應當對構成行政審批制度變遷系統的若干要素做出分析；二是行政審批制度變遷必然處於一定的生態環境之中，因而需要分析行政審批制度變遷與其所處外部環境之間的相互作用和相互影響關係；三是對於影響行政審批制度變遷的外部環境因素分析，可借助「經濟要素—社會要素—溝通網絡—符號系統—政治構架」的環境因素框架。按照上述途徑，可具體對行政審批制度變遷的脈絡、邏輯與評價展開分析。

（三）基於交易成本理論的分析途徑

「交易成本」的概念由諾貝爾經濟學得獎主羅納德・科斯（Ronald Coase）於1937年在《企業的性質》中提出。1977年，制度經濟學家奧利弗・威廉姆森（Oliver Williamson）對交易成本理論做出了進一步擴展和完善。

交易成本理論的觀點主要有：第一，依靠價格機制運作的市場存在偏高的交易成本，因而出現了降低交易成本和提高資源配置效率的企業機制。第二，交易成本由搜尋成本、信息成本、議價成本、決策成本、監督交易進行的成本、違約成本等類型構成。第三，交易成本的產生主要源於市場中的有限理性、投機主義、不確定性與複雜性、少數交易、信息不對稱、對立氣氛等因素。其中資產專屬性、交易不確定性和交易頻率是關鍵性因素。第四，

第一章　脈絡、邏輯與評價：行政審批制度變遷的分析維度

交易成本與資源配置效率的關係是交易成本越低，資源配置效率越高，反之亦然。

作為新制度經濟學理論中的重要構成，交易成本理論早已「跨界」應用到法學、政治學、社會學等領域之中。在政府部門中，如何提高行政效率一直是一個受公共行政理論界關注的問題。交易成本對於政府運行效率低下現象具有重要的解釋力，對於提高政府運行效率具有重要的應用價值。

作為政府行為的行政審批以效率為核心價值取向，因而必然可以應用交易成本理論進行分析。具體到行政審批制度變遷，交易成本理論可以提供如下分析途徑：一是市場化。相比於政府機制，市場機制總體上表現出更低的交易成本和更高的運行效率，因而行政審批改革應當適當引入市場機制。二是行政層級。政府審批層級的數量與設置方式直接關係到行政審批成本，因而是值得考量的關鍵維度之一。三是協同創新。行政審批同時涉及審批主體（審批職能部門）和審批客體（企業、公民等），因而多元主體之間的協同創新是降低行政審批交易成本的重要途徑。

1949年後中國
行政審批制度變遷

第一篇
改革開放以前的行政審批制度變遷

1949年後中國
行政審批制度變遷

第二章
改革開放以前的行政審批制度變遷

　　新中國成立後，對當時各種所有制形式的經濟實行了社會主義改造，建立起全民所有制和勞動群眾集體所有制的社會主義公有制經濟，實行高度集中的計劃體制。直至1978年黨的十一屆三中全會以前，計劃管理在政府經濟管理中占據著主導地位。行政審批作為計劃管理的輔助手段，從新中國成立起就與中國的計劃經濟管理體制相伴而生，在國家經濟和社會生活中發揮著重要作用。考察改革開放之前的行政審批制度的變遷自然離不開對當時計劃經濟體制、政府管理模式的理解。

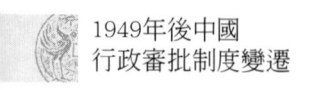

第一節　改革開放以前行政審批制度變遷的主要內容

一、背景：計劃經濟體制和管制型政府管理模式

作為一種完全消除自主性競爭的安排式經濟，計劃經濟通常需要建立在某個權威的基礎上，通過權威的全面系統的安排形成經濟秩序。這種基於計劃經濟的全能統制型政府用以規制經濟、社會生活的制度的方式不僅包括單位制度、戶籍制度這類的社會分類制度，也包括具體繁瑣的指令性計劃制度，其中最重要的則是行政審批制度。行政審批制度與以行為規範為基本特徵的全能統制型行政模式有非常密切的內生關係。倘若全能統制是基於計劃經濟的政府行政管理的制度內容，那麼行政審批制度就是這種政府管理的制度形式。

（一）計劃經濟體制的發展歷程

1949—1956 年，中國逐步走上了計劃經濟體制的軌道，其基本形成過程大致可分為以下三個階段。

第一階段為 1949 年 10 月—1950 年 6 月，這一階段萌生了計劃經濟體制。中國在 1949 年底改造了官僚資本主義工商業，對官僚資本主義工業企業進行沒收同時建立國有工業，掌握了國民經濟的生命線，社會主義公有制逐漸開始建立。很快，民營企業被納入計劃生產軌道，非公有制私營企業也進入調改階段。在組織結構方面，建立了負責項目管理的其他專門中央機構，如全國編製委員會、全國倉庫物資清理調配委員會，以及作為國家現金調度機構的中國人民銀行。國家通過這些機構開始實施對經濟活動行政命令式的直接管理。1949 年冬，中央政府決定實行國家財政經濟統一管理的原則，並通過 1950 年 2 月舉行的全國財政會議，強制性地提出「六個統一」：統一財政收入和支出，統一公糧，統一稅收，統一編製，統一貿易和統一銀行。在此期

間，一些國民經濟發展的計劃和措施開始被提出。例如，對糧食、皮棉、煤炭等制定了 1950 年的生產計劃指標。

第二階段（1950 年 7 月—1952 年 8 月）是計劃經濟體制形成的初始階段。中央政府於 1950 年 8 月召開的第一次全國計劃工作會議是中國計劃經濟體制決策結構初步形成的標誌。也就是說，決策權屬於國家，決策權的分配採用行政手段形成分割的層次結構。從此，國有工業生產和基本建設的規劃和管理得到了加強。在工廠內，以生產計劃的實施為中心，實行黨政工作組的統一領導；對於農業、手工業的規劃領導，提出在完成土改的地區，通過開展互助合作運動確保實現國家農業生產計劃；同時積極推進互助小組生產經驗和供銷社「結合合同」制度，使互助小組有計劃地生產和消費，供銷社實現計劃經營；組織和發展手工業生產合作社的地方計劃被納入當地的工業計劃。總之，在黨的七屆三中全會後，中國計劃經濟體制的決策結構初步形成。在國家集中統一領導下，以強制性經濟發展規劃的形式，國民經濟得到全方位計劃管理，計劃經濟體制初步形成。

第三階段（1952 年 9 月—1956 年 12 月）是計劃經濟體制的基本形成階段。毛澤東同志在 1952 年 9 月提出「十年到十五年基本完成社會主義」的目標，該目標促使了計劃經濟體制的進一步改善，並且計劃經濟體制得到了法律的確認。在已建立的專門計劃管理機構的基礎上，中央政府成立了一個工作組，為 1954 年 4 月的五年計劃編製綱要草案。該小組經過幾次試編形成了五年計劃的初稿。法定審批程序完成後，國務院以命令的形式頒布了「一五計劃」，要求各地、各部門遵守執行。1954 年，中國制定並頒布了第一部憲法，其第十五條規定：「國家利用經濟計劃指導國民經濟的發展和轉型，不斷提高生產力，改善人民的物質文化生活，鞏固國家的獨立與安全。」這表明計劃經濟體制已成為中國的法定經濟體系。

總之，到 1956 年底中國已經初步建立和形成高度集中統一的計劃經濟管理體制。其基本特徵可以概括為四點：「生產資料所有制的單一化，強調公有制程度越高越好；經濟決策權高度集中於中央；在經濟調節方面，強調指

令性計劃的作用；在分配方面傾向於平均主義的『大鍋飯』。」① 在這種計劃經濟體制下，每個企業屬於一個或幾個行政機關。行政機關對企業的生產經營實行高度計劃控制。生產材料、產品數量甚至產品質量或水準均由計劃確定，同時產成品、利潤均按計劃分配。簡而言之，業務中的一切都按計劃進行。如果企業想要改變自己的生產經營安排，如擴大生產規模、增加產品數量、擴建廠房、更新生產設備等，必須提前向國家提交申請，並在國家審核並批准申請後將其納入計劃才可以實現。

（二）管制型政府的管理模式

在1949—1978年的近三十年間，中國在特殊的社會歷史條件下，建立並不斷強化政治導向的政府管理模式。從新中國成立到改革開放之前中國實行的是高度集中的計劃經濟體制，在這樣的經濟背景下，政府是指揮整個政治、經濟、文化和社會生活的唯一主體，任何其他的社會組織和公眾都無法集中資源和力量來進行公共管理和經濟建設。於是形成了政府對各個領域無所不包、無所不管，政府權力無限的管理格局。

當時逐步建立起來的高度集中的計劃經濟體制是中央政府運用行政力量和行政辦法集中配置資源的一種體制，對社會經濟採取的是直接控制並下達計劃的管理方法。由於社會資源被政府壟斷，企業生產經營所需資源均依賴於政府，政府的行政權力過於膨脹，幾乎成了「全能政府」。在這一時期審批便成為政府管理經濟社會的主要手段和方式，同時政府也通過審批配置社會資源。行政審批由此出現並成為政府配置資源的重要手段和方式。

「改革開放之前中國政府體制有兩個最重要的特徵就是高度集權、計劃管理。」② 高度集權表現在幾個方面：從中央和地方的關係來說，權力集中於中央政府，地方政府一般處於執行的地位；從政府和企業的關係來說，政府直接掌握了企業的所有權和經營權，政府成為一切經濟活動的中心，實行統一

---

① 尹書博.論高度集中統一的計劃經濟管理體制在建國初期的歷史作用及其局限 [J].許昌學院學報，1996（2X）：108-112.
② 張文壽.中國行政管理體制改革：研究與思考 [M].北京：當代中國出版社，1994.

管理、統負盈虧。此時政府主要通過行政命令和行政指導方式參與經濟活動和實現社會管制。

二、計劃經濟體制時期的行政審批制度

在行政審批制度與全能統制型行政模式之間存在著密切的內生關係。自新中國成立以來，行政審批制度與計劃經濟體制相伴相生，比如實行的政企合一的模式。這種高度集中的政府管制體制在中華人民共和國成立後的一定時期內，集中了大量資金投資建設經濟，發揮了巨大作用。

20世紀50年代中國行政管理體制的特點與當時的經濟體制密切相關。計劃體制下的監管經濟體制體現在國家將絕大多數國民經濟納入規劃軌道的不同程度。國有工業企業特別是大中型企業的管理由中央主管部門按計劃統一分配。在財政體制中，實行中央、地區、省（後為中央、省、縣）三級財政管理制度，統一收支，統一中央領導，負責地方分級。投資體製表明投資由中央政府部門按照不同的條款和統一的計劃進行管理。百姓的衣食住行都離不開政府的行政審批，比如人口流動、升學、就業、工作調動甚至日用品購買都需要經過審批。從而形成了一個覆蓋面廣、領域多、對社會各方面發展影響很大的獨特的行政審批制度。

三、計劃經濟體制下行政審批制度的特點

計劃經濟體制下的行政審批制度具有以下特點：一是行政審批制度和審批部門緊密結合，形成一種融入行政體制和行政權力的實質性政府職能。同時行政審批與政府部門及其公務員的切身利益密切相關。二是行政審批制度與計劃經濟體制條件下的計劃密切相關。特別是指令性計劃，是實現政府計劃的重要手段。行政審批的依據是國民經濟發展計劃和各種政府計劃，如固定資產投資審批、集體消費審批、技術改造審批等。如果計劃經濟體制進行重大改革，行政審批制度也將進行重大改革。第三，行政審批制度與「一大

兩公」的所有權密切相關。大多數行政審批沒有法律規定，主要以政府內部文件作為依據。計劃經濟體制的一個重要特徵是追求純粹的公有制。行政審批是對國有經濟單位特別是國有企業和下級政府的行為的控制。它是一種政府對國有企業和下級政府行為的嚴格管理。政府對國有企業的投資項目審批、採購審批、工資總額審批、國有資本損益項目審批等是政府行使所有者職能的必然結果。

簡而言之，由於計劃時期中國商品經濟不發達，社會、文化生活單一，行政審批涉及範圍有限，其主要特點是：審批是政府控制社會的基本手段；審批雖然大量存在，但是涉及的領域較少；行政審批受法律的制約小，審批者的自由裁量權大。

第二節　行政體制變化下行政審批變遷的基本方面

1949—1977年這一階段行政體制的一個重要特點就是行政權力呈現分割上不穩定的收放循環。隨著行政體制中行政權力的下放與上收，行政審批制的主要問題是中央與地方政府間的權力分配。該時期主要包括四個階段：新中國成立初期的集權、五十年代末的第一次放權、六十年代初期的大收權、七十年代初期第二次放權。

一、1949—1957年：新中國成立初期的集權

1952年隨著三年經濟恢復時期任務的完成，國家經濟狀況和社會秩序逐漸好轉和穩定，中共中央和政務院參照蘇聯高度集中的計劃經濟管理模式，對政府行政機構進行了大規模的調整。

「一五」期間，財政部關於國有企業財政收支計劃的規定明確了基本建設

支出、技術組織措施、新產品試用費、零星固定資產購買等各種規定。國有企業各部門的事業費用都在政府經濟撥款的範圍內。這意味著,如果國有企業需要購買固定資產、建設工廠和其他項目,則需要向政府申請資金。本條例將企業的生產經營和創新支出劃入政府行政審批項目範圍,這使得政府在此期間持有的行政審批權不斷集中。

1950—1957 年是中國經濟所有制的機構高速變化的時期。隨著私營企業和個體手工業產值占比的下降,到 1957 年,中國的全民所有制、公私合營、集體所有制三者收入占比超過了 95%,整個國民經濟由國家掌控,資源依賴政府命令配置。國家對國營企業實行直接計劃規制模式,在國營經濟中中央政府掌控的企業數量不斷增加,這一階段中央政府擁有高度集中的經濟干預權力。對國營企業設置的命令性指標反應了企業的經營、財務和人事情況[①]:總產值、主要產品產量、新種類產品試製、重要的技術經濟定額、成本降低率、成本降低率、成本降低額、職工總數、年底工人人數、工資總額、平均工資、勞動生產率和利潤。

因此,這一時期的行政審批特別繁瑣複雜,要想啟動一個項目,需要進行層層的、長時間的審批。例如,某廠裡一個改造項目,需要經過主管部門以及計劃、規劃、環保、水電、交通、銀行等 10 多個部門的審批,連在廠裡建一個廁所也需要徵得規劃部門的意見。

二、1958—1961 年:第一次放權的嘗試

1957 年 11 月,國務院發布了《關於改進工業管理體制的決定》《關於改進商業管理體制的規定》《關於改進財政管理體制的規定》。1958 年 9 月,中央又發布了《關於改進計劃管理體制的規定》。文件總的精神便是要改變權力過多集中於中央而地方及企業單位自主權較少的狀況,以進一步發揮地方和

[①] 董志凱,武力. 中華人民共和國經濟史:1953—1957(上)[M]. 北京:社會科學文獻出版社,2011:308-309,436.

企業的積極性和主動性。根據中央的規定，1958年中央各個部門把一部分計劃、基建項目審批、財政、稅收、勞動管理、商業、金融和教育管理等權限下放給地方。在工業方面，對企業的隸屬關係進行了調整，一些直接由中央政府管理的企業分散到省、市、自治區；對地方企業，省、市人民委員會的物質分配權限有所增加。同時，適當擴大企業主管人員對企業內部的人事安排權和機構設置權，以利於各省、市、自治區盡快建立獨立完整的工業體系。這是1949年以來中央第一次大規模向地方下放權力，說明黨和政府對行政管理的實踐和認識有了很大的進步。

但是，隨著「大躍進」運動的開展，黨中央、國務院最初本著謹慎穩妥精神部署的改革計劃被納入高指標、高速度的發展軌道，行政管理體制的改革與調整被簡約化為單純盲目的「大放權」。第一，把中央各部所屬企業幾乎全部下放給地方。除了一些重要的、特殊的和實驗性的企業仍然由中央政府繼續管理，其餘的都分散到當地管理。第二，大幅度下放計劃管理權。為了使地方能自成體系，不適當地擴大了地方的計劃權限。第三，下放基本項目建設審批權。為了使地方盡快地發展工業，中央決定放鬆對基本建設項目的審批程序，放手讓地方擴大基本建設規模。比如在有些文件中規定，地方興辦限額以上的建設項目，由地方批准，只需向中央報備備案；低於限額的項目完全由當地自行決定。第四，財政和稅收權利的分散化。為了增加當地的財政資源，改變過去地方支出中包括基本建設撥款的情況，變為全部由中央專案撥款解決，中央也擴大了對地方稅收的減免權。此外，還將勞動管理權、商業銀行管理權、教育管理權等下放給地方。①

三、1962—1965年：放權後的大收權

20世紀50年代的權力下放導致中央財政赤字超過了180億元，同時，

---

① 許放.中國行政改革概論［M］.北京：冶金工業出版社，2012.：56-57.

「左傾」錯誤帶來的經濟危機使得中央政府開始反思這次放權。[①] 因此，第二個階段 1961—1965 年主要以「大收權」為主要內容。

1961 年中央政府頒布《關於調整管理體制的若干暫行規定》，標誌著以「大權獨攬、小權分散」的原則開始了新一輪行政改革。這次改革強調經濟管理的大權應該集中到中央、中央局和省三級，並且計劃、基本建設、財政、信貸、物資的管理要得到加強；同時上收了全部軍工企業和一批下放的民用企業，企業的行政管理、生產指揮、物資調度、幹部安排的權力統歸中央主管。1961 年 9 月，中央起草《國營工業企業暫行條例（草案）》。條例中有「五定」，即企業中需要政府行政審批的內容，分別是企業產品方案和生產規模、人員和機構、主要的原材料和供應來源、固定資產和流動資金、合作關係。企業的經營、人事、財務等關鍵方面都需要經過政府的審批。在此基礎上，企業自籌基金的項目更是需要經過政府的嚴格審批，同時中央政府將企業大型項目的行政審批權上收。1961 年 9 月，中共中央頒布《關於當前工業問題的指示》，具體規定了中央政府收回行政審批權的內容，地方財政支出不再覆蓋基本建設，中央政府對其進行專項撥款。1962 年 5 月，中共中央頒布了《關於編製和審批基本建設設計任務書的規定》《關於加強基本建設計劃管理的幾項規定》《關於基本建設設計文件編製和審批辦法的幾項規定》，將行政審批權進一步集中。相應地，中央政府減少了對基建投資項目的批准。[②] 這一時期，為了在短期內集中行政權力，提高經濟產出，中央政府在社會經濟各個領域設立了行政審批項目，從食品供給指標審批到高校招生審批。

四、1966—1978 年：中央政府的第二次放權

1969 年 2 月，國家計劃會議提出，企業的管理模式應分為三種：中央管理、地方管理、中央和地方共同管理。1969 年 5 月 1 日，全國最大的企業鞍

---

① 佚名.中共中央、國務院關於工業企業下放的幾項決定［EB.OL］.http://www.china.com.cn/guoqing/2012-09/10/content_26746818.htm.
② 路遙.中國行政審批配置權研究［D］.重慶：西南政法大學，2015.

山鋼鐵公司從中央管理改為遼寧省鞍山市管理，這標誌著中央政府第二次下放權力的開始。這次權力下放的內容與第一次權力下放的內容相似，包括將中央政府附屬企業和機構的管理權下放到地方政府。中央政府自己的部門和人員都得到精簡。不同之處在於第二次權力下放範圍比第一次更廣泛，涉及更多的產業和領域。

1970年3月，國務院頒布了《關於國務院工業交通各部直屬企業下放地方管理的通知（草案）》，要求中央部委在1970年將大部分企業下放到地方政府管理部門。在近2600個中心地區，政府管理的企業被下放到各地，行政審批權相應地下放到各地。1970年分權後，中央政府所屬只有500家企業和事業單位，相較1965年減少近90%。① 隨著中央政府工業企業管理權的下放，中央政府的組織也必須相應調整，其部門——委員會和直屬機構的90多個部門減少到27個，這也是新中國成立以來的政府機構工作人數較少的時期。

隨著企業管理權力下放和政府機構的精簡，政府已經下放並取消了一些企事業單位的行政審批項目。例如，商務部已將所有一級批發站部署到省級單位，這意味著中央政府已對省政府的物資分配和管理設置了行政審批權。1966年，中央組織和部管物資共579種，1972年217種，減少了60%以上。②

總而言之，行政審批制的形成與發展和國家經濟建設、行政體制息息相關。新中國成立初期的國民經濟不景氣，政治體系不完善，於是中國政府學習蘇聯政府的高度集中管理制，形成了特定時期的計劃經濟體制，由政府集中權力，統一計劃管理。行政審批便是計劃管理的產物，通過行政審批來達到社會資源的優化配置，發展國民經濟。

---

① 劉國光. 中國十個五年計劃研究報告 [M]. 北京：人民出版社，2006：303-304.
② 胡鞍鋼. 中國政治經濟史論：1949—1976 [M]. 北京：清華大學出版社，2008：513.

第三節　改革開放以前行政審批制度變遷的主要邏輯

在高度集中的計劃經濟時代，行政審批作為國家控制經濟運行和社會生活的重要手段，在行政規劃的政治功能和長期規範經濟運行方面發揮了作用。由於行政審批制度與管制型政府的行政模式有著密切的內生關係，行政審批制度自新中國成立以來一直伴隨著中國的計劃經濟管理體制共同發展。通過梳理行政審批變遷的過程發現，改革開放前中國行政審批的變遷主要體現在中央和地方兩個主體之間的權力配置變化，也是隨著中國經濟體制改革和行政體制改革的進行而變遷的，同時也要考慮社會利益的變化、政府職能轉變等其他重要因素。

一、誘發環境：計劃經濟體制的確立和發展

計劃經濟與行政審批制度間有緊密的內生關係。在傳統的計劃經濟體制下，政府主要採用行政審批的方式實施行政管理。作為將企業和單位的社會經濟活動納入國家規劃軌道的前提，行政審批使得未經批准的項目無法獲得資源分配。雖然中央政府多次收權與放權，但行政審批都是伴隨著中國計劃經濟體制不斷變化和發展而變遷的。

作為其誘發環境，計劃經濟體制的確立是行政審批制度形成的依據。行政審批制度的出現是社會利益結構不平衡造成的。也就是說，由於利益的分化，利益分配是不合理的。這種不合理性清楚地表明，當政府的行政命令和行政指導不能在解決這些問題時發揮主導作用時，必須使用行政審批手段調整它。因此，只要利益分配不平衡，就有行政審批的依據。中國行政審批制度的出現就是在計劃經濟的條件下，整個社會利益一體化，沒有公共利益和私人利益的區分，利益衝突與利益矛盾處於極小化的狀態。[①] 因此，政府內部存

[①] 張康之. 行政審批制度改革：政府從管制走向服務 [J]. 理論與改革, 2003 (6)：42-45.

在的行政命令和行政指導對整個社會具有普遍適用的意義。任何單位、企業甚至個人的經濟和社會活動只能通過政府批准合法化。

從上述角度來分析就不難理解，1949—1978年中央政府多次嘗試將行政審批權部分下放到地方政府或直接還給企業為何沒有實質性的效果。正是由於計劃經濟體制的實質沒有做出改變，這一時期行政審批權的「收」和「放」只是在政府內部不同層次、不同權力部門間的再分配，並沒有真正改變資源配置方式。換言之，正是為了適應計劃經濟體制的發展，行政審批制度才在中央的主導下不斷地調整。

二、根本的動力：「自上而下」的單向推動

在傳統的中央計劃經濟體制下，整個社會經濟體系是按照列寧的「國際辛迪加」模式組織起來的。政府的行政審批權覆蓋社會的方方面面，宏觀經濟和微觀經濟的決策權、人權、物權、財權的支配權均歸屬於中央。因此，在高度集中的計劃經濟體制下，行政審批的變遷的根本動力只是中央政府「自上而下」的單向推動，不同時間階段進行的「收權」與「放權」也只是在政府內部各個層級與權力部門之間進行。

1949—1957年，由於三大改造的完成，在整個國民經濟被政府控制的背景下，國家對國營企業實行直接的計劃規制模式；1958—1961年的第一次放權是伴隨著黨的八大關於經濟體制改革思路展開的，也是在國務院發布各個文件的前提下進行的；1962—1965年的大收權的標誌便是《關於調整管理體制的若干暫行規定》的發布，對行政審批權的集中也是根據《關於編製和審批基本建設設計任務書的規定》《關於加強基本建設計劃管理的幾項規定》《關於基本建設設計文件編製和審批辦法的幾項規定》這三個文件的精神展開的；1966—1978年第二次放權是根據國務院頒布的《關於國務院工業交通各部直屬企業下放地方管理的通知（草案）》的要求將部分的行政審批權下放到地方和企業。

至此可知，改革開放前的行政審批變化完全是在中央政府主導下，根據

第二章　改革開放以前的行政審批制度變遷

中央文件精神來落實的。地方和企業僅僅是文件精神的實踐者，沒有自主決定的權力。

三、基本模式：體制內的有限審批

由於計劃經濟是中國政府建立的基礎，以至於在長期的計劃經濟實踐中政府行為被定型。行政審批制度的變化也不是獨立存在的，它是行政體制改革的重要組成部分。縱觀新中國成立後至改革開放前的行政審批變遷經過，可發現其基本模式便是政府行政系統內部的有限審批。這種變化與行政執行體制的特徵分不開。

傳統行政執行體制習慣於用發布指標來實施各種指導方針和政策。在行政執行體制中，通常由上級決定工作的任務。任務分解後，具體指標被釋放到較低級別的行政層次並要求在一定時限內完成，然後各級領導和執行部門根據任務指標按進度進行。這個方式勢必影響行政審批變化的基本模式。改革開放後中央政府權力下放、收權和權力下放的實踐，雖然使地方政府在經濟和社會領域的力量確實增加了，但並沒有從根本上觸及體制問題。行政模式沒有根本改變，地方事務、財政權力、人權仍然在中央的控制之下。[1] 這一直影響到改革開放之後的行政審批制度改革的基本模式，即根據中央統一部署，通過自上而下的行政手段進行。

總之，改革開放前的行政審批的變化是與特定時期特定的計劃經濟體制、行政體制以及社會利益格局等方面相關的。在變遷過程中，這些因素都會影響到其實際改革的效果，這就要求必須從根本上對經濟體制進行變革，推動政府管理體制的根本轉變。

---

[1] 徐湘林. 行政審批制度改革的體制制約與制度創新 [J]. 國家行政學院學報，2002 (6): 20-25.

第四節　對計劃經濟體制下行政審批制的評價

計劃經濟體制下的行政審批制是一把雙刃劍。

計劃經濟時期的行政審批制是與當時特定的經濟基礎相適應的。

第一，它是資源配置的一種手段，為我們國家的社會主義建設提供了一個強有力的支柱。1949年新中國成立後，擺在黨和人民面前的是國民黨政府留下來的經過連年戰爭積貧積弱、一窮二白的爛攤子。國際上還有很多國家並不承認新中國的成立，處處排擠中國。面對當時險峻的國內國際形勢，特別是百廢待興、百業待舉、極其薄弱的經濟基礎，加快實現工業化與資源稀缺之間存在著不可避免的現實矛盾。[①] 為了保證整個國家的國民經濟能夠迅速恢復，同時出於革命理想、國家安全的考慮，中國採取了計劃經濟體制。國家、社會的運作與發展都需要一定的資源進行支撐，但是現存的資源十分有限，物質匱乏、人力物力不足。為了維持國家、社會的穩定和發展，於是中央政府壟斷了所有社會資源，運用行政力量和行政辦法集中配置資源。當時的行政審批在集中力量進行社會主義工業化建設並有效配置資源方面起到了作用。

第二，它是政府全面控制社會生活的一種重要手段，加強了國家對社會經濟活動的宏觀調控。在計劃經濟體制下選擇行政審批制並不是為了解決「市場失靈」問題，它只是當時中國政府進行社會經濟等各方面事務管理的一種手段。通過行政審批，國家政府將加強對國民經濟和社會活動的宏觀調控，維護社會秩序和社會保障，確保公共衛生和公共福利安全，提供符合質量要求的產品和服務，保證國家、社會朝著正確的社會主義建設道路前進。

第三，行政審批製作為殘缺產權制度下分散的、臨時性的產權界定機制，在一定程度上可以幫助界定產權責任。行政審批制度是一種分權和臨時的產

[①] 胡赫. 中國行政審批制度改革的回顧與啟示 [J]. 管理觀察, 2016 (26): 61-64.

第二章　改革開放以前的行政審批制度變遷

權界定方法，也就是說，由於「全民所有」的財產權沒有具體的負責人，國家政府通過行政審批的方式對國有資源的使用者進行特別授權，同時將責任明確，做到權責相關。但是由於行政審批行為只涉及一小部分的具體產權，所以它本質上是零碎的，這決定了行政審批作為一種界定財產權的方法是分散的並且是臨時性的。這種分散和臨時性，又決定了行政審批所界定的產權只能在一定程度上解決權利與責任的關係，而不能從根本上完全解決。[1]

但是，行政審批制度在計劃經濟時期發揮其歷史貢獻的同時也存在一定的缺陷。

首先，作為國家資源分配形式的行政審批是不經濟和低效的。行政審批確實可以防止生產盲目性，減少不必要的生產資源浪費，但是，行政審批本身的成本也不容忽視。增加審批流程將增加相應的機構和人員，這將增加相應的材料和人工成本，工作效率也會降低。一些投資者為了早日通過審批，在各審批部門投入了大量的人力物力，在審批中浪費了大量資源。政府行政部門根據各自的職責分別行使審批權。行政相對人需要運行多個部門和多個地方，涵蓋數十個甚至數百個章節，這個程序非常複雜。政府設置的障礙增加了企業的交易成本，政府資源的不合理流動增加，也降低了投資者的預期收益，挫傷了他們的積極性，一定程度上也會阻礙國民經濟、社會的發展。

其次，某些行政審批並不能起到宏觀調控的作用，反而更容易被用來作為部門設租的工具。行政審批是審批機關對申請人做出回應的要求，並按照法定程序按照法定標準和條件辦理手續。但是，行政審批和審批機關的利益是緊密結合的，審批機關通過各種形式的行政審批，獲得預算、財政支持、手續費收入和相應的地位。行政審批通常伴隨著一定程度的自由裁量權，審查員的個人判斷在其中起著重要作用。使用這種自由裁量權可以實現批准者的許多私人目標。一些審批部門從部門或地方的利益出發，行政審批中存在地方保護主義和部門保護主義。由於審批利益的存在，在正常情況下，應盡可能少地設立審批項目，但現實卻恰恰相反。爭取審批項目、擴大審批權力

---

[1] 傅小隨. 中國行政體制改革的制度分析 [M]. 北京：國家行政學院出版社，1999：248.

幾乎是各部門的共同動機。反復建設和反復引進的項目層出不窮，極大地浪費了國家資源，而經濟發展尚未達到預期目的。國家政府對國民經濟的宏觀調控已經在一些地方和部門進行。通過這種方式，行政審批制度成為國有資產大量流失的「合法」渠道，或者為大量國有資產的流失埋下了法律隱患。

計劃經濟和行政審批制度無疑在中國社會主義建設進程中發揮了重要作用，這是由中國的歷史條件決定的。但在20世紀50年代和60年代，計劃經濟下的行政審批制度並非沒有缺點。人們當時雖然也感受到行政審批制度的繁瑣，但他們覺得自己並不那麼強大，缺乏資源的時代使得人們的需求不強烈。此外，政治統帥的時代使得行政審批制度的內在缺陷被政治壓力所掩蓋。①

從當時中國的情況來看，行政審批制度對中國的社會主義建設極其重要。在集中精力進行社會主義工業化和分配有限的社會資源等方面它都提供了很好的幫助。但是，隨著中國經濟形勢的逐步好轉，市場活力正在緩慢復甦，舊的行政審批制度不再能適應新的經濟發展。特別是在20世紀70年代中後期，計劃經濟一直未能促進中國經濟的發展，甚至可以說，傳統的行政審批制度阻礙了中國經濟社會的發展。因此，面對各種問題，政府於1978年開始對行政審批制度進行初步改革。

---

① 傅小隨. 中國行政體制改革的制度分析 [M]. 北京：國家行政學院出版社，1999：248.

第二篇
1978—2000：改革開放探索階段的行政審批制度變遷

1949年後中國
行政審批制度變遷

第三章
改革開放探索階段行政審批制度變遷的主要內容

　　與發達的市場經濟國家相比，中國行政審批制度的產生和發展往往帶有比較強烈的政治色彩；其中，最主要的差別在於中國行政審批制度產生於高度集中的計劃經濟體制，從一開始就擔負著調節經濟發展使之與主觀行政計劃同步的政治職能，其經濟調控職能僅僅是行政職能的一部分。因而行政審批一方面受計劃經濟體制的影響，具有強烈的行政色彩；另一方面又構成了計劃經濟時代政府管制的主要內容。[①]

　　改革開放後，中國的經濟體制由計劃經濟向市場經濟轉軌，實行行政審批的領域也進一步增多，行政審批的範圍不斷擴大，主要沿著從嚴格管制向放鬆管制的軌跡發展。這一運行軌跡既是由中國不同階段的經濟制度所決定，又從側面展現了政府在行政體制改革中角色職能的轉變，同時也能折射出世界一體化的經濟格局對中國的影響。

---

① 廖揚麗. 中國行政審批制度改革研究 [D]. 北京：中共中央黨校，2004.

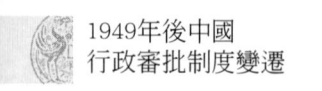

第一節　改革開放探索階段行政審批制度改革的背景

行政審批制度改革是內因和外因共同作用的必然結果。一方面，隨著行政審批制度的不斷發展擴大，其所附帶的權力屬性和潛在的經濟利益催化了行政審批制度負面效應的大量產生；另一方面，行政審批制度改革是中國深化經濟體制改革、擴大對外開放、轉變政府職能的客觀要求。此外，20世紀70年代末至80年代初，世界上主要經濟發達國家興起了一場行政體制改革的潮流。在放鬆管制理論和政策思想的影響下，多國政府都開始了行政審批制度的改革，改革內容主要包括減少行政審批項目、簡化行政審批程序、引入市場機制、減少政府管制等。處在新舊體制交替時期的中國政府，也受到這股潮流的影響，逐漸認識到必須遵循市場經濟發展規律，轉變行政管理體制，切實轉變政府職能，以增進市場主體的活力。這是完善中國社會主義市場經濟體制和順利推進改革開放的必然選擇，也為行政審批制度的改革提出了必然的要求。

一、影響中國行政審批改革的內部因素

制度變遷往往來源於兩個方式：一是自上而下通過政府命令強制性執行新的制度；二是通過基層社會需求，由下而上形成的誘致性制度變遷。改革開放初期，中國的經濟環境和政治環境都要求必須進行行政審批制度的改革。一方面，行政審批降低了經濟運行效率。黨的十一屆三中全會後，整個八十年代的改革便以在計劃經濟的大背景下加入市場調節為主要的方式，總體形成了計劃經濟為主、市場調節為輔的模式。行政審批手續繁瑣，再加上機構膨脹，企業審批項目往往會受到多個部門的推諉和刁難，要適應經濟體制變化的需要就必須減少政府管制。20世紀70年代末，中國開始設立經濟特區，並在經濟特區實行以外向型經濟為發展目標的「特殊」的經濟政策和經濟管

第三章　改革開放探索階段行政審批制度變遷的主要內容

理體制。行政審批制度不得不適應外向型經濟發展的需要，在涉外經濟領域進行「簡化審批、放權讓利」的改革探索，以改善投資環境，形成市場競爭態勢，加快經濟發展。在特區的先行試點成功之後，黨的十四大也以鄧小平南方談話為理論依據，正式提出了在中國建立社會主義市場經濟體制的改革目標，也明確了市場對資源配置起基礎性作用。1993 年的憲法修正案確定了國家「實行市場經濟」。另一方面，行政審批制度改革也體現了轉變政府職能、深化機構改革的需要：黨的十四大正式提出要建立社會主義市場經濟體制。市場經濟是一種通過市場配置社會資源的經濟形式，每個人為他人提供服務，同時也享受著其他人提供給自己的服務。市場經濟的基本屬性就是利益主體的多元化，各個主體追求利潤最大化。這個特徵首先要求資源配置市場化，經濟活動實行開放、自由、平等的市場競爭；其次，微觀上要求經濟自主化也就是企業自主經營、自負盈虧；最後，宏觀特徵上要求市場運行法制化，必要時要實行有效的宏觀調控而非直接對企業進行管制。政府要營造良好的市場秩序，在市場經濟中做到「不越位」，根據市場的「晴雨表」來進行宏觀調控，市場經濟才能充分發揮其自身的活力，市場經濟體制才能確立。在這樣的要求下，轉變政府職能的核心便是要實行政企分開、政事分開和政社分開；讓市場在資源配置中發揮更大的作用，給企業更多的權力以激發其自主性。這就是審批制度改革的出發點，也是轉變政府職能、建立現代行政管理體制的必然要求。過多過濫的行政審批花費了行政機關大部分精力，使行政機關做了許多不該干、干不好、實踐證明也干不了的事，必然影響其他職能的發揮。

二、影響中國行政審批改革的外部因素

行政審批制度改革是世界各國普遍面臨的課題。20 世紀 70 年代末 80 年代初以來，與經濟上的新自由主義思潮和政治上的新保守主義思潮相伴隨，西方公共管理學界形成了新公共管理思潮。許多國家在這一思潮影響下均開始了強化政府政策執行部門自主權的改革，其基本趨勢是由傳統的韋伯式的

「官僚制模式」轉變為以市場為基礎的政府管理新模式。[1] 形成了一股「執行局自主化」的改革潮流，重新塑造了政策與行政之間的關係，側面也反應了西方國家行政發展的趨勢是政府在公共管理中扮演催化劑的角色，是「掌舵」而不是「划槳」。[2] 新思潮與新實踐導致了傳統公共行政理論陷入合法性危機，促成了新公共管理運動的興起，強調以市場機制改造政府，以企業家精神重塑政府。新公共管理運動認為，政府在公共行政管理中應該只是制定政策而不是執行政策，即政府應該把管理和具體操作分開，政府只起掌舵的作用而不是划槳的作用。這樣做的好處是可以縮小政府的規模，減少開支，提高效率。於是一些西方國家興起了一股行政體制改革的潮流。英國、新西蘭、澳大利亞、瑞典、美國、日本等作為先鋒，提出了許多新的政府管制的理論與方法，強調引入市場競爭機制以減少20世紀50年代以來提高國有化程度所造成的經濟效率損失。總體來看，各國採取的措施主要是：第一，非國有化。即將國有或國營的事業通過出售、租賃、合資等方式，轉移到非政府部門、志願性部門、私營部門乃至個人手中。第二，民營化。它主要指利用市場機制來提供公共服務。通過民營化，政府將以前由政府承擔的職能（如垃圾處理、自然資源的保護甚至是監獄管理），交由社會組織、企業履行。第三，放鬆管制、減少管制範圍、評估管制質量、改革管制方式、提高管制效果。[3]

　　1978年中國實行改革開放政策後，全球一體化的經濟格局將中國同世界的經濟日益緊密地聯繫在一起。越來越開放的中國政府也意識到放鬆監管、賦予企業更多的經濟激勵對市場經濟和貿易競爭的意義。因此，改革行政審批制度是轉變政府對企業監督的重要環節和關鍵。

---

[1] 竹立家. 中國公共行政 [M]. 北京：紅旗出版社，2007.
[2] OSBORNE D, GAEBLER T. 改革政府——企業家精神如何改革著公共部門 [M]. 周敦仁，等譯. 上海：上海譯文出版社，2006.
[3] 路瑶. 中國行政審批權配置研究 [D]. 重慶：西南政法大學，2015.

第二節　經濟特區涉外領域審批權的先行改革

改革開放初期，中央政府在改革實踐中漸漸嘗試市場經濟的政策，雖沒有構建完備的經濟體制改革制度體系，但仍然取得了經濟增長。改革開放政策的啓動開啓了中國經濟快速增長模式，同時經濟特區涉外領域審批權的先行改革也拉開了中國行政審批改革的序幕。

涉外經濟領域是中國經濟發展的前沿陣地。切實有效的改革行政審批制度、提高服務水準、落實提高外資質量，既是有效吸引外國投資者的重要途徑，更是中國各級政府需要認真對待、研究的重大課題。改革開放初期，中央和地方並沒有構建中國經濟體制改革的制度體系，政府行政審批制度也只是在實踐中摸索嘗試以適應經濟環境發生的新變化。具體體現在 20 世紀 70 年代末，中國的經濟特區對涉外經濟領域開始進行「簡化行政審批程序、放權讓利、用經濟手段從事經營管理」的探索。

1980 年，中央正式確定深圳、珠海、汕頭、廈門四市為「經濟特區」，並給予其特殊傾斜的優惠政策。最典型的當屬審批權，中央賦予特區較大的經濟自主管理權。特區的項目審批權相當於省一級，對於那些不屬於中央統一管理的工作，特區有權根據國家有關的法規、政策精神，結合自己的實際情況，靈活處理，大膽探索。根據特區的有關法規規定，對前來投資的商客，特區將提供廣闊的經營範圍，創造良好的經營條件，保證穩定的投資場所，並依法保護其資產、應得利潤和其他合法權益。商客前來特區投資興辦各種企業，可以獨自經營自己的企業，雇傭員工可由企業自行招聘，按照擇優原則通過考核錄用。雙方可簽訂合同，自行確定工資制，衝破「鐵飯碗」；各企業可以規定收費價格，獨立核算，自負盈虧。不僅如此，在土地使用、稅收、出入境管理、銀行信貸、勞動用工等方面，特區均有優惠政策。這些優惠政策為特區吸引了大量資金，促進了特區的工業、農業、房地產業、金融業、旅遊業等多領域共同發展，也讓中央看到了開放市場、減少審批的作用。

在特區成功改革的影響下，1981年國務院批准在沿海開放城市建立經濟技術開發區。1984年，中國正式決定開放上海、廣州、天津、大連等14個沿海港口城市，並在以上城市先後建立了15個經濟技術開發區。20世紀80年代末期，為了配合沿海發展戰略目標，政府出拾一系列政策鼓勵沿海地區發展外向型經濟，包括下放外商投資、外貿企業生產的審批權，對外貿企業進出口許可證的審批和發放以及配額管理由一級管理轉為二級管理。[①] 中央政府直接將對企業的經營管理權下放給企業自身，取消一系列的行政審批權。自此之後，從經濟特區到一般行政區域，從東部沿海地區到廣大內陸地區，從經濟領域到社會文化等多個領域，行政審批制度改革逐步走向廣泛和深入。

第三節　逐步擴大企業自主權

在改革開放探索階段，行政審批制度的改革基本上是配合著建立社會主義市場經濟的目標來進行的，主要是適應市場經濟的特徵來轉變政府職能，將權力下放給企業，政府作為彌補市場失靈的看得見的手，承擔市場不願意提供或者無力提供的公共服務。總體來看，改革行政審批制度的目標主要是為了服務市場經濟的發展，其理念表現為整體推進重點突出的放權讓利。原始的行政審批制度的種種弊端使得企業無法擺脫政府的束縛走向市場，政企分離難以實現。如果政府在企業生產活動的每一個環節都實施管制，設立行政審批，那麼企業就缺乏活力，過高的審批門檻和複雜的審批程序嚴重影響著社會投資積極性和企業的良性發展。市場經濟是企業自主經營、商品自由流通的經濟，這就要求政府取消和下放不必要的政府行政審批權，或者將一

---

① 路瑤. 中國行政審批權配置研究 [D]. 重慶：西南政法大學，2015，58.

第三章　改革開放探索階段行政審批制度變遷的主要內容

些合適的行政審批轉變為行政備案，這樣才能讓利給企業，也可以減少很多不必要的政治成本。

一、第一階段：調整政府與企業的利益關係

　　第一階段中國行政審批制度改革要解決的關鍵是要為行政審批權劃定出明晰的邊界。明確哪些事項是可以依靠市場力量自主調節的，哪些是需要設定行政審批程序而交由政府管制的。政府的角色僅僅是在市場或企業不能夠自行解決問題的時候鼎力相助。因此，這就要求重新調整政府與微觀經濟組織的利益關係，不符合政企分開和政事分開原則、妨礙市場開放和市場公平競爭以及現實中難以發揮有效作用的行政審批，要堅決予以取消；可以用市場機制代替行政審批的，要堅決通過市場機制運作。

　　這就明確了改革的中心是搞活以企業為代表的微觀經濟，圍繞著政府向企業放權讓利的內容而展開，行政性分權與經濟性分權結合在一起，具有明顯的過渡性和漸近性。1979年國務院提出對國有企業的自主經營權進行改革，同年7月國務院頒布了《關於擴大國營企業經營管理自主權的若干規定》《關於國營企業實行利潤留成規定》等諸多文件，給予國有企業一定的自主權，規定凡是實行獨立經濟核算並且經營有盈利的企業可以實行利潤留成制度，並要求按照規定選取少數企業試點。[①] 1978—1979年，在四川、北京、天津、上海等地方進行「擴大企業自主權」的試點，一方面給企業更多的生產、銷售、勞動人事、技術改造、中層幹部任免等方面的自主權，另一方面引入企業利潤留成制度。到1979年年底，全國擴權試點企業擴大到4,200家，到1980年發展到6,600家。這些企業占全國國營企業總數的16%、產值的40%和利潤的70%。商業系統擴權試點企業8,900個，占據商業系統獨立核算單位的50%。

[①] 蔡寧，周穎，等.協同創新浙江國有企業發展之路［M］.杭州：浙江大學出版社，2008.

1981年，為了加快經濟結構調整步伐，政府擴大了企業自治試點範圍。在此期間，政府不僅為試點企業的生產經營設置了行政審批權，還根據行政審批嚴格劃撥了利潤。這使得企業缺乏激勵機制，營運效率低下。直到1983年，才實施了「利稅改革」，允許所有稅後利潤留給國有企業。企業自負盈虧，獨立生產，避免了行政審批帶來的隨意性和不連續性。1984年10月，國務院貫徹落實「簡化管理和權力下放」的精神，批准了《關於改進計劃體制的暫行規定》，並提出適當縮小行政強制性規劃的範圍，規定除了重要的與國民經濟和民生有關的經濟活動需要指導性計劃，所有其他經濟活動都以經濟調整為主要管理手段。同時，國家計委還下放了投資審批權。1984年，將1,000萬元的生產性建設項目和技術改造項目的資金限額提高到3,000萬元，非生產性建設項目的審批權下放到各個省市。投資審批權的下放促進了企業的轉型升級。所有地方和企業都使用預算外資金和自籌資金投資固定資產，而不是僅僅依靠行政審批來減少財政撥款。除了增加投資權限外，還允許企業自主制定生產經營計劃，在原材料採購、產品價格、產品銷售、組織機構、勞務組織和人員、員工工資獎金方面享有一定自主權。在聯合作戰方面，獨立運作的力量進一步擴大。公司法的頒布為行政審批權的下放提供了法律依據，[①] 也使行政審批制度得到了法律保障。

　　總體來說，這一時期的改革主要是調整政府和企業的利益關係，「放權讓利」，引入獎金和企業利潤留成制度，以刺激企業和職工的積極性。

二、第二階段：承包制改革

　　1984年，黨的十二屆三中全會通過了《中共中央關於經濟體制改革的決定》，標誌著中國開始進入以城市改革為重點的總體經濟體制改革的階段。增強企業活力是當時經濟體制改革的中心環節，《決定》明確指出「要使企業成為真正的相對獨立的經濟實體，成為自主經營、自負盈虧的社會主義商品生

---

① 孫健. 中國經濟通史：下卷 [M]. 北京：中國人民大學出版社，2000.

第三章　改革開放探索階段行政審批制度變遷的主要內容

產者和經營者，具有自我改造和自我發展能力，成為具有一定權利和義務的法人」[①]。1984 年，在明確國家與企業利潤分配的基礎上，在堅持公有制為主體原則的前提下，中國開始試行企業股份制。通過發行股票籌集資金，由多方投資者共同組成董事會，其中國家要達到控股地位。這樣一來，股份制企業既不是單純的國有企業，也不是單純的集體企業，更不是單純的聯合體，而是社會主義經濟組織的一種新形式。這對實現企業所有權與經營權分離、轉化企業經營機制、促進對外開放和引進外資方式的發展、提升經營效率等方面具有重大意義。[②]

上一階段的「利改稅」並沒有成功為企業創造一個公平的經營環境和合適的經濟激勵。數據顯示，利改稅之後，從 1985 年 8 月到 1987 年 3 月，工業企業的利潤嚴重下滑。[③] 在此背景下，國務院在 1986 年進行承包經營責任制試點的基礎上，於 1987 年 5 月決定在全國普遍推廣「承包經營責任制」，實行廠長負責制。承包形式多種多樣，其中包括「兩保一掛」（即保上繳利稅和技術改造、上繳利稅與工資總額掛勾），大約有三分之二的企業承包期在三四年以上。新一輪的承包制改革是在擴大企業各方面經營自主權的基礎上實行相對完整的企業經營承包，此時除了企業的利潤指標仍舊由承包合同加以規定外，其他原來由行政部門下達的指令性計劃指標已經大部分被取消，企業可以相對自主地做出生產、銷售、勞動人事和收入分配的決策。這說明改革的目標是把企業轉變成一個相對獨立的經營者。由於企業激勵機制發生的改革，國營企業擁有了更多的自主經營權。尤其是投資體制的改革，將依靠國家計劃和壓縮財政撥款的行政審批改為各地方、各企業利用預算外資金和自籌資金進行固定資產投資。除了普遍推行的承包制以外，股份制和租賃制也作為一種解決政企分開問題、轉變企業經營機制的辦法而被嘗試。

[①] 李平, 等. 深化企業改革增強企業活力 [M]. 長春: 吉林大學出版社, 1990: 74.
[②] 北京商學院會計系課題組. 股份制企業財務管理與會計核算 [M]. 北京: 中國商業出版社, 1992.
[③] 汪海波. 新中國工業經濟史: 1979—2000 [M]. 北京: 經濟管理出版社, 2001.

三、第三階段：強化市場機制，國企改革創新

　　審批是計劃經濟條件下保障政府在社會資源配置中占據主導地位的管理社會經濟的主要手段和方式。改革開放對中國政治環境、經濟環境和社會環境的改變，一方面要求政府職能從直接管理向間接管理、宏觀管理轉變，從直接提供服務向制定行業標準、法律標準，監督市場運行轉變；另一方面，行政審批制度也需要適應新的經濟環境和國企改革的實際需要，遵循客觀經濟規律，減少政府冗雜的、不規範的行政干預，以便最大限度地發揮市場機制的作用。具體而言，政府應當進一步取消和下放行政審批權，最大限度地放權給市場，充分發揮市場活力與政府監管的作用。

　　計劃與市場關係的逐步明確，促使國企改革從嘗試性的政策調整階段進入了政策制度的創新階段。1992年10月，黨的十四大明確指出，中國經濟體制改革的目標是建立社會主義市場經濟體制，要圍繞社會主義市場經濟體制的建立加快各領域經濟改革步伐。1993年，黨的十四屆三中全會通過了《中共中央關於建立社會主義市場經濟體制若干問題的決定》，第一次搭起了社會主義市場經濟體制的基本框架，明確指出了中國經濟體制改革面臨的新形勢和新任務。《決定》指出國有企業的改革方向是建立「適應市場經濟和社會化大生產要求的，產權清晰、權責明確、政企分開和管理科學」的現代企業制度，要求通過擴大對外開放，轉換國有企業的經營方式，建立現代企業制度，使企業成為自主經營、自負盈虧、自我發展、自我約束的法人實體和市場競爭主體。同時，也為其他相關配套措施的改革提供了思路，如個人收入保障機制和分配機制以及社會保障制度、教育體制、城鄉規劃等改革。該《決定》上承1984年以來的股份制企業改革，下啓社會主義市場經濟體制框架下建立的現代企業制度，具有劃時代的意義，為國企改革提供了思路，指明了方向。

（一）國有企業戰略性改組與國有經濟佈局調整

　　1995年9月，黨的十四屆五中全會明確指出：「要著眼於搞好整個國有經濟，通過存量資產的流動和重組，對國有企業實施戰略性改組。這種改組要以市場和產業政策為導向，搞好大的，放活小的，把優化國有資產分佈結構、

企業結構同優化投資結構有機結合起來，擇優扶強、優勝劣汰。」截至 1997 年年底，在抓大的方面，國家集中抓的 1,000 家重點企業，確定了分類指導的方案；在放小的方面，各地堅持「三個有利於」標準，不搞一刀切，採取改組、聯合、兼併、股份合作、租賃、承包經營和出售等多種形式，把小企業直接推向市場，使一大批小企業機制得到轉換、效益得到提高。山東諸城、四川宜賓、黑龍江賓縣、山西朔州、廣東順德、河南桐柏、江蘇南通、福建寧德等許多地區在探索搞活小企業方面先行一步，收到了較好的效果。此外，一大批新型的民營企業從自身發展的實際需要出發，參與國有企業改革；通過兼併、收購、投資控股、承包、租賃、委託經營等改革舉措，將非公有制經濟的管理理念和管理方式融入國有經濟運行，為大量的國有資產注入新的活力。特別是黨的十五大肯定股份合作制和提出調整所有制結構後，各地國有中小國企改革的步子加快，改制企業的比重迅速上升。①

(二) 股份制和公司制試點的推進

早在 1986 年股份制試點的政策建議就被提出了，但當時是為了落實政企分開、激發企業活力、促進企業轉型升級而針對少數有條件的大中型全民所有制企業提出的。1992 年國務院頒布了《股份有限公司規範意見》《股份制試點企業財務管理若干問題的暫行規定》等 11 個法規條例，意在引導多種企業試行股份制，促使股份制企業試點走向廣泛化和規範化。1994 年，為了落實《中共中央關於建立社會主義市場經濟體制若干重大問題的決定》的精神，國家經貿委、體改委會同有關部門，選擇 100 家不同類型的國有大中型企業，進行建立現代企業制度的試點。隨後，全國各地根據本地區的實際情況，先後選定了 2,500 多家國有企業參與現代企業制度試點。② 本著「產權清晰、權責明確、政企分開、管理科學」的要求，這些試點企業在清產核資、明確企業法人財產權基礎上，逐步建立了國有資產出資人制度，建立了現代企業制度的領導體制和組織制度框架，初步形成了企業法人治理結構。1997 年，國

---

① 鄒東濤. 中國改革開放的 30 年 [M]. 北京：社會科學文藝出版社，2008：32.
② 陳杰. 中國國有企業改革發展研究 [D]. 合肥：中國科學技術大學，2009：16.

有企業開始按照公司法的要求進行規範公司制和股份制改革。經過一年的實施，在全國 2,343 家現代企業制度試點企業中，共有 84.8% 的企業實行了不同形式的公司制，法人治理結構已初步建立。在現代企業制度試點企業中，改制為股份有限公司的有 540 戶，占 23%，改制為國有獨資公司的 909 家，占 38.8%；尚未實行公司制的國有獨資企業有 307 家，占 13.1%；其他類型企業有 47 家，占 2%。1999 年，黨的十五屆四中全會通過《中共中央關於國有企業改革和發展若干重大問題的決定》，提出「公司制是現代企業制度的一種有效組織形式，公司法人治理結構是公司制的核心。股權多元化有利於形成規範的公司法人治理結構，除極少必須由國家壟斷經營的企業外，要積極發展多元投資主體公司」。在《決定》精神的指引下，國有大中型企業尤其是大型骨幹企業開始大力推進公司制和股份制改革，積極推進主輔分離、改制重組和主業整體上市，進一步加強和改善公司的治理結構。①

第四節　將多種審批權下放到地方政府

中國行政審批制度改革，是隨著經濟體制改革和行政管理體制改革的深化而漸進發展並取得相應的成就的。具體到行政審批制度，主要表現為地方政府的審批權限逐漸擴大。最大程度下放政府權力、限制政府權力，以激發企業活力、提升地方政府增加收入的熱情。地方政府為了實現自身利益競相發展利潤豐厚、稅收高的產業，全國的產業結構佈局被大量重複建設打亂了，地方政府逐漸富裕起來，而中央政府的財政能力相應地被弱化了。這就打破了傳統的「分竈吃飯、財政大包干」，是一種分權制的財稅體制，並通過減少行政審批事項來更好地規範政府行為。將放權讓利與優化服務改革相結合，

---

① 呂明，胡爭光，呂超. 現代企業管理 [M]. 北京：國防工業出版社，2014：62.

第三章　改革開放探索階段行政審批制度變遷的主要內容

既增強了地方政府的公信力和執行力,也減少了政府對經濟活動的直接干預,解決了審批手續過於繁瑣、監管不到位等問題。[①]

1982年底,第五屆全國人民代表大會第五次會議通過了新的《中華人民共和國憲法》,即通稱的「八二憲法」。新憲法賦予了地方政府更為清晰和自主的行政管理權限和立法權限,對各級政府的人權、事權、財權進行了較為明確的界定和舉例,並強調發揮地方法主動性和積極性。為了提升地方政府增加收入的熱情,中央決定向地方下放權力,讓地方獲得更多的自主權和實惠。依據憲法,20世紀80年代末,中國又開始了對高度集中的計劃體制的改革,其基本思路就是「簡政放權」。優化政府與市場、政府與社會的邊界問題,是要明確政府職能,將市場主體從行政體制內釋放出來,精簡政府機構將行政、立法和經濟管理權力下方到地方政府。由於當時中國社會力量薄弱,非營利組織並沒有明顯的發展,因此這一階段的放權主要是針對企業和地方正來說的,成為最為關鍵和最有成效的改革策略。具體到行政審批制度,主要表現為地方政府的審批權限逐漸擴大。

一、財權的下放

中央與省級政府實行財產包干制,俗稱「分竈吃飯」。1985年起,中國開始進行「劃分稅種、核定稅種、分級包干」的嘗試,明確劃分中央和地方的收支範圍。在收入方面,稅收收入原則上按照中央固定收入、地方固定收入和共享收入三部分劃分:中央企業收入、關稅收入歸入中央,屬於中央財政的固定收入;地方企業收入、鹽稅、農牧業稅、工商所得稅以及其他地方的收入歸入地方財政,作為地方財政的固定收入;那些最重要的稅收、工商稅則作為中央和地方的調劑收入。在支出方面,國防費、中央企業的流動資金等由中央統一支付;地方統籌的基本建設投資、地方所屬企業的流動資金

---

① 王越. 中央與地方財權、事權關係研究 [D]. 延安: 延安大學, 2014.

等歸地方政府支出；而一些自然災害等一系列特殊的開支都由中央政府統一撥款。①

這樣一來，中央對各級政府進行核定收支，進一步明確各級地方政府的財政權限，給予了其分級包干的自主權，以提高地方自主發展、建設的積極性。對於實行「分竈吃飯」體制的25個省和自治區，中央採取了四種不同的方法，主要包括：對江蘇省實行固定比例包干法；對廣東、福建實行劃分收支、定額上繳、定額補助的辦法；對河南、河北、黑龍江、吉林、遼寧、四川、安徽、山西等省實行固定收入比例分成；對少數民族較多的省區如貴州、內蒙古、新疆、西藏等仍然實行民族自治地方財政體制。財權的下放的確把地方從傳統的行政隸屬關係中解放出來，調動了各級地方政府發展本地經濟的積極性，但地方政府為了實現自身利益競相發展利潤豐厚、稅收高的產業，全國的產業結構佈局被大量重複建設打亂了，地方政府逐漸富裕起來，相對弱化了中央政府的財政能力。

二、經濟管理權的下放

中央向地方政府下放了一系列經濟管理權限。1984年10月，黨的十二屆三中全會召開，會議通過了《中共中央關於經濟體制改革的決定》，標誌著中國開始進入經濟體制改革的新階段。在《決定》的引導下，中央將基建計劃的審批權、項目審批權、物價管理權、利用外資審批權、物質統配權等等逐一下放給地方，並將原先完全集中於中央的基建計劃的審批權部分下放給省政府。大中型基建項目仍然由中央部門決定，但小型項目可由省政府的計劃部門在國家核定的範圍內審定，中央原來直接管理的一些企業也被下放給地方政府管理。黨的十四大以後的行政審批制度改革，主要是圍繞適應市場經濟的要求、建立宏觀調控體系、轉變政府職能、建立現代企業制度等對國有企業實行戰略性改組的一系列關鍵問題展開的，其中尤以轉變政府職能最為

---

① 吳敬璉. 當代中國經濟改革教程 [M]. 上海：上海遠東出版社，2016：277-278.

第三章 改革開放探索階段行政審批制度變遷的主要內容

關鍵。轉變職能的根本途徑之一便是實行政企分開,按照建立社會主義市場經濟體制的要求,減少具體審批事務,減少政府對企業的直接管理,加強宏觀調控和監督,強化社會管理職能。

這一時期,賦予經濟特區和沿海開放城市更大的經濟管理職權、經濟職責以及城市管理自主權,主要包括部分投資決策權、固定資產投資項目審批權、地方金融市場管理權限、一定限度的固定資產投資權、城鄉建設權等。以投資體制改革過程中的投資管理權限調整為例,1979—1991年經歷了三次改革。1979—1983年的改革重點在於用經濟辦法管理經濟,打破原來的「大鍋飯」體制;1984—1987年的改革重點在於解決中央集權過度、地方和企業少權與無權的狀況;1988—1991年的改革重點在於強化市場機制。[①] 在歷次的改革過程中,地方政府投資項目審批權限在逐步擴大。以內資項目的審批權限為例:生產性基本建設項目,按投資規模劃分,大中型項目由國家計委審批,小型項目由部門和地方審批。按資金限額劃分,國家計委審批項目的限額,1985年以前為1,000萬元以上,1985年提高到3,000萬元以上,1987年對能源、交通、原材料工業項目的審批限額提高到5,000萬元以上。[②] 至此,隨著社會力量的崛起,權力配置開始延伸到了國家和社會這一維度上。具體體現在中央不僅向地方放權,還向市場和市場參與者放權;下放的權力範圍也不僅限於企業經營權、投資權限、財稅權等,而是拓展到了教育、科技、文化、環保、衛生等更直接關乎國計民生的眾多領域。在歷次的改革過程中,地方政府的行政審批權限和範圍都在逐步擴大,激活了地方政府和市場經濟發展的積極性。

三、對局部地區的傾斜優惠政策

對局部地區的傾斜和優惠政策是20世紀80年代的改革思路中的重要組

[①] 李楓. 中國行政審批制度改革研究 [D]. 鄭州:鄭州大學, 2003.
[②] 崔俊杰. 進一步推進中國行政審批制度改革的思考 [D]. 武漢:華中師範大學, 2005.

成部分。按照地理位置、經濟基礎、產業基礎、人才數量等條件選擇一定有優勢的地方設立經濟特區、經濟技術開發區、沿海開放城市、計劃單列市等一系列特殊經濟區域，採用漸近嘗試的方法，本質上也是「摸著石頭過河」的思路，一步步實現地方分權。上文中也已經提及中國的行政審批制度改革最早在深圳、珠海、汕頭、廈門這四個經濟特區的涉外領域進行，而這四個經濟特區改革的迅速成功讓中央堅定了區域經濟改革與開發的重要思路。由此，1984年中央進一步開放了大連、菸臺、秦皇島、天津、青島、福州、溫州、寧波、連雲港等14個沿海港口城市，隨後又在這些城市和其他地區建立經濟技術開發區；1988年海南省經濟特區建立；1990年中央開放和開發浦東，批准建立浦東經濟技術開發區；1983年又進行計劃單列市的改革。在上述的這些地區放寬利用外資建設項目的審批權限，給予國內企業和外商投資企業一定程度的稅收優惠政策，賦予其特殊的經濟管理權限，實施金融、稅收、土地管理、進出口、投資審批等一系列傾斜政策。

比如，國家陸續放寬了上述地區的投資審批權限。國務院1985年決定，對於廣東、福建兩省基建項目的可行性研究報告，2億元以下的一般大中型項目，凡具備一定條件的，由省自行審批；1988年決定，海南省總投資2億元以下的基建和技改項目，凡具備一定條件的，均由省自行審批。對於計劃單列市，直接受中央管理，不再受省級政府經濟計劃和管理的束縛而可以有自己獨立的經濟發展戰略，擁有省級外貿自主權、省級外商投資審批權限、省級稅收權限和省級財政預算決算權等權力。而海南省在被批准建立經濟特區的同時，也成為全國省一級機構全面改革的試點單位，按照「大社會，小政府」的行政模式精簡政府機構、轉變政府職能。新建的海南省政府機構共設27個廳6個直屬局，比原先的廣東省海南行政區下設機構減少了20個，人員編製減少2,000人。在省以下則建立了省直接領導市、縣的地方行政體制。

傾斜的優惠政策給相關地區的發展提供了動力支持，打破了以往「條塊結合」的治理結構，一系列審批權限的下放更是帶動市場活力，為日後的改革累積了成功經驗。

第三章　改革開放探索階段行政審批制度變遷的主要內容

第五節　備案制的初步發展

　　審批和備案是兩種具體的手段和監管方式，主要運用在政府對市場經濟實施宏觀調控的時候，這兩種手段的實施也是政府對市場採用不同程度的干預和監管的體現。審批是政府行政機關依法處理公民和企業的申請，以確定申請者的市場主體資格，限定申請者權利，明確申請者義務的行為。[①] 在改革開放初期的行政審批改革工作中，「備案」是一個經常會出現的詞語。特別是在大規模簡政放權、放管結合改革之後，以前的行政審批事項越來越多地變成了備案事項。本書討論的備案是指在行政確認意義和監督意義上的備案，是行政機關依照法律法規的規定，接受行政相對人報送符合條件的資料和文件，並進行收集存檔，以作為後續監管和執法的信息基礎的行政程序性事實行為。行政機關往往就需要備案的事項、內容、方式、時間等條件予以規定，行政相對人只需要按備案要求提供信息或資料即可從事特定的活動。[②]

　　市場經濟與服務行政理念的理論是備案制的形成和實施的理論基礎，其現實基礎是適應經濟體制的改革與政府職能的轉變。行政審批制度改革開始之後，雖然行政當局的權力受到限制，但他們面臨著許多新興市場、新興企業和日益複雜的市場實體，通過行政審批手段難以進行監督。在巨大的監管責任壓力下，對於無法建立行政審批的許多部門和地方，迫切需要二級行政審批方法作為管理手段，備案成為行政機關最方便的選擇。研究行政備案的目的是澄清行政審批與行政審批之間的界限，並以更好、更規範的方式運用行政備案制度。

　　伴隨著改革開放的腳步，為了給市場經濟主體發展更大的空間，政府必須轉變計劃經濟體制下對經濟和社會實行全面管理的狀態。轉變政府職能伊

---

① 王健. 關於行政審批制度改革的若干思考 [J]. 廣東行政學院學報, 2001 (6): 9.
② 胡雙豔. 從審批制到備案制的行政監管研究 [D]. 上海: 華東政法大學, 2015.

始，就出現了規範性文件的備案審查，與此同時，公民、法人或其他組織從事特定活動的備案也開始出現並日益增多。規範性文件的備案審查毫無疑問對制定規範性文件起到監督作用。通過對公民、公司法人、其他組織從事特定活動的備案，行政備案逐漸成為外部行政行為，起到了彌補政府轉變職能後管理手段缺位的問題，在經濟和管理領域中大量適用。[1] 然而此時正處於備案制的初步發展階段，雖然以審核、核准、登記、備案、記錄等方式替代事前的審批制度是為了放鬆對市場領域的監管，但在實際操作中並未實現這一初衷，實行備案管理的管制不僅管得更寬，而且管得更深，其效率也沒有明顯的進步。

第六節　來自地方政府的行政審批制度改革創新：深圳的案例

一、《深圳市審批制度若干改革規定》

企業環境的改善離不開政府的改革，而緊密聯繫著企業與政府的行政審批制度改革則又是改善企業發展環境的一項重點工作。1997年5月深圳市開始行政審批制度改革調研。1998年開始第一輪改革。1999年2月，深圳市召開了市政府第二屆111次常務會議，審議通過了《深圳市審批制度改革若干規定》（以下簡稱《規定》，見篇後附件）。1999年2月，深圳市政府以83號政府令發布《深圳市審批制度改革若干規定》，並開始實施。同年3月2日深圳市政府召開了關於審批制度改革的新聞發布會，時任常務副市長李德成宣布《深圳市審批制度改革若干規定》正式實施。過去為了逃避審批制度的管制，有很多政府部門打出其他一些概念，如論證、同意等，這些概念比較模

---

[1] 朱寶麗. 行政備案制度的實踐偏差及其矯正 [J]. 山東大學學報（哲學社會科學版），2018（5）：168-176.

糊,從 1999 年之後,深圳市政府開始定義審批、批准、許可、資質認可、同意等性質相同或者近似的行政行為,防止了以往許多概念對審批項目改革產生的不良影響。在行政審批制度的浪潮中,深圳市領先全國。隨後,在深圳市的大膽探索略有成效的背景下,行政審批制度改革的風潮逐漸席捲全國。

二、深圳的行政審批制度改革創新

深圳在全國率先開啓的行政審批制度改革本身就是一次改革創新,在長期的改革進程中也取得了許多突破性進展。在上一輪審批制度改革的基礎上,深圳市於 2001 年 10 月又啓動了第二輪改革。在此次改革中,深圳市政府重點處理好放與管的關係,加強後續監管,主要實行了審監(審核)分離制度、社會舉報制度、行政稽查檢查制度、行政備案制度以及充分利用社會仲介組織實施監管的制度等。對行政審批行為的監管,除了繼續推行「三公開」制度、崗位交流制度、持證上崗制度、審批分級責任制度和重大事項集體決定制度以外,還健全完善了公文督辦制度,保證行政審批部門和審批人員按照規定的時間和要求完成審批工作;建立了統一的行政解釋制度,避免出現政策不統一、處理不規範、濫用審批權的現象;推行了行政過錯責任追究制度,強化了審批責任制和相應的獎懲考核辦法。[①]

(一)審批與核准的規範化程度明顯提高

審批規範化是指審批要有法律和政策依據。審批要有明確的程序規定,即審批要公布審批的依據、審批的條件、審批的環節、審批的時限等。《深圳市審批制度改革若干規定》對審批的規範化做了明確要求,根據這些要求,這次改革對擬保留的審批與核准程序進行了規定,使其規範化程度明顯地提高。第一次審批制度的改革使深圳市政府原有的審批事項從 723 項減少為 305 項,比原來減少 418 項,減少 57.8%;核准事項從 368 項減少為 323 項,比原來減少 45 項,減少 12.2%;原有審批與核准審批共計 1,091 項,擬保留 628

---

① 梁世林.繼續深化深圳政府審批制度改革[J].特區理論與實踐,2002(3):23-26.

項，減少463項，其中取消263項，合併、調整減少200項，減少42.4%。①深圳的審批制度改革走在了全國的最前沿。

審批事項取消的主要原因包括以下三類：一是審批事項法律、法規依據不足或者已經不符合特區社會經濟發展的實際需要；二是審批事項的設立和相關規定帶有明顯的部門利益傾向，容易導致相互推諉，辦事效率低下；三是不利於市場經濟體制的，屬於企業、社會團體和個人的自主權，由下級政府管理更合適。取消市政府部門審批和核准事項後，深圳市政府擬採取由個人自主決定，實行公開招標、拍賣的方式，下放給下級政府或者其他部門，取締審批等方法。這樣一來深圳市的審批與核准的規範化程度明顯提高，個人與社會與政府之間的分工明確，收效顯著。

(二) 改進了審批方式，提高了審批效率

第一，廣泛實行部門內部「窗口辦文」。以各個部門統一對外的收發文室為窗口，一個窗口進，一個窗口出，實現部門內部「一條龍」審批。據統計，審批和核准事項較多的21個部門，已經實行或即將實行「窗口辦文」方式，以規範審批程序、提高審批效率、加強對審批行為的內部監督。

第二，對於確實需要市政府多個部門審批的事項，積極推進採用聯合審批制或定期會簽制。申請人只需要向一個牽頭部門申報，由牽頭部門組織聯審即可。比如對於戶外廣告審批，工商、規劃國土、城管、交管已實行定期會簽制；對於開闢、調整公共汽車和長途汽車路線或車站，由市運輸、交管、國土規劃部門實行聯審，並且此項內容下一步將繼續改進和完善。

第三，實行社會諮詢和社會聽證制度。工商、運輸兩個部門在審批與公眾利益聯繫密切的收費項目和公交線路、站臺設置時，已試行社會聽證制，充分聽取社會各有關方面的意見尤其是公眾的意見，然後再進行審批決策。這兩個局擬在更多的項目和更大的範圍內實行這項制度，其他一些與公眾利益聯繫密切的審批部門也將推行這項制度，以促進政府決策的民主化和科學化。

第四，實行專家審查諮詢制度。對於那些技術性、專業性比較強的驗收、

---

① 卞蘇徽. 行政改革深圳快速發展的推動器 [J]. 經濟社會體制比較，2000，5：5-7.

第三章　改革開放探索階段行政審批制度變遷的主要內容

評審、許可等事項，邀請專家提供諮詢、進行審查，以提高政府決策的科學性。衛生、科技、建設、計劃、規劃國土、環保、教育、水務等 8 個部門的 23 項審批和核准採用了這種方式，① 以防止機構盲目審批、審批過濫、審批行為不規範的問題的發生。

（三）加強監督與協調，促進《規定》實施到位

1999 年 2 月，《深圳市審批制度改革若干規定》（以下簡稱《規定》）正式發布實施。為促進《規定》的有效實施，市政府審批制度改革辦公室先後到審批事項較多的 23 個部門和單位及其下屬機構，檢查《規定》的落實情況，並就有關部門、社會公眾和企業提出的問題，進行調查研究，協調解決。在具體做法上，堅持 3 個衡量標準：第一，依法確定審批事項，沒有審批依據的，堅決取消；有審批依據的，依法進行規範；有多個審批依據的，按照法律、法規、規章、規範性文件的次序進行取捨。第二，堅持「三個有利於」標準，對於不符合深圳市發展實際、不利於深圳市社會經濟發展的，即使是符合法律規範也要堅決取消。第三，以建立社會主義市場經濟體制為總體目標，改革行政管理體制、管理內容和管理方式。② 比如，深圳市公安局過去是審批和核准事項最多的部門，也是多年來社會反應行政審批存在問題較多的一個部門。這次改革，深圳市政府將該局作為重點部門來抓。《規定》頒布實施十多天後，一個企業向市審改辦反應，市政府《規定》已經很明確，開辦旅館取消市貿發局和市公安局的審批，不再實行特營許可證管理，但市公安局治安分局仍在審批，有些公安分局和派出所還以旅店在本所管轄範圍內為由，要求申請人向派出所報批。市審改辦獲悉這一情況後，馬上與市公安局改革領導小組聯繫，要求公安局改革領導小組加大督察力度，不折不扣地執行市政府規定，市公安局有關部門及其基層組織立即停止了審批。③

---

① 賈和亭，梁世林.深圳市改革政府審批制度 [M].深圳：海天出版社，1999：61
② 深圳市地方志編纂委員會.深圳市志：改革開放卷 [M].北京：方志出版社，2014.
③ 傅倫博.建設社會主義法治城市深圳市依法治市的探索與實踐 [M].深圳：海天出版社，2000：132.

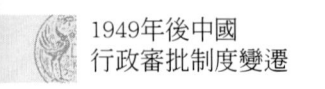

三、深圳經驗及其推廣

深圳市行政審批制度改革從 1997 年 5 月份開始，經歷了三個階段，給全國各個地區都提供了寶貴的實踐經驗和啓發。

第一階段：調查研究階段。通過調查研究摸清了政府審批的狀況。這個階段深圳有許多做法值得借鑑。一是專門成立一個課題組，從由政府一些部門抽調的專門人員組成。二是成立了由市領導掛帥的審批制度改革辦公室，領導調研的進行。三是認真組織調研活動。設計了一些調研程序和表格，如設計調查問卷，在問卷中設計一些調查題目，通過問卷的設計、發放、收集和整理，以及思考、討論和研究，不僅切實掌握了審批的狀況，更主要是清晰地判斷了審批制度的弊端及危害，也增強了中國其他地方審批制度改革的毅力。

深圳行政審批制度改革的調查階段是非常艱苦、艱難的階段。首先，申報審批、核准事項、快速處理是一件很麻煩的事情。對此，審改辦調研組的人員專門設計了申請批准表，其中列出了一些申報欄目：項目名稱、批准的依據（中央、省、市相關文件）、審批條件、審批程序。時任審改辦主任張思平同志專門召開了一次動員大會，以提高對此次大規模調查的重視程度。在內部溝通方面，審改辦還召集各部門確定的聯絡員進行現場示範研究，說明如何填寫申請表、模擬填寫表格等。

報告的快速處理非常麻煩。在這方面，課題組的人員明白這次大規模調查的重要性。在內部溝通方面，審計署提出，催促申報材料的上交也是一件很困難的事情，許多部門是在多次催促下才將材料上報。有些單位總是說太忙一直推脫，沒有辦法如期上報材料，致使這項工作不得不根據單位的實際情況延長上交的時間。在此期間審改辦人員不知做了多少工作。而對上報資料的分析整理的工作是非常艱苦細緻的事情，也是非常麻煩的事情。調研人員需要審閱每一份資料，特別是要核實審批的每一個依據，這樣就要翻閱許多有關文件，工作量相當大。另外，對相關審批事項的統計也是一個大工程。要統計出有依據的審批事項、缺乏依據或依據不足的審批事項、依據中央有關

第三章　改革開放探索階段行政審批制度變遷的主要內容

文件審批的事項、依據省裡有關文件審批的事項、依據市裡有關文件審批的事項,還要統計出有審批時限的事項、沒有規定審批時限的事項、有審批程序規定的事項、沒有規定審批程序的事項,要統計出需要兩個以上部門審批的事項,等等。[①] 可見,資料的分析整理工作是何等艱苦。前期工作雖然艱苦、細緻、瑣碎,但是為第二階段的工作提供了重要的依據。

第二階段:科學穩健地制訂改革方案。經過反復多次的理論探討,廣泛地諮詢、徵求意見,制訂出《深圳市政府審批制度改革實施方案》(以下簡稱《方案》)。《方案》對審批制度改革具有重要的指導作用。

第三階段:扎紮實實地實施《方案》。這時,各部門根據《方案》的總體要求,制訂本部門的改革方案,提出取消的審批、核准項目;對擬保留的審批、核准事項進行規範化。然後將各單位的改革方案提交審改辦審查。審改辦再提出修改意見。這個過程進行得很艱難。據說,每減少一項審批,都要做許多協調工作。審批事項的減少必然伴隨的是部門或單位權力的減少或削弱,同時也會導致利益的減少或福利的降低,必然會存在一些內部、外部的利益衝突和反對改革的聲音,同時也伴隨著國際的潮流湧變,改革的阻力可以想像。但是深圳市力排艱難,終於在不懈的堅持下取得改革的重要進展,收穫了豐碩的改革成果。

[①] 徐婷婷.關於中國行政審批制度改革的思考[D].上海:華東師範大學,2005:13.

第四章
改革開放探索階段行政審批制度變遷的主要邏輯

　　1978—2000年，是中國行政審批制度發展擴大階段。隨著社會主義市場經濟的不斷發展，政府從單純依靠計劃和行政命令成長到運用多種手段管理經濟、社會事務。行政審批作為主要方式之一，逐漸擺脫計劃的限制，成為相對獨立的手段，在行政管理中繼續扮演著重要的角色，並在保障國家經濟和社會發展目標的實現，保持社會穩定，維護公民、法人和其他組織的合法權益等方面，起到了重要的作用。這一時期行政審批制度選擇的主要邏輯是中國基本制度情境的演變決定行政審批制度的選擇，並同中國經濟體制和行政體制的變化、政府職能轉變、推進依法行政和加強配套制度建設緊密相連。

第四章　改革開放探索階段行政審批制度變遷的主要邏輯

第一節　誘發環境：改革開放給政府管理模式提出新要求

改革開放之前，計劃經濟基礎上的政府有一種天然的管制偏好和根深蒂固的計劃習慣。中國的行政審批制度正是在計劃經濟體制下產生的，這無疑使得制度與指令計劃密切相關。政府根據國家經濟發展規劃和各項政府計劃，在社會投資、生產、消費、交流等方面設立了相應的審批事項，行政審批制度已成為政府實現自身計劃的重要途徑，是政府對國有企業、對下級政府行為進行嚴格管理的一種主要方式，是一種融合於行政體制、行政權力之中的實質性政府職能。隨著改革開放的不斷深入，中國的經濟體制首先在經濟特區內發生新的變化，經濟特區的成功使得中央逐漸意識到遵循經濟規律、利用市場的手段對經濟發展的重要性。1984年10月，黨的十二屆三中全會通過《中共中央關於經濟體制改革的決定》，標誌著中國經濟體制改革進入了一個新的階段，也對政府職能和管理方式提出新的要求。行政審批制度關係著行政執法水準和配套制度建設，更關係著政府職能邊界和管理方式，因此也必須進行調整和改革。從改革的過程來看，中國行政審批制度的改革也確實是跟隨著改革開放的腳步、配合著政府職能和管理模式的轉變以及社會和市場自主權的擴大來逐步進行的。

一、改革開放與市場和社會自主權的迅速擴大

國家—經濟—社會是目前流行的關於整體社會的劃分模式。按照國家與社會理論的角度，社會的成長是國家與社會關係建立良好互動的基礎，一個高效、廉潔的政府制度體系的最後目的是為社會的運轉提供良好的服務。因此，社會發育的制度空間大小直接決定制度轉型的結果。從國家、社會與市場這三者的關係視角來審視中國的行政審批制度改革的邏輯可以發現其大致經歷了三個階段，以一步步地理順這三者之間的關係。

改革開放以來，社會制度因為變遷的分散性，雖然不像國家經濟制度和政治制度變化有明確的標誌，但是其變化的程度和幅度都是顯而易見的。市場經濟是法制經濟並非審批經濟，而中國行政審批制度則是計劃經濟體制的產物，許多行政審批制度恰恰違背了市場經濟的原則，有濃厚的人治色彩。這就抑制了投資者進行投資和創新的積極性，而且微觀經濟領域中的行政審批過多，直接阻礙了市場機制作用的良好發揮。因此，要發展社會主義市場經濟，促進中國經濟體制的改革，就必須遵循經濟發展的客觀規律，削減政府過於廣泛的、不規範的行政干預，以便最大限度地發揮市場的作用。要通過經濟手段和法律手段規範市場行為，政府通過宏觀調控的手段來調節經濟運行、提高社會經濟的運行效率。因此，20世紀80年代第一階段的行政審批制度改革的主要內容就是以政府對企業的管理權下放為龍頭，將投資、消費、外匯、科技、文教、衛生等方面的管理權和審批權下放給地方政府，以此來激發地方政府的自主性和積極性，給市場注入活力。1992年黨的十四大正式提出建立社會主義市場經濟體制的目標，這標誌著中國行政審批制度改革進入了第二階段。

隨後，1993年黨的十四屆三中全會通過《中共中央關於建立社會主義市場經濟體制若干問題的決定》，更進一步地明確了國有企業建立現代企業制度的目標與步驟，從此國有企業改革進入轉機建制、制度創新的新階段。隨著這一目標的提出，在財政方面分稅制應運而生，政府漸漸明確自身在市場經濟中的角色定位，此後盡可能減少對微觀經濟組織的管制，逐漸理順了政企關係。這一時期改革的特點就是從體制外來審視政府的審批權，主要在經濟領域向市場放權，已經開始從政府內部系統的權力下放轉變為向社會、向市場、向企業開放權力。

隨著市場經濟的不斷發展和政府管理體制的改革，企業的自主權不斷擴大，經濟發展活力顯著，這為社會組織的發育和運行提供了基礎。個人逐漸從單位組織的束縛中解脫出來，單位組織也逐漸從政府的全面控制中解脫出來，政府有了更為明確的職能劃分。在這種全方位的權力結構調整中，社會的力量在不斷上升，具體體現在以下三點：一是社區的發展培育出各種各樣

第四章　改革開放探索階段行政審批制度變遷的主要邏輯

的社區自治性的組織與力量,如居委會、志願者協會、各種形式的業主委員會等;二是社團的發展在結構調整的同時出現了「去官辦、走自治」的發展趨勢;三是社會成員在行業的資源累積中開始獲得了在市場體系中競爭和生存的能力,從而獲得了各自相對獨立的社會空間,出現了個體化的發展趨勢。[1] 市場與社會力量的不斷變強勢必對政府的管理方式提出了新的要求。在此基礎上進行1997年的改革可以看做行政審批制度改革的第三階段。這一階段有三個特點:一是政府開始向社會、市場多個領域放權、分權,並加大了放權的力度;不僅僅局限於經濟領域,也開始嘗試在社會文化等領域放權。二是地方積極回應政府的放權改革。從1997年開始,一些地方政府也開始展開了行政審批制度改革的嘗試,其中尤以深圳市為開端,其大膽探索收穫成果顯著,對內地其他地方的改革產生了很大影響,諸多地方開始學習深圳市行政審批改革的經驗,再根據自身的實際情況調整本市的行政審批事項。三是國務院各個部門和31個省、自治區、直轄市的改革全面鋪開,社會自主權不斷擴大,行政審批制度改革進入了實質性的新階段。

這三個階段的改革都是在改革開放之後市場經濟發展、企業與社會自主權擴大的基礎上展開的,逐步理順了中央與地方、政府與企業、政府與社會之間的角色關係。

二、政治與行政體制改革:管制型政府管理模式的退卻

歷次機構改革為行政審批制度變遷提供了不可或缺的背景前奏。此後,中國制定了建設新型服務型政府的目標,這就更要求政府繼續堅持機構改革、職能轉變。該目標的確立為之後的行政審批制度改革提供了明確的方向,是實現政府職能轉變、建設社會主義市場經濟的一個重要方面。

(一) 經濟體制改革推動行政體制改革

中共十四大正式提出要建立社會主義市場經濟體制的目標。這就要求企

---

[1] 林尚立. 制度創新與國家成長 [M]. 天津:天津人民出版社, 2005.

業自主經營，資源依靠市場配置，以平等的市場競爭、良好的市場秩序、有效的市場監管促進經濟活動在市場秩序下的開放性等等。這就要求政府必須從原來對微觀經濟的大量干預中退出，真正做到「政企分開」，否則就不能建立真正意義上的市場經濟體制。首先，要求轉變政府職能，明確什麼是政府該做的什麼是政府不該做的，使其「不越位」，市場經濟才能充分發揮其自身的活力。這也是審批制度改革的出發點，過多過雜的行政審批事項花費了行政機關很大的時間和精力，使行政機關做了許多不該管、管不好、實踐證明也管不了的事，必然影響行政機關其他職能的有效發揮，造成了辦事時間長、效率低下的結果。

家庭聯產承包責任制的實施標誌著中國農村改革的興起，也意味著中國進入了經濟體制改革的新階段，開啓了挑戰傳統計劃經濟體制的序幕。這一新階段表明，隨著經濟體制改革的深入，行政管理體制也必須進行相應的改革和變革。1984年，黨的十二屆三中全會通過了《中共中央關於經濟體制改革的決定》，意味著中國認可了「社會主義經濟是有計劃的商品經濟」的論述，也促使中國拋棄了長期禁錮人們思想的產品經濟模式，使長期得到社會認同的產品經濟屬性本身的地位發生了質的變化，也成為8年之後中國確立社會主義市場經濟目標承上啓下的中間環節。

經濟體制的變化推動著行政體制的變革。行政審批作為政府實施行政管理的一個重要手段，對社會生產力的發展具有直接的影響。這一階段，行政體制改革是圍繞著打破高度集中的計劃管理體制和轉變政府職能這兩大主題展開的。改革開放初期，中國面臨的最大問題便是如何打破高度集中的計劃體制管理模式，使改革順利啓動。為此果斷地進行一系列重大政策調整、給地方下放必要的權力，就成為實現這一目標最基本的策略選擇。1981年底，國務院部委機構有52個，直屬機構43個，辦事機構5個，一共有100個工作部門，為新中國成立後的最高峰。據資料統計，當時第三機械工業部正、副部長就多達18位，領導了20幾個司局。這樣的情況直接導致了政府部門行政審批事項過多、程序繁瑣、範圍過廣，成為經濟發展的掣肘。1982年第五屆全國人大批准了國務院的機構精簡改革方案，拉開了中國政府30多年來

第四章　改革開放探索階段行政審批制度變遷的主要邏輯

6輪政府機構改革的序幕。1982改革後一共設置61個工作部門，工作人員也從原先的5.1萬人減為3萬人，地方政府機構的改革成效則更為顯著。到了1987年底，政府機構的數量又開始回升，於是在1988年中央政府從職能轉變入手，堅持政企分開的原則，合理設置機構、確定編製，進行與整個政治體制改革相配套的新一輪機構改革。自此之後，1988年減少為65個部門，到1993年膨脹到86個；1993年底減少為59個，1997年又有所膨脹；1998年機構改革以來，機構和人員均有所增加。[①]總的來說，1978年至2000年的機構改革一直沿著精簡—膨脹—再精簡—再膨脹的怪圈進行，儘管過程艱辛但是毫無疑問都圍繞著「合理設置機構、轉變政府職能」這一核心目標進行。黨的十三大以前，中國行政體制改革主要是圍繞簡政放權這個中心展開的。1984年隨著中國經濟體制改革側重點的轉移，傳統的「全能政府」的弊端逐步顯現出來，因此轉變政府職能、理順政企關係就成為繼續推進經濟體制改革深入的關鍵。基於這樣的事實，1987年黨的十三大第一次提出轉變政府職能的要求，該要求也成為日後行政體制改革的另一個主題。自此之後，社會主義市場經濟體制改革的不斷深入也為實現政府職能轉變創造了良機，也推動著政府組織制度的創新。通過梳理20世紀90年代中國政府機構的改革歷程發現：1988年機構改革為日後的政府改革確立了「以職能轉變帶動機構改革」的政府組織制度創新範式。自此之後，職能轉變始終是政府組織制度創新最為直接的推動力。2001年9月，國務院成立行政審批制度改革工作領導小組，並在監察部設立日常工作的辦公室，對全面推行改革做了詳細的部署。

（二）從「全能政府」到「有限政府」

改革行政審批制度，是轉變政府職能、深化機構改革的需要。政府職能是指政府的職責和政府的功能，會根據社會的發展和需求而發生變化。所謂政府職能轉變，主要包括政府社會管理職能、政府管理權限、政府管理方式、政府能力等方面的轉換。以職能轉變帶動機構改革，不僅涉及政府職能在政府各個部門或層級之間的轉移，而且必然要求國家向社會、政府向市場釋放

---

① 杜建剛. 政府職能轉變攻堅 [M]. 北京：中國水利水電出版社, 2005.

大量的傳統職能。① 在經濟體制轉型中，隨著市場主體漸漸獲得自主權力並要求發揮其自主功能、其社會自我管理的能力也不斷上升，政府必須逐步放寬對市場主體和社會部門的各種傳統計劃限制，政府對市場以及社會的管理模式，必須實現從微觀直接到宏觀間接調控並提供公共服務轉變。所謂向社會、市場釋放職能，首先體現在政府與企業之間的職能轉移，表現為政府回收部分國有企業舊有的理應由政府承擔的職能，同時放棄直接參與企業管理的職能，讓這些職能迴歸到企業中去。實現從「全能政府」到「有限政府」就是要使「權力、職能、規模和行為都受到憲法和法律的明確限制，並公開接受社會監督和制約的政府。」②

改革行政審批制度就是把那些不應該由政府機關審批的事項堅決取消。這樣一來，行政審批制度的改革就成為轉變政府職能的突破口。計劃經濟是以計劃為核心統一調配生產、生活資料，作為計劃的制定者、執行者和評估者，政府不得不將各種經濟資源的生產、流通、分配等過程承擔下來。這樣一來，政府就是「全能型」的，其職能不僅觸及經濟過程的各個領域，也延伸到中央到基層的各個地方。隨著市場中自主管理企業的培育，政府對企業的行政管理職能在不斷縮小，形成於計劃經濟時代的審批制度逐漸失去了存在的合理性，需要被一種更合理、更科學、更適應市場經濟發展需要的政府管理方式所取代，這個過程就是審批制度改革。通過改革，我們需要建立一種有限審批，這也是有限政府的一種本質要求。有限政府的特徵是權力有限，其審批權力受到法律限制；另外，有限政府的職能有限也要求政府審批範圍有限，並非全抓全管。凡是法律能調解的，凡是屬於企業自主權範圍的，凡是經濟政策能調解的，凡是社會仲介組織可以管好的，政府都不應該行使審批權。③

(三) 從源頭上預防解決腐敗問題

行政審批制度是基於社會資源的有限性建立的，當行政部門運用行政審

---

① 謝慶奎,燕繼榮,趙成根.中國政府體制分析 [M].北京：中國廣播電視出版社,2002.
② 張雅林.推進行政改革建立有限政府 [J].中國行政管理,1999（4）.
③ 傅思明.行政審批制度改革與法制化 [M].北京：中共中央黨校出版社,2003：39.

第四章　改革開放探索階段行政審批制度變遷的主要邏輯

批手段對有限資源進行再分配，或是對經濟活動進行管制時，就會人為地造成權力的稀缺而形成租金。相對人為獲得租金，會利用合法或非法手段，如遊說、疏通、拉關係、行賄等，想辦法接近行政審批權的擁有者，得到佔有租金的特權。從另一角度看，在資源緊缺時，政府官員擁有分配資源的審批決定權，也就獲得了潛在的獲利門路。在一些地方，為了尋求租金，尋租者向官員行賄；從租金中得利的官員，又力求保持原有租金制度和設立新的租金制度。這樣由尋租到設租，便產生了一個因果相聯的惡性循環。

實踐證明要解決改革的次生問題，根本出路在於改革。政府擁有的審批權力越多，就越容易濫用，越容易產生尋租等徇私舞弊的行為。一些政府部門對有利可圖的權力就千方百計爭取，對有責無利的事權就想方設法往外推。2000年的成克杰大案就是濫用手中審批權力，權錢交易，違法亂紀，給國家和人民的利益造成了嚴重的損害。改革行政審批制度，就是要規範行政審批權力。不管是將權力下放還是取消，都是為了建立結構合理、配置科學、程序嚴密、制約有效的權力運行機制，是從源頭上預防和解決腐敗問題的一項重要舉措。[1]

第二節　中國行政審批制度改革的動力機制分析

通過梳理中國的行政審批制度改革的邏輯發現改革的主要動力來源於兩個方面。其一是由中央政府主導的「頂層邏輯」改革，它以理念為導向，依託條線職能部門，自上而下地推動審批內容的清理；其二為「屬地邏輯」改革，是地方政府在自身發展導向下自發推動的、在本行政層級內展開的審批

---

[1] 鮑靜. 適應完善社會主義市場經濟體制的要求進一步推進行政審批制度改革——國務院行政審批制度改革工作領導小組辦公室主任李玉賦接受本刊專訪 [J]. 中國行政管理, 2004 (1): 10-15.

機制重構。這兩個動力以不同的管理方式與改革路徑嵌入龐大的行政體制內部，都試圖最大限度地推動改革。但是，任何一種社會政治生活領域裡的改革都不是孤立的，都要與其他改革相輔相成、彼此配套進行。鑒於此，可以發現中國的行政審批制度的改革邏輯是按照以下步驟進行的：經濟體制的改革—行政體制的改革—精簡機構和人員、轉變政府職能—行政審批制度改革。分析改革開放初期的行政審批制度改革的邏輯步驟可以發現變革的根本動力主要體現為新形勢下政府、市場與社會三者之間的良性互動。

一、政府、市場與社會的整體佈局

在社會和經濟雙轉軌時期，政府和市場的界限模糊是其特點，政府和市場經常處於「越位」和「缺位」的並存狀態。政府的「越位」即市場的「缺位」，反之同理。隨著市場化程度的加深，政府必須合理「歸位」，轉變職能，理清政府與各類企業、政府與市場、政府與社會、政府與公民之間的關係，在削減審批事項的同時，激發企業和其他市場主體的活力。就 1978 年至 2001 年中國的行政審批制度改革內容和過程來看，無疑是在以上內容的整體佈局下進行的，具體的則表現為國家將部分原本由中央政府掌握的審批權限下移，以期實現擴大地方自主權、增強市場活力的目的。

從國家和社會的角度進行分析，發現改革開放探索時期的行政審批制度的改革具有以下幾個特點：

首先，行政審批制度與計劃經濟體制下的計劃密切相關，特別是強制性計劃，這是實現政府計劃的重要手段。行政審批制度根據國民經濟發展計劃和各種政府計劃進行社會投資、生產、交換等方面相應的審批。如果計劃經濟體制進行重大改革，行政審批制度也將進行重大改革。

其次，行政審批制度與集體所有制密切相關。行政審批是對國有經濟單位特別是對國有企業和下級政府行為的控制。這是政府嚴格管理國有企業和下級政府行為的重要手段，是在國有企業缺乏強有力的預算約束的情況下政府行使所有者職能的必然結果。

第四章　改革開放探索階段行政審批制度變遷的主要邏輯

因此，隨著社會主義市場經濟的發展和中國對外開放程度的深入，原本的行政審批制度的弊端逐漸顯露出來。比如，行政審批事項過多，審批範圍廣，程序繁瑣，效率低下；行政審批不規範、不合理，缺乏嚴格、明晰的標準和流程；行政審批環節多、政府部門之間相互推諉、亂收費現象嚴重、增加了諸多社會交易成本等等。這些都表明了行政審批制度改革具有極大的必然性和迫切性，改革也是緊隨時代潮流、符合社會發展的明智之舉。逐步縮小原有行政審批範圍，除對國家、社會和公民的合法權益可能發生重大影響的事項外，將要素分配和資源配置的職能逐漸移交給市場調節；配合市場經濟體制改革，激發市場活力，建立良好的市場秩序以促進資源的合理配置；發揮市場競爭機制的作用，促進企業以及其他組織良性運作。政府要承擔起更多的監管責任，重視後續監管工作，確保不因審批項目的取消和調整造成管理的脫節。

二、中央與地方的良性互動

行政審批制度是一個系統性的制度，它牽涉到中央政府和地方政府之間、同級政府或同級部門之間、地方上下級政府之間的關係，改革該制度就是要調整這些維度之間的關係。以1992年為界將1978年至2001年加入WTO前這段時間中國行政審批制度的變遷分為兩個階段。1992年之前，伴隨著經濟體制改革的展開，行政審批制度仍然沒有形成嚴格意義上的制度體系；1992年至加入WTO之前，以服務社會主義市場經濟體制為目標的行政審批制度體系也日漸成熟，行政審批滲透到經濟、社會生活的各個方面。縱觀這一時期的改革進程，改革行政審批制度的動力機制可以概括為中央政府供給主導與地方政府創新擴散之間互動的漸進式變遷。

（一）頂層動力：中央政府主導自上而下的行政推動

改革開放初期，受計劃經濟模式的思維慣性，各界對政府與市場的邊界均缺乏合理的認識。隨著經濟利益結構的逐漸調整分化，客觀上形成一種加強對經濟社會控制的制度需求，這就導致行政審批事項越來越多，而且範圍

越來越廣。① 隨著市場經濟體制改革的深入，對政府與市場邊界各界逐漸有了較為清晰的認識，行政審批制度也逐漸跟隨經濟體制的改革和政府職能的轉變而進行改革，其主要內容是中央放權、地方在實際操作中更好地運用手中的審批權。從中央與地方對改革的分工來看，中央政府一方面清理自己承擔的審批事項，一方面通過行政命令、政治動員、媒體宣傳等自上而下的方式推進改革，是行政審批制度變遷的決策者。地方政府作為制定、落實變遷舉措的執行者，屬於中央政府與市場、社會之間的中間層次，實際上充當了因地制宜根據中央改革精神創新行政審批制度並擴散到市場社會的主角。

行政審批制度改革由中央統一決策、統一部署，通過自上而下的行政管理體系，要求各級政府根據中央的文件精神自行清理現有行政審批事項。首先要求部門自查、自報取消事項，集中至審改辦後通過「三上三下」與各部門反覆核實並召開專家諮詢會排查論證，最終匯總形成清理目錄，以國務院或審改辦名義向社會公布，至此一輪審改工作宣告結束。② 以上種種都說明了行政審批制度改革是中央政府作為發起者和決策者，主要通過下發政策文件、召開工作會議、領導講話、專家諮詢、民眾聽證等方式向地方傳達變遷精神。毫無疑問，中央政府的供給能力和意願是這場改革的根本推動力。

(二) 地方動力：地方政府自主推動漸進式改革

地方政府在行政審批制度改革中扮演了中央文件的執行者和承接者，一方面要落實中央的文件精神，另一方面又要向市場和社會傳遞文件精神。由於地方政府更加貼近市場和社會微觀主體，在中央總體精神的指導下按照「摸著石頭過河」實驗式的改革路徑，地方政府擁有一定程度的自主改革的權力。除此之外，中國官員晉升錦標賽制度也要求地方政府的領導人根據地方發展情況和社會主義市場經濟體制的建設目標來改革行政審批制度。深圳、上海等地行政審批制度的改革成果也都印證了中央主導地方自主改革這一邏

---

① 王春豔. 中國行政審批制度變遷的演進邏輯與動力機制 [EB/OL]. [2016-09-01]. http://theory.people.com.cn.
② 林雪霏. 頂層邏輯與屬地邏輯的博弈——行政審批制度改革「雙軌制」的困境與契機 [J]. 社會主義研究, 2016 (6): 78-88.

輯的正確性。在中央不斷放權的過程中，地方政府漸漸承擔起承上啓下的重要角色。地方政府在自身權力和責任範圍內，根據本地市場的實際情況和當地的反饋實施改革，並及時向中央政府傳遞新的改革需求和改革意向。經過慎重求證和大膽探索，中央政府再啓動下一步改革計劃。中央與地方兩級政府不斷轉換實施改革的角色，中央信任地方，地方及時反饋中央重要的信息，這樣漸進式的改革過程是行政審批制度改革的重要動力。

改革開放探索時期中國行政審批制度變遷的演進邏輯表明了中國「摸著石頭過河」的試錯式的改革邏輯。隨著所處的制度環境的波動與階段性目標的不同來進行漸進式的改革，這一方面源於經濟體制改革的漸進式，另一方面源於政府作為改革決策主體的有限理性。政府不可能在初始改革時就設計一個正確的終極目標，只能通過漸進式或者試錯的方式，在審批制度演進過程中進行邊際性調整，使行政審批制度不斷適應市場化取向的經濟體制改革的要求。

但是，中國行政審批制度變遷本質上仍屬於政府組織內部變革，以自上而下的方式為主，市場社會需求導向的誘致性變遷不足。隨著審批制度改革深入，中央政府主導型的強制性制度變遷的改革成本越來越大，行政審批制度並未從地方政府強力推動自然過渡到需求誘致性變遷，這種變遷仍屬於政府組織內部的改革。[1]

第三節　中國行政審批制度改革的利益主體分析

由於利益主體眾多，各主體之間的利益衝突在所難免，這就成了中國行政審批制度變遷的宏觀動力。行政審批制度改革的內在是對政府的權力、公

---

[1] 王春豔. 中國行政審批制度變遷的演進邏輯與動力機制 [J]. 行政管理改革, 2016 (7): 45-50.

民權益、社會各利益主體的利益進行再配置的過程，其實質是用更有效率的行政審批制度代替原有老一套制度的過程。

中國行政審批制度變遷的難處在於如何對市場、社會主體權利和政府行政審批權力進行重新界定和規範管理。而再界定的過程是一種類似於「非帕累托改進」[①]的過程，意味著只有通過改變原來的利益分配關係，使原來部分主體的利益受損，才能提升整個社會的福利水準以及經濟的產出水準。在行政審批制度變遷過程中，一部分主體利益有所增加必然就會使另一部分主體利益減少。這就導致了在針對所有相關主體利益關係的調動和社會利益佈局的調整中，利益主體都會為追求各自利益最大化而產生不可避免的利益衝突；這會貫穿行政審批制度改革全程，並對整個行政審批制度變遷的方向、路徑和戰略佈局產生不容忽視的影響。利益衝突對中國行政審批制度變遷既有正面的推動作用又有反面的阻礙作用，這種雙面的作用會不間斷出現在行政審批制度變遷過程中，也就決定了不同階段中國行政審批制度變遷的特徵。

行政審批制度變遷是在不同利益主體之間博弈、鬥爭的結果。所以，不同利益主體間的利益衝突必然成為中國行政審批制度變遷的動力。行政審批制度的成長和變動的過程就是不同主體利益的重新整合、改變的過程。在此過程中，基於自身利益最大化的考慮，利益主體對行政審批制度改革都擁有不同的立場，他們的態度和立場就成為改革的動力或阻力。涉及行政審批制度改革的決策者、執行者等等根據各自不同的利益取向，採取不同的策略行動，推動行政審批制度向有利於自身的方向發展變遷，最終各利益主體之間的利益衝突在多方力量博弈的均衡點上達到均衡從而生成新制度。

---

① 王春豔. 中國行政審批制度變遷的演進邏輯與動力機制 [J]. 行政管理改革, 2016 (7): 45–50.

第五章
改革開放探索階段行政審批制度變遷的評價

　　20世紀80年代至今，中國在社會、經濟、政治、文化等各個領域都在發生著深刻的變革。整個社會都在發生著變化，轉型不可避免。直至今天這種進程仍持續著。經濟體制和社會治理模式的紛紛轉型對政府的職能和運行機制提出更高的要求。對行政審批制度的變遷進行定位和評價，也是在這種背景下的必然訴求。[①] 行政審批制度改革是一項開創性的工作，沒有現成的模式可以照搬，也沒有現成的經驗可以借鑑，任務艱鉅而複雜。雖然改革開放初期的行政審批制度改革適應了社會主義市場經濟體制建立的要求，重新釐清了政府、市場與社會的關係，配合了政府職能的轉變，對依法治國的開展有重要的意義，但是在審批程序、審批範圍以及相應的聯動制度上仍凸顯出諸多的問題和不足。

---

① 許勇. 轉型時期中國行政審批制度改革研究 [D]. 長春：吉林大學，2007.

第一節　配合了社會主義市場經濟體制的發展

許多部門的管理理念和方式早已跟不上時代，習慣於將審批和管理畫等號，從而把審批當作政府管理的唯一形式，強行用審批代替管理。這是一些行業長期處於管理失控、無序營運狀態的一個重要原因。面對市場化程度不斷提高的經濟環境和行政體制不斷改革的政治環境，行政審批制度的改革遵循循序漸進的科學態度，結合各個部門的實際情況，深入進行研究和論證。總體來看，這場改革配合了社會主義市場經濟體制的發展，重新釐清了政府與市場、政府與企業、政府與社會的關係，使設定的審批項目符合社會主義市場經濟的發展要求，體現了政企分開、政事分開的原則，同時也保障了適應政府職能轉變的需要。據統計，改革開放探索階段的行政審批改革取消了一批不合理、不健康的審批項目，縮小了審批的範圍，初步加強了市場的調節作用。以市場價格的行政審批為案例，在社會消費品零售總額中，政府定價比重從1999年的3.7%下降到2000年的3.2%，政府指導價比重合計從1999年的1.5%下降到2000年的1%，市場調節價比重從1999年的94.8%上升到2000年的95.8%。在農副產品收購總額中，政府定價比重合計從1999年的6.7%下降到2000年的4.7%；政府指導價比重合計比上一年微降0.1個百分點，為2.8%；市場調節價比重從1999年的90.4%上升到2000年的92.5%。在生產資料銷售總額中，政府定價比重合計比1999年下降1.2個百分點，為8.4%；2000年政府指導價比重合計為4.2%，相比1999年下降0.6個百分點；2000年市場調節價比重為87.4%，比1999年提高1.8個百分點。從中國政府定價、政府指導價和市場自發調節價的三種價格形式比重的最終測算結果看，與1999年相比，2000年在社會消費品零售總額、農副產品收購總額和生產資料銷售總額中，市場調節價比重有所提高，政府定價和政府指

第五章　改革開放探索階段行政審批制度變遷的評價

導價比重都有一定程度降低。①

　　行政審批制度改革的實質就是要重新調整政府與市場、社會的關係。政府與市場和社會不是「誰大誰小」「有你無我」的對立關係，只有各歸各位、各司其職，才能優勢互補、完美配合。從新中國成立到1979年的計劃經濟階段，資源配置關係體現為「強政府和弱市場」，即政府的指令和計劃在資源配置中起決定性作用，市場的作用微乎其微。這一時期的行政審批權涵蓋了社會生活的各個角落，經濟生活也毫無例外地受到行政審批的全面調控。

一、重新厘定了政府與市場和社會的邊界

　　古往今來，政府的行政管理活動深刻影響著社會發展，隨著社會發展的程度日益提高，社會情況也越加複雜，政府有效的行政管理活動成了剛需。正因如此，行政審批作為行政管理的重要手段，對社會的發展起著舉足輕重的作用。進入改革開放探索階段，社會主義市場經濟逐漸形成。行政審批制度的改革使得政府和市場、社會的關係發生了變化，總體體現為政府的逐漸退出和市場力量的逐漸增強。行政審批制度改革的總體要求大致可分為以下三點：一是阻礙市場自由、公平競爭以及不能有效發揮作用的行政審批，堅決取消；二是不符合政企分開原則、審批主體混亂的行政審批，堅決取消；三是可以由市場替代的行政審批，要通過市場機制自行運作。②這個要求就重新厘定了政府與市場和社會的邊界，在經濟事務領域有效發揮市場機制的作用，在社會事務的管理中有效發揮社會組織的作用。

　　政府對市場和企業放鬆了管制，大幅取消了相關的行政審批事項。總之，凡是屬於企業需要考慮的事情，政府都放鬆了干預。政府對社會也放鬆了規制，既取消了許多行政審批事項，也轉移了很多審批事項，減少了對社會生活管理的同時，又重在健全社會機制、促進社會自治、提升公民意識，人民

---

① 李楓. 中國行政審批制度改革研究 [D]. 鄭州：鄭州大學，2003.
② 許勇. 轉型時期中國行政審批制度改革研究 [D]. 長春：吉林大學，2007-04.

群眾也逐漸充分享有各種自由權利。當然，這期間行政審批制度本身也逐漸受到控制，規範行政審批權的行使、減少行政審批事項是這一時期的改革特點。

二、推動了地方政治經濟和社會組織的發展

在黨中央、國務院的領導下，中國政府的行政審批制度的改革工作正在有條不紊地進行中，也取得了一定的成效。截至 2001 年年底，許多地區都相繼進行了行政審批制度改革。絕大多數地區對省一級政府行政審批項目進行了初步的清理，甚至還有部分地區已經開始進行二輪和三輪改革。大多數地區都對行政審批項目做了較大程度的裁減，有些地區還涉及關於地方性法規和政府規章制度的清理和取消。隨著行政審批制度改革的進行，帶來的成果也主要體現在以下三點：一是真正取消了許多無用的審批項目。二是全面查清中國政府行政審批項目的基數。三是對部分留存的行政審批項目提出了正確的加強監管的要求和建議。一些地區的政府部門還在推進審批行為的法制化、規範化，提升行政審批效率，加強對政府審批的監督和制約等方面進行了積極的改革探索，促進了高效廉政建設，提高了行政審批工作的質量和效率，進而方便了群眾。

深圳是中國地方行政審批制度改革的先行者。1997 年 5 月深圳就開始了調查工作，通過調查研究、反復論證出抬了《深圳政府審批制度改革實施方案》。次年 2 月，深圳市政府公布了此項實施方案。同期，深圳市政府要求各政府職能部門根據自身情況，制定各自的改革方案。通過對市政府部門原所有審批事項和核准事項（合計 1,091 項）逐項進行重新的排查審核，共計取消和合併審批事項 418 項，暫保留 305 項，減幅為 57.88%；原有核准事項取消或合併 45 項，暫保留 323 項，減幅為 12.2%。最終，原有審批和核准事項合計取消或合併 463 項，保留 628 項，減幅高達 42.4%。[①] 一年後，深圳市政

---

① 卞蘇徽.審批制度改革：深圳的經驗與啟示 [J].北京行政學院學報，2000（3）：20-23.

第五章　改革開放探索階段行政審批制度變遷的評價

府又以83號令發布了《深圳市審批制度改革若干規定》。該規定明確提出深圳市各級政府及其部門必須依法審批、依規審批。隨即深圳於2001年直接進入第二輪行政審批制度改革。自2000年開始，河南省政府面向社會公布取消和下放的政府行政審批事項總共341項。2000年1月起，北京對自身行政審批開展了梳理工作。經過三個月的梳理，排查到市政府各有關部門共承擔行政審批事項等共1,304項（審批608項、核准307項、審核224項、備案165項）。清理之後，市政府當即決定減少454項，其中審批核准事項精簡率高達41.7％。上海經過排查梳理也查清了原有各種行政審批事項2,027項。2001年5月，上海市政府面向社會公布取消521項行政審批事項。[①] 在他們的帶動下，其他兄弟省市也都積極開展行政審批制度改革行動，對自身的行政審批事項進行清理，通過合併、整理、取消等方式大幅度減少了行政審批事項。[②]

　　簡政放權要求政府做到該管的事管好，不該管的事情不要管，處理好政府與市場與社會之間的關係。那麼簡政放權把權放給誰、把政府的職能轉移給誰？主要是有兩類不同性質的承接者：一類是政府組成部門，包括各級政府及其部門；另一類是社會組織，包括行業協會和仲介協會等社會團體。黨的十四屆三中全會以後，國務院把轉變政府職能的主要工作總結為三個方面，其中之一就是要把社會服務性等相當一部分政府職能交給社會組織，大力發展社會組織，而社會組織建設也被提到了中國各項改革的必要配套系統這一重要地位。

　　行政審批制度改革，就是簡政放權，就是政府要把社會組織能夠做好的事情充分放權，厘清政府與社會的關係。隨著社會主義市場經濟體制的發展，政府的職責主要是創造公平競爭的環境、制定行為規則等，要實現政府職能的轉移，必須有行業協會、仲介組織等社會團體來充當載體以承接政府轉移出來的職能。這些協會、組織來充當載體承接政府的轉移職能，也防止了權力與資本的結盟。[③] 由於處於轉變政府職能的初期階段，對於第一次接受政府

[①] 潘樂群. 上海1~10月外埠企業註冊逾四千家 [N]. 文匯報, 2001-12-03.
[②] 廖揚麗. 中國行政審批制度改革研究 [D]. 北京：中共中央黨校, 2004.
[③] 艾琳，王剛. 行政審批制度改革探究 [M]. 北京：人民出版社, 2015.

這樣的「厚禮」，許多社會組織除了初期的不適應，更多是迅速提升自身能力，練好「內功」，以順應行政審批制度改革的大趨勢，更好地承接政府職能。各個社會組織如會計師事務所、律師事務所、審計師事務所、公證所、仲裁機構等等，更加熟悉、瞭解本行業的實際情況且可以承擔過去政府的部分職能，他們可以協助政府制定本行業發展規劃、行業政策和有關法規，協調行業內部的各種關係，組織跨行業的經濟技術合作，開辦產品質量認證及確認行業內的產品價格等，主動促進行業內協調、穩定發展。這樣，社會組織的積極性被充分調動，越來越多的社會組織建立並參與進來。政府也減輕了壓力，有了更充沛的精力為民間經濟創造更加良好的發展環境，提供更優質的公共產品和公共服務，也促進了政府的轉型，並推動行政審批制度改革向深遠發展。受到了政府的恩惠，社會組織可以自主調節市場資源配置，且能實現優化配置，並通過行業自律和行業內部關係的調整解決各種糾紛問題。地方政治經濟和社會組織的發展和政府的轉型形成了良性循環。

三、從源頭上預防和治理腐敗

直接取消無用無效的行政審批項目，使行政審批規範化，可以有效減少審批過程中政府官員腐敗的概率，從源頭上預防和治理腐敗。

政府部門的尋租和一些官員的腐敗墮落，正是與他們利用手中的審批權謀私有關。比如，成克杰受賄案就產生於成克杰在土地使用權出讓過程中利用手中的權力，壓低土地價格，從而收取巨額「好處費」。我們從中可以看出，導致政府官員腐敗的一個重要原因就是濫用行政審批權。所以，合理排查釐定社會主義市場經濟條件下行政審批的權限和範圍十分重要。

過去計劃經濟時代的基本特點可以簡單形容為權力的經濟、審批的經濟。[①] 計劃經濟向市場經濟轉型時期，長期以來的權力慣性不願意退出市場，權力的誘惑導致了各種消極和腐敗現象。按照市場經濟運行的法則，市場自

---

① 廖揚麗. 中國行政審批制度改革研究 [D]. 北京：中共中央黨校，2004.

行能夠解決的問題不應該交由政府解決，首先應該選擇市場。如果市場自身無法解決，則交由第三方機構處理。如果第三方機構也解決不了，政府就需要出面依法依規幫助解決。在經濟、社會變遷的關口，腐敗現象的衍生在所難免。既往實踐清楚地告誡我們，改革創新、建立防範腐敗制度就是解決和治理腐敗的基本出路。取消、整合部分政府的行政審批項目，並進一步加強監督制約，可以有效減少政府工作人員徇私舞弊、違法亂紀的概率，形成合理、科學、嚴謹、有效的權力運行機制，這是解決腐敗問題的根本方法。

第二節　推進了政府在社會主義市場經濟體制中的服務職能

行政審批制度改革是政府內部的、自我救贖式的一場「自我革命」，涉及改革政府舊的管理方式和理念，牽涉到對政府內部職能和權力的重新佈局。利用行政審批配置社會公共資源已成為現今國家的重要行政手段，在國民經濟發展和社會穩定運行中起到了舉足輕重的調控作用，直接涉及政府與市場、政府與社會、政府與公民的關係，是一個國家政府職能定位的具體體現，也是政府職能轉變的重要內容和主要步驟。在1988年國務院機構改革當中，中國首次明確提出「政府職能轉變」這一概念。在以後的歷次（包括1993年、1998年等）政府內部機構改革中，中國政府的基本目標都是：第一，構建高效、規範、運轉協調的政府管理體系。第二，逐步完善公務員制度，加強行政管理人員的高素質建設。第三，加快建立有中國特色並且適應社會主義市場經濟體制的行政管理體制。第四，堅持按照國情，轉變政府職能，實現政企分開。第五，按照精益求精、實現效能最大化的原則，調整政府內部的組織結構，實行精兵簡政。第六，按照權責分明統一的原則，重新調整政府職能部門的職責權限，清晰劃分部門之間的職責。第七，完善行政運行機制，按照依法治國、依法行政的要求，加強行政體系的法制建設。以上目標

無不重申了轉變政府職能的重要性，並且隨著經濟體制改革和政治體制改革的推進，對政府職能轉變內涵的認識也不斷深化。

什麼樣的政府是群眾滿意的政府，政府要怎麼樣改革和建設，是行政審批制度改革的核心。行政審批制度改革不僅是政府的「獨舞」，還要充分考慮行政審批相對人的需要。改革開放探索階段行政審批制度改革逐漸考慮到強勢群體、弱勢群體在改革願望上的差異，全面提高了為人民服務的能力和水準，加強了政府在社會主義市場經濟體制中的服務職能。強化政府的服務職能是中國行政管理體制改革的主要目標。行政審批制度改革是行政管理體制改革的一部分，行政管理體制改革要求政府轉變職能，而行政審批制度改革是政府轉變職能的突破口和重要抓手，因此行政審批制度改革能促進政府職能轉變，把「管制多一點」政府變為「服務多一點」政府。以服務為導向的行政審批制度改革能更好地完成政府職能轉變，進而推動行政管理體制改革，實現強化政府服務職能的目的。全面提升政府服務的品質就要使與社會主義市場經濟不符的政府管制職能發生轉換。而改革開放探索階段的主要任務就是轉變政府職能，這迎合了一般規律。[①]

首先，行政審批制度改革已逐漸完成從管制型審批定位向服務型審批定位的轉變。全心全意為人民服務，是服務型審批制度建設中「服務」的應有之義。改革開放探索階段的行政審批制度改革尊重了市場在資源配置中的基礎性作用，最大限度保障了企業對實現最大利潤的自由追求。其次，行政審批制度改革也要以效率為先，通過簡化辦事流程、縮短辦事時限、公開辦事程序等提高行政審批工作效率。不講效率，改革就是一句空話。可見，提高效率是改革的目的，要在一定時間限度內提供盡可能多且質量高的公共服務、公共產品，就必須提高工作效率，辦事拖沓、效率低下是不能容忍的。最後，強化政府服務職能為行政審批制度改革提供了政治生態環境保障，在全社會形成了政府服務職能建設的氛圍。政府職能轉變以服務為導向，行政審批制度改革是政府提供的一項公共產品，時時處處刻刻都體現並貫穿服務理念，這樣才能保障和鞏固行政審批制度改革的成效和取得的成果。

---

① 歐桂英. 行政審批制度改革若干問題解說［M］. 北京：中共中央黨校出版社，2003.

第三節 有利於「依法治國」的開展

20世紀80年代初，中國才開始重建法律體系。由於當時處於計劃經濟時代，所以很多法律法規和規章制度都打上了時代的烙印。直到1996年，中國已具有法律效力的行政審批內容達211件。在當時現行的總共700多項行政法規中，有關行政審批的就高達400多件。[1] 全國各地方法規和行政規章制度有行政審批的更是不勝枚舉。以計劃經濟時代背景下的法律去規範現今市場經濟，很顯然是不合理的。

伸手過長的行政審批並不必然導致「全能政府」，但法治一定會使為所欲為的「無限政府」難以產生。[2] 法治的核心是對權力的限制，有利於促使行政審批自在行使而不逾矩。法律一直是最高權威，一切違背法律的行為都是不正當的。行政審批是法律的制度預設，相應的審批許可也是法律行為的規範化表現。依法行政要求政府不要過多干預社會與市場，保持適當距離。在法治原則下實施行政審批有利於促進審批公正，提升法律威信，有利於促進中國政府依法行政，建設法治政府。堅持依法執政、依法治國是改革開放探索階段對我們黨和政府更好地探索政府內部改革、治國理政提出的基本要求，也有利於全面提升黨的執政能力。眾所周知，依法行政是依法治國的重要組成環節。能否實際有效地實現依法治國的根本目標，很大層面上取決於中央政府及各級地方政府能否始終堅持依法行政並不斷提高行政水準和能力。

這一時期取消和調整一批行政審批項目，使政府在經濟調節、市場監管、社會管理和公共服務等方面更好地發揮作用，促進了行為規範、運轉協調、公正透明、廉潔高效的行政管理體制的形成，從而為依法治國提供了良好的體制環境，也有利於約束和規範行政行為，從源頭上預防和解決腐敗問題。

---

[1] 王克穩. 行政審批制度改革中的法律問題. [M] 北京：法律出版社，2018.
[2] 王浦劬. 政治學基礎 [M]. 北京：北京大學出版社，2006.

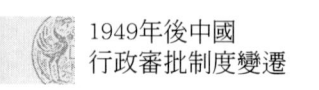

第四節　改革中的難點與不足

中國設立行政審批制度的目的，是對一些社會經濟活動和事物進行規範管理，防止個別不法分子損害他人或集體、公共利益，為社會和經濟的持續健康發展保駕護航。由於中國行政審批制度改革的大背景是計劃經濟向市場經濟過渡，在這個過渡、轉軌的過程之中，不同體制和利益主體的衝突必然會存在。也是在這個前提下，行政審批制度改革的弊端也逐漸浮出水面。

一、政府職能轉變不徹底、行政審批事項偏多

中國經濟從計劃經濟向市場經濟的轉軌過程中，其市場化程度持續提升。但部分保留下來的行政審批項目充滿了時代的延續性。伴隨著中國社會主義市場經濟的成長，政府的職能應該隨著改變。在大環境下，由於中國仍然執行著計劃經濟下的某些制度，政府職能轉變不徹底、行政審批事項過多等現象出現了。

各行各業的大大小小事項都需要政府審批才可完成，行政審批是在計劃經濟制度下運行的。例如，當企業需要一筆資金來擴大生產規模或者投資新業務時，就需要請求政府部門來進行行政審批；此時的一切事項，該企業幾乎沒有自主權，所有的事項都是由政府來決定，是典型的行政控制。這也無意中也增加了政府的工作，政府的職能也沒有充分發揮出來。事實上，在摸著石頭過河的指導思想下，行政改革事項通常是這樣進行的：先由一些企業或個人向政府相關部門提出申請，再由政府向上一級政府及中央有關部門申請，需要得到政府相關部門的層層審批甚至特許後才能開始實施某項改革。這種用類似於行政手段強制性推動改革的方法，一定程度上必然強化政府的行政審批制度，使大部分應該由市場本身實現誘導性制度變遷的過程，需要通過一層又一層的政府審核、程序批准才能實現。這樣，在計劃經濟向市場

第五章　改革開放探索階段行政審批制度變遷的評價

經濟過渡的過程中，政府的行政審批制度在形式上發生了一定的變化，由計劃經濟時期參與主導微觀經濟活動，轉變為現今通過控制審批標準來控制微觀經濟活動中的融資、市場准入[1]等重要環節；然而，市場經濟政府行政審批的實質還是保持著計劃經濟時期的模樣，仍然成了政府控制微觀經濟領域並進行資源配置的工具。

政府職能沒能做好完美的轉變，造成了政府設置的審批機構、審批人員比在應有的模式下多得多。審批事項多使得政府審批的工作量大，從而使審批在政府的工作中占相當大的比例。在實行市場經濟的背景下，政府已經沒有必要再審批這麼多事項，政府依然管理著許多不該管也管不好的事項，沒有做好相應的職能轉變，導致政府出現了審批失靈的現象。總的來說，政府審批失靈主要包括以下兩個原因：一是政府只單純重視審批，但輕視了後續監督和管理。二是審批人員自身素質和專業技能缺乏。不能根據法律和相關行政規章制度來做到依法依規審批。並且在缺乏監督和相關制約的情況下，審批人員肆意擴大自身權限，毫不控制自己的審批行為，出現了許多違法違規的審批失控現象。

二、衡量標準簡單化

行政審批改革的主要目標就是要重新構建政府在市場經濟和社會中的職能，劃清權限，不同於以往計劃經濟時代的政府行政權力的運作方式。要突出市場在資源配置和社會經濟運行中的作用，使得政府、社會、市場之間能夠進行良性的互動。面對這樣複雜、艱難的任務，自然需要充分的調研和周密的計劃和佈局。然而由於涉及眾多利益集團的核心利益和一些難以調和的矛盾，在實際操作中出現了「走形式、走過場」的傾向，即簡單地以取消一定量的行政審批事項為目標。改革開放探索階段的行政審批制度改革由於處於初始階段，還在不斷地摸索經驗。當時政府只是簡單地削減行政審批項目，

---

[1] 歐桂英. 行政審批制度改革若干問題解說 [M]. 北京：中共中央黨校出版社，2003.

以削減的多少來衡量改革的成效。自認為削減的項目涉及面越廣、數量越多，改革就越有成效。以紙面上的數字論成績，而忽視背後的實質內容。

　　這一時期，各個地區行政審批制度改革的具體方法基本都是一樣的：先由政府統一下令，為各個部門設立具體的改革目標即削減指標，然後各職能部門根據指標在已有的行政審批項目上獨立地進行削減，最後由政府內部成立的行政審批制度改革審核領導小組進行審核，審核的內容主要以指標為準。這樣，簡單地以形式化的數字比例代替實質性的內容審核，實際上取消的審批事項多數是早已經被淘汰的、政府很少涉及以及行政審批難度大和既得利益較少的審批項目等。審批項目的削減基本都是按照上級政府的要求和指標按部就班進行的。有的決定審批項目去留與否的標準就是能否多收費；有的部門投機取巧，將取消的行政審批事項「化整為零」，把一個審批項目拆成幾個審批項目，而把那些自身並不想削減的幾個項目合併成一個，隨意增大削減數目和縮小留存項目；有的部門只考慮自身部門利益，不考慮全局，保留了能夠對本部門帶來巨大利益但負面影響卻很大的審批項目；還有一些部門玩「數字游戲」，給上級上報的削減審批項目和本身削減的審批項目嚴重不符①。

　　這種只看重表面上的數量、不注重質量和改革實質的現象實際上違背了行政審批制度改革的初衷。一位主要負責行政審批制度改革的官員毫不遮掩地說「為了求得改革的短期效果，政府按照事先確定的比例，採取自查自糾、自我斷臂的方法削減行政審批項目，許多部門以種種理由予以保留，甚至一些被取消了的行政審批項目可能還會死灰復燃。」行政審批制度的改革應該是一個良性互動的過程，不求質量的保證，只注重數量是沒有任何意義的。所以，簡單的削減不是改革的同義語，更不可能作為行政審批改革的標準。②

---

① 楊小軍.行政審批改革不能成數字游戲［J］.中文科技期刊數據庫.2015（2）.
② 許勇.轉型時期中國行政審批制度改革研究［D］.長春：吉林大學，2007.

第五章　改革開放探索階段行政審批制度變遷的評價

三、效率低下：機構交叉、流程複雜

（一）行政審批程序繁瑣且不完善

中國的行政審批制度眾多，自然充斥著各種各樣的弊病，冗雜的環節和低下的效率比較突出。幾乎涉及行政審批，都需要提供很多實際並不太重要的材料，去到不同的部門，耗費本不該浪費的時間。這樣既浪費行政資源也浪費行政相對人的時間和精力。在20世紀八九十年代，中國審批制度最為突出、危害最為嚴重的現象就是流程複雜、手續眾多。每下發一個文件、辦一個企業、上一個項目，流程十分複雜，要蓋幾十上百個公章，上千個公章也不算誇張，相對人在不同的地方穿梭只為拿那一張批文。在這種情況下，要想拿到一張批文，由於審批環節多、審批程序複雜、時限沒有明確規定，時間短的至少也要十天半月，有的時間長達三年五載，行政效率非常低。審批程序的不合理、不科學設置會導致各審批部門之間相互推諉責任，缺乏協調機制會導致審批效率低下。甚至一些行政審批項目根本沒有明確的審批程序和標準，更沒有有效的監督機制，沒有公開審批的流程就會導致審批人員的暗箱操作和腐敗。

改革後的行政審批制度總體上是適應了社會運行機制市場化的取向，但是各個部門仍然存在著冗雜的行政審批事項。據統計，中央部門審批事項高達2,500多項，有一些政府部門幾乎人均擁有一項審批權。各地方政府也都大量地使用著行政審批手段，如深圳改革以前共有行政審批和核准事項1,091項，寧波各個行政部門和主管單位改革之前共有審批、核准事項1,289項。[1]

（二）行政審批環節複雜

中國的行政審批從地方到中央都需要一級一級上報，並且從橫向上來說，也會涉及許多平級的職能部門和主管單位。從行政審批開始到結束，都需要耗費冗長的時間和大量的金錢。例如，浙江一公司投資一項需要花費4,200萬元的工程，最終花了近9個月的時間，通過各級政府受理了28項手續，總

---

[1] 周寶硯.試析中國行政審批制度的改革[J].中共福建省委黨校學報，2002（5）：51-53.

共蓋了82個章，上交各項費用共16項，這就已經占投資總額的20%以上；最終項目還是沒有順利審批下來，可能還需要去其他部門，繼續交納新的費用。這看似荒唐實則都是按照程序和規定在辦事。雙方都沒有辦法。然而這並非個例，許多企業上的項目，通常涉及幾十甚至上百個程序，審批事項幾乎涵蓋了所有社會經濟活動，有的甚至貫穿了一個企業從生到死的過程。

審批機構交叉的現象使得行政審批雙方各自浪費時間做無用的事情，得不償失。例如，一些商業審批事項要經過好幾個其他部門的審批甚至才能在工商局辦理登記。這些審批部門大致包括消防、公安、衛生、環保、國土等行政部門。而且國家沒有法律或者行政法規來規定審批時限，大部分的行政審批部門也沒有嚴格規定每一個審批程序需要多久，不同的審批事項需要的時間長短不一，因此審批時間長短無法估計。審批環節多且時間長的現象層出不窮。另外當時的企業普遍反應：國有資產轉讓的環節太多、手續太複雜、時間太長。重複審批、多頭審批、層層審批導致了政府的低效率。審批程序交叉在提高政府工作效率方面構成了一大缺陷，本來審批事項就繁雜，又加上有的事項需要好幾個部門審批，這種多環節、多部門、長時間的審批無法提高政府的審批職能和行政效率。在行政機關內部，無論大事小事通通上報、層層審批、重複簽字的現象仍然大量存在，把大量的審批工作聚集在上級，使下級行政工作人員的能力和創造性無法發揮出來。

（三）行政審批的自由裁量權空間過大

行政自由裁量權[1]通常是指在具體行政行為實施過程中，行政權力行使者依據法律法規的授意，在職權範圍內可以根據具體情況和自己的意志，自行判斷、自行選擇，採取最為合適的行為方式以及內容的權力。這一時期，中國的行政許可法並沒有出抬。許多地方政審批的項目並沒有明確提出審批相對人的申請條件和方法，也沒有規定政府相應部門應該如何核實和審查這些申請，更沒有相應的行政法規針對行政機關不依法依規審批、不及時審批應該承擔何種責任做出明確規定。就是因為審批環節的不清晰且眾多，審批標

---

[1] 朱然. 具體行政審批服務中自由裁量權濫用及其治理 [J]. 江漢論壇, 2014 (1).

準的不明確，審批法規的不健全，政府行政機關實施行政審批行為時容易出現自由裁量權過大的問題。這樣一來，行政機關執法人員很容易出現行政審批偏差甚至徇私舞弊現象。

四、權責不統一，缺乏有效的問責機制

行政審批機關設置的審批規則非常混亂，權責不統一，範圍界定不清。在中國還沒有頒布行政審批制度相關法律法規之前，不同的行業各自制定審批文件，沒有法律約束力，因此哪些規範性文件對哪些行業，甚至哪些部門可以約束是不易分辨的。

政府的行政法規制度不健全，導致行政審批行為的不規範。一是對行政審批機關及其責任權限和行政審批行為缺乏統一的規範。一些政府機關和職能部門利用自身行政權力把不該屬於自己部門審批範圍的事項歸本部門的審批範圍，隨意利用部門權力來擴大審批範圍和審批權限。更有將一些無償服務的事項改為有償服務，通過亂審批、亂收費來增加政府所謂的「寶庫」[1]，嚴重擾亂了市場秩序。部分行政機關和主管單位在審批中搞權錢交易，隨意改變審批程序、提高審批要求、拖延審批時限，借機以權謀私、收取賄賂。審批失靈正是在政府審批的不合理情形下產生的，經濟、社會生活都出現了混亂現象，當時政府的審批已經難以維繫經濟、社會的穩定。由於行政審批程序的不健康，審批人員自由裁量權過大，審批過程不公開，審批很容易引發行政官員的貪污腐敗。由審批引發的行政官員腐敗損壞了人民政府的形象，降低了人民政府的公信力，降低了人民政府整體辦事效率，更影響了政府與人民群眾的和諧關係。

(一) 重審批，輕管理

行政審批給本部門帶來的好處是許多行政主管最重視的，可他們卻往往忽視了監管。僅有的監管就主要是通過年審制度，考察部門許可證的使用規

---

[1] 王克穩. 行政審批制度改革中的法律問題. [M] 北京：法律出版社，2018.

範，並且多數年審制度還需要收取費用。2001年南京「冠生園」事件就是一個審批部門只批不管的典型例子。企業到衛生部門辦理許可證以及到工商部門做企業登記後，管理部門審批並且發證，企業就開始正常生產月餅。沒過多久，冠生園卻出了「去年餡做今年餅」的醜聞，相關管理部門才反應過來加大檢查力度，可是為時已晚。而且中國地方政府的行政審批改革是走在前面的，中央政府的改革有滯後性，這就給行政審批改革進程的推進帶來很大的難度和挑戰。中國部分地區早在1997年就開始審批改革了，而2001年10月後，中央政府65個職能部門才開始初步的行政審批改革，國務院部委和省一級各部門才具有審批項目的設定權。但是，還是由於利益和權力糾紛問題，很多部門難以取捨，只改革沒有既得利益的項目，這樣自上而下，許多改革都是流於形式。

(二) 缺少有效的問責機制

行政審批改革的不僅僅是審批本身，還需要配套的關聯性制度改革。[①] 例如：以政府信息公開、聽證問政等為主要內容的行政審批程序制度不健全，無法運用政府行政程序來阻止政府專斷的行政審批行為；公共財政體制不健全，政府收費制度沒有進行相應的改革。對政府機關收費項目的審查、收費後的資金流水無法嚴加管理；沒有配套的政府機構改革。雖然自改革開放以來，中國政府內部機構經歷了大大小小好幾次改革，但改革的力度和深度還不夠，仍然沒有解決行政職能重疊、權責不明等問題，未能真正建立起規範、協調、公開透明、廉潔高效的行政管理體制。一些政府內部機關的行政職能並未能體現行政審批制度改革的要求，仍然存在辦事程序複雜、效率低下的現象，影響著審批相對人辦理業務的效果；大部分地方仍未建立行政審批責任對應制，沒有嚴格按照「誰審批，誰負責」的原則，建立起權責一致的制度。難以追究政府機關在行政審批時出現的徇私舞弊、濫用職權、違規操作等行為的行政和法律責任。

---

① 龍海波，王維軍. 行政審批改革紅利與績效評價 [M] 北京：中國發展出版社，2016.

（三）缺少完善的法律支持

改革開放初期，行政許可法頒布之前，中國有關行政審批的法律法規的數量總體呈現上升趨勢並在1990年達到高峰（見圖5.1）。法律數量雖多卻無一權威，並且間接導致行政審批環節眾多、程序繁瑣。1992年提出建立社會主義市場經濟的目標之後，有關行政法規的數量仍然是居高不下。中國的行政審批是根據經濟環境的變化而變化的，是一個動態的過程。然而，大量的審批權下放帶來了過度的分權，再加上相應法規法律的不健全和缺乏規範性的管理，就會在一定程度上減少中央政府的財政收入，也削弱了中央政府的宏觀調控能力。在20世紀80年代初早期，中央財政收入大概占總財政收入的57.6%；到了1989年，中央財政收入的比重就已經下降到45.2%。除了法律、法規規定的行政審批事項以外，中國現行的行政審批事項大多是由各個職能部門規章和地方政府各自規定的。設定行政審批的機關從中央政府縱向延伸至鄉政府派出機構行政管理區。據統計，僅僅2001年天津市就有65個行政職能部門和企事業單位獨自具有行政審批職能，實行行政審批、核准的各類事項總計共1,061項。[1]

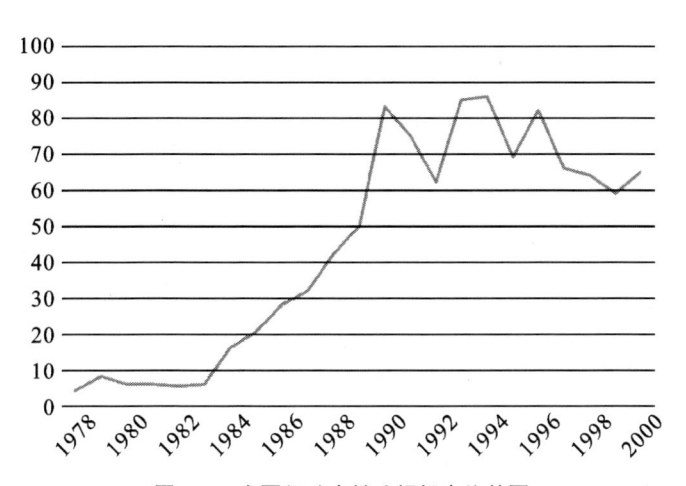

圖5.1　中國行政審批法規規章趨勢圖

數據來源：中國法律資源網，http://www.lawbase.com.cn。

---

[1] 周寶硯.試析中國行政審批制度的改革［J］.中共福建省委黨校學報，2002（5）：51-53.

五、與國際一般規則不接軌

中國政府審批過廣、過多與中國從計劃經濟機制向市場經濟機制轉變相互聯繫。美國進行政府的審批和管制是在其已有的經濟體制下運行的，同時中國與日本、韓國、英國等較發達國家的政府管制還有很多的差異。[①] 在改革開放探索階段中國政府行政審批的一般規則與國際規則脫軌，這與中國的經濟體制的不同相關。如果想要和國際一般規則接軌，中國要做的就是在和市場經濟銜接的基礎上走向國際，在當時對中國來說確實是一個極大的挑戰。

在這個階段，中國經濟體制開始向市場機制占主導地位轉變。但是，計劃經濟消失以後，對中國來說出現了一個大的難題：中國真的可以適應向市場經濟機制的轉變嗎？從中國的國情來看，雖然傳統的計劃經濟已經瓦解，但中國政府對經濟生活的干預依然沒有減少，隨意性仍然在當時盛行。中國的經濟體制並非由市場經濟主導，而是轉變成為一種半市場化、半隨意化的平衡狀態。在西歐實行的是古典市場經濟[②]，與東亞地區新興工業化國家的市場體制也不同。西方國家的行政審批制度，其目的是彌補市場失靈，保護市場機制。而這種平衡狀態對外使中國偏離了國際的軌道，對內阻礙了資源的有效配置，使腐敗現象日益加劇。從不同層面上看，在行政審批方面，中國與國際上的國家還是有一定的差距，存在的問題頗多，仍然需要不斷改革，使中國與國際的一般規則接軌。

---

① 艾琳，王剛. 行政審批制度改革探究 [M]. 北京：人民出版社，2015.
② 廖揚麗. 中國行政審批制度改革研究 [D]. 北京：中共中央黨校，2004.

附件：

深圳市審批制度改革若干規定

發布部門：廣東省深圳市人民政府　發布文號：深圳市人民政府令第83號

《深圳市審批制度改革若干規定》已經1998年8月25日市政府二屆111次常務會議審議通過。現予發布，自發布之日起施行。

第一條　為了轉變政府職能，規範審批行為，減少審批項目，提高辦事效率，加強廉政建設，促進依法行政，根據深圳市實際，制定本規定。

第二條　本規定所稱審批，包括審批、批准、許可、資質認可、核准、同意以及其他性質相同或近似的行政行為。

第三條　審批必須依法設定。各級政府及其部門必須依法律、法規、規章的規定，實施審批。

第四條　特區規章草案和市政府提出的法規議案草案涉及審批事項的，由市政府法制行政主管部門組織聽證。聽證程序由市政府另行規定。

第五條　設立和實施審批，必須明確審批內容、條件、職責、時限，簡化審批環節，公開操作規程。

第六條　各級政府及其部門應當建立內部監督制度；重大審批決定，必須經集體討論。

第七條　違反本規定，擅自設定審批事項、實施審批行為的，審批無效，並由市政府予以撤銷；對有關主管部門及其負責人、直接責任人，由市政府責成有關主管部門依法追究行政責任。因無效審批造成他人損失的，應依法承擔賠償責任；有違法所得的，全額上繳市財政。

第八條　本規定自發布之日起實施。

註：市政府各部門（單位）保留和取消的審批、核准事項，經市政府二屆111次常務會議討論通過。市政府部門（單位）原有審批事項723項，改革後保留305項，比原來減少418項，減幅57.8%。原有核准事項368項，保

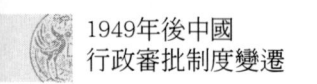

留 323 項，比原來減少 45 項，減幅 12.2%。原有審批和核准事項合計 1,091 項，保留 628 項，減少 463 項（其中取消 263 項，合併、調整減少 200 項），減幅 42.4%。

第三篇

2001—2011：加入 WTO 後的行政審批制度變遷

1949年後中國
行政審批制度變遷

第六章
加入 WTO 後行政審批制度變遷的主要內容

　　加入世界貿易組織是中國自改革開放以來極為重大的歷史事件。它表明了中國為加快現代化建設融入世界政治經濟體系、擁抱全球人類文明的姿態和意志。在這一過程中，中國經濟獲得了增長的空前動力，外資的大量湧入以及本土品牌對外出口的強勁增勢成為其必然結果。與此同時，在這樣一個「引進來、走出去」的歷史階段，政府體制改革，尤其是行政審批制度的改革成為首當其衝的改革重點、要點和難點。國際經貿往來必然以高效、公開、公平、透明的營商環境作為基礎要件。而政府作為提供這一基礎要件的重要主體，必須進一步推進行政審批改革，提升政府管理質量和政府能力。

第一節 加入 WTO 後行政審批制度改革的背景

加入 WTO 對中國行政審批制度改革提出了新要求，而除了加入 WTO 的影響以外，國內的現實環境也亟待一個更加完善的行政審批體制。中國自加入 WTO 後，在行政審批改革的宏觀層面堅持了三個基本思路：建設服務型政府、簡政放權以及釐清政府—市場—社會三方的權力邊界，三大主線為中國行政審批制度改革做出了不可磨滅的貢獻。

一、建設服務型政府

隨著中國經濟和社會發展的逐年演進，「服務型政府」被逐漸確立為政府理念和目標之一。它包括兩層含義：在理論方面，指在公民本位、社會本位理念指導下，在民主制度框架內，把服務作為社會治理價值體系核心和政府職能結構重心的一種政府態勢。在實踐方面，指政府的本職工作是為社會大眾分配各種公共利益和價值，諸如教育、醫療衛生、社會保障與社會福利、安全、秩序、平等、正義、自由等。因此，組織社會經濟活動，發展科學、教育、文化、衛生等社會公共事業就成為題中應有之義。簡言之，「服務」是政府職能的本質，因此改革開放以來，中央在多次機構改革中都堅定不移地從建設服務型政府的目標出發。

在計劃經濟時代，國家對社會各項事務進行廣泛干預的不可或缺的一種方式就是行政審批，因此，彼時的行政審批總是「管控」和「禁令」的代名詞，其主要作用在於切實貫徹國家意志，維持社會秩序的穩定，保障各項計劃的落實以及有限資源的合理配置。然而，在改革開放的洪流湧動和市場經濟體制不斷開疆拓土的情形下，原有的行政審批制度對新局勢表現出難以適應的情況，並且已經羈絆了社會經濟的發展，抑制了社會發展潛力的迸發。因此，要想將建設服務型政府的理念貫徹執行下去，代表著「管控」和「禁

令」的行政審批自然成為眾矢之的，必然需要做出根本性變革。

2001 年 10 月，監察部、國務院法制辦、國務院體改辦以及中央編辦聯合制定了《關於行政審批制度改革的實施意見》，在經過國務院轉發後，標誌著中央政府行政審批制度改革工作的正式啟動。這也是關於行政審批制度改革的首個政府文件。該文件明確指出「積極推行行政審批制度改革對於深化行政管理體制改革，促進政府職能轉變，完善社會主義市場經濟體制，加強和改進作風建設，從源頭上預防和治理腐敗」，有著極其重要的意義。

2001 年 12 月，由國務院行政審批制度改革工作領導小組出抬的《關於印發〈關於貫徹行政審批制度改革的五項原則需要把握的幾個問題〉的通知》明確強調行政審批制度改革「既要減少不必要的審批項目，還應調整行政審批的權限、減少環節、規範程序、提高效率、強化服務、加強監管、明確責任」。此通知第一次將「服務」的理念在行政審批制度改革指導思想中明確提出，自此以後，「服務」理念在諸多相關文件中被逐漸豐富、深化。

2007 年 1 月，國務院行政審批制度改革工作領導小組在《關於印發〈關於進一步深化行政審批制度改革的意見〉的通知》中，將「加快建設服務政府、責任政府、法治政府和廉潔政府」確立為深化改革的指導思想，自此，「建設服務型政府」作為改革根本出發點的宏觀理念在實踐中不斷得到落實和強化，並被固定下來。

二、簡政放權

行政審批制度改革彰顯的是政府的「自我蛻變」，它不僅是對原來的行政管理體制的改良和換新，更是政府通向職能轉變和行政體制改革的必經之路。不難發現，屢次的行政審批制度改革的內容和實質都隱喻著一個不可忽視的主題，那就是簡政放權。這體現在三大方面：其一，「簡繁政」。這主要是通過釐清國務院各部門的職能範圍及事項，以減少職能範圍為手段，將在市場經濟體制下已經不再適當的行政審批事項予以淘汰。其二，權力層級下移。這主要是根據中央政府的考察及評估，在其確認的地方政府可以承受的權力

和責任範圍內，將原本由中央政府統管的部分事務下放給地方政府，即賦予地方政府結合本地區發展現狀，充分利用自身的發展潛力來推動區域社會、經濟事務整體向前的權力。其三，開發市場和社會的活力。這主要是將政府原本管轄的一些行政事務放權給社會組織及市場機構，其目的在於簡化政府的事務且同時釋放社會和市場的活力，使市場和社會承擔更多的責任。

簡政放權意味著權利外放。簡政放權是行政審批制度改革的核心所在。換句話說，簡政放權就是要讓市場這只手發揮它應有的作用，而不是讓政府這只手來取而代之。這既是削權，也是政府的自我革新，但是這是發展和群眾願景的共同訴求。只有簡政放權，才能喚起市場的創新潛力，才能維持經濟的穩中向好，才能激發地方政府的自我能動性，才能更深一步釋放改革紅利，刺激內需釋放。

簡政放權更體現著對管理的強化和對民生的保障。其中，對管理的強化主要體現在放權上。雖然是放權，但放權的目的是讓中央政府將更有限的精力和資源放在更迫切和緊急的領域，這是對面面俱到卻成效微薄的傳統管理方式的變革，其實質是對管理的進一步強化。而對民生的保障則主要體現在簡政，要簡化政務流程，取消冗雜的行政審批事項，切實將力量用在更為廣闊且尚待發展的民生領域，這才是為人民服務宗旨的契合之策。

因此，在加入 WTO 以後，中國政府通過簡政放權方面頒布的種種措施一步步推進著行政審批制度改革。其一，優化行政審批事項設定，激發社會仲介機構的長處。基於科學論證設置行政審批事項，保證權力根本科學合理，要依據擬定草案、徵求建議、公開聽證等方式來設定緊密關係公民利益的事項，確保合理必要；此外，進一步減少行政審批事項，完善市場監管和社會管理，讓社會和仲介機構逐步得到更多權力，並且使仲介機構與政府劃清界限，避免其利用手中的權力進行壟斷服務或搭車收費。其二，賦予行政審批監管部門更多權力，提高監督作用。首先要大力發展行政審批電子監察系統的建設與普及；其次把行政審批工作納入行政績效和目標責任制進行考核；最後完善行政問責相關制度，對行政審批工作人員的失職瀆職行為必須進行追責嚴懲，確保類似行為不再發生，從而保障行政審批工作規範有序運行。

第六章　加入 WTO 後行政審批制度變遷的主要內容

其三，完善有關法律法規，規範審批行為。一是加快制定有關審批流程的規章，最大限度地規範行政審批主體的自主權；二是建立完善的行政審批政務公開制度，讓政務置於「陽光」下，充分保障人民群眾的知情權、參與權和監督權；三是建立重大項目問詢機制，對所有的財政性建設投資、國家專項項目和政府投資項目，要嚴格按照程序執行審批手續。

簡政放權是中國行政審批制度改革的主線之一，尤其在中國加入 WTO 以後，簡政放權更是成了中國政府的主要改革內容之一。在這段歷程中，政府更多地還權於社會、公民、市場，政府的執政能力逐漸提升，政務的簡化也為社會、市場與公民帶來了更多的便利。

三、厘清政府—市場—社會三方的權力邊界

行政審批制度改革的本質就是對政府、市場和社會三方的權力界限和運行機制的邊界做出愈加明顯的劃分。西方發達國家的行政審批制度的建立起初是為了彌補市場失靈，而中國行政審批制度的誕生卻與市場失靈無關，中國的行政審批制度誕生於計劃經濟時代，是一種為「全能政府」服務的工具，是一種政府執掌全局的利器。在中國的計劃經濟時代，政府帶著一種萬能管理者的光環出現在所有民眾面前，只有政府才是指揮整個政治、經濟和社會格局與變化的唯一合法主體。因此，在計劃經濟時代，政府既要興辦企業，也要流轉市場，還要維繫社會關係，中央政府更是將一切人、事、物的支配權緊緊握在手中。所以，包括行政審批制度在內的行政措施成為唯一調整經濟社會關係的手段。

隨著改革開放的步伐越來越快，中國市場經濟的程度不斷加深，整個社會進入利益結構分化和調整的轉型時期，政府越來越明顯地感受到像過去那樣事必躬親變得越來越不現實，重新界定政府—市場—社會三方的權力邊界，讓各自承擔必要的責任越來越成為各方面改革的共識和基礎。

總結 2001 年以來的歷次行政審批制度改革，不難發現，界定政府—市場—社會三方的權力邊界一直貫穿始終並且逐步深入。2001 年出拾的相關實施

意見明確了行政審批制度改革的總體要求，並提出了以下原則：不符合政企分開和政事分開原則、妨礙市場開放和公平競爭，以及實際上難以發揮有效作用的行政審批，堅決予以取消；可以用市場機制代替的行政審批通過市場機制運作。對於確需保留的行政審批，建立健全監督制約機制，做到審批程序嚴密、審批環節減少、審批效率明顯提高，行政審批責任追究制得到嚴格執行。此後，2002年國務院行政審批制度改革工作領導小組《關於印發〈關於搞好行政審批項目審核和處理工作的意見〉的通知》也強調，在實施審核和處理時，要處理好「政府與市場、政府與企業、政府與社會的關係」，「要按照政企分開、政事分開的原則將政府部門從繁雜的審批事項中解脫出來，轉到依法加強宏觀調控、制定市場規則、實施有效監督、搞好社會管理和服務上來，把政府不該管的事項堅決減下來，把政府應當管的事切實抓好」①。

第二節　以法為綱：行政審批的法治化進程

一、立法背景

2002年10月、2003年2月和2004年5月，經過三批次的行動，國務院共取消和調整了1,795項行政審批事項。基於此背景，行政許可法應運而生，將行政許可的範圍、實施機關和實施程序做出了明確規定，促進了行政審批邁向法制軌道。從2004年7月1日起，行政許可法正式實施。具體來看，行政許可法的出抬是中國社會、政治、經濟等多方面現實情況的綜合要求，主要包括以下五大方面。

---

① 唐亞林，朱春.2001年以來中央政府行政審批制度改革的基本經驗與優化路徑［J］.理論探討，2014（5）.

第六章　加入 WTO 後行政審批制度變遷的主要內容

（一）適應加入 WTO 的新趨勢

加入 WTO 後，按照 WTO 協議的要求和中國的對外承諾，行政許可應當以透明和規範的方式實施，行政許可的條件和程序對貿易的限制不能超過必要的限度。中國加入工作組報告書（第 308 段）針對中國服務市場的行政許可制度還提出了八條明確要求，並對此做出承諾。另外，WTO 有兩個非常重要的原則，一是法律、法規的統一實施原則，二是非歧視原則。WTO 規則不允許行政審批成為地方保護、行業壟斷和市場分割的保護傘，這是保證全球化背景下的統一市場的形成與完善的必然舉措。中國已承諾以修改現行法律和制定新的法律的方式全面履行 WTO 協定的義務，其中有許多義務帶有強制性，中國政府必須採用統一、公正和合理的方式適用和實施法律。這些都在客觀上推動了中國行政許可法的出抬。

（二）破除社會經濟發展的體制性障礙

行政許可（也就是通常說的「行政審批」）是把「雙刃劍」，一方面政府要管理各項事務，行政審批是必不可少的；但與此同時，如果行政審批過多、過濫地設置，就會導致人們不堪重負，就會一步步地墮入桎梏社會發展的體制性深淵。在中國，行政審批的弊病主要表現在六個方面：其一，行政許可範圍不清，行政許可事項過多、過濫。在許多領域，很多政府官員已經把行政審批當做行政管理的利器，不管什麼領域，也不論什麼問題，只要產生問題，立馬把行政審批這把利器拋出來。而各級政府、各個部門通過各種方式頒布各種「紅頭文件」來設置許可，內容也是五花八門。這其實是設「卡」，高築「門檻」，變成了桎梏生產力發展的絆腳石。其二，行政許可的設定權不明確。設定行政許可的隨意性很大，甚至縣、市政府也用文件形式設定行政許可。一些地方和部門還利用行政許可搞地區封鎖、行業壟斷，妨礙統一市場的形成和公平競爭。其三，行政許可環節冗長、手續繁雜、效率低下，缺少必要的程序規範，民眾辦事困難。其四，重許可、輕監管或者只許可、不監管的現象屢見不鮮，進入市場門檻高築，但是市場內部卻監管乏力。這主要是因為不少行政機關在利益驅動的影響下，只想通過設置行政許可來為自身謀求利益，而獲取許可後的監管本身並不能為其帶來多少利益，

因此，自然疏於監管，市場秩序混亂也就見怪不怪了。其五，將行政許可作為權力「尋租」的手段。一些行政機關或機關內部工作人員把為申請人辦理許可看作謀利的途徑，這最終使行政審批流程演變成權錢交易、貪污受賄的溫床，更催生了大量的腐敗。其六，許可機關在實施許可後隨意終止或變更許可，出爾反爾，即使給被許可人造成損失也不予以賠償。[①] 這導致的後果就是行政許可（審批）演變為政府全面控制社會生活的重要方式，國家經濟逐漸被權力經濟、審批經濟、人治經濟取代，最終的後果就是國家經濟自由度降低，國家競爭力弱化，社會活力嚴重窒息。

（三）轉變政府職能、深化行政管理體制改革

行政審批制度改革是政府職能轉變的一大突破口。長期以來，中國行政管理體制一直被三大問題所困擾，第一大問題在於政府管理的越位、缺位、錯位並存，政企不分、政市不分、政社不分。窺其根本，政府職能過多、職能不清應當負主要責任，因此要從「全能政府」轉向「有限政府」。這必當需要一部詳細且精煉的法律作為支撐，職能轉變的內核本質應當被包括在法律條文內，從而用法律將政府職能轉變與法律執行兩者緊密相連，進而將職能轉變所內含的指導性、限制性與法律凸顯的明晰性、強制性有機結合起來，使得職能轉變的可操作性、可監控性以及高效性、穩定性落到實處。第二大問題在於管理方式落後、單一，重管理、輕服務。追求效率、便民簡潔以及服務大眾及社會應當是政府實施行政管理的初衷，但在很長一個時期，揮之不去的「管制」陰霾籠罩著中國相當一部分行政機關。這體現在這些行政機關總是將自己置於權力者的地位，卻忽略掉權力的根本來源及權力的行使基準，導致與政府本身的價值理念相去甚遠。因此，從「管制政府」轉向「服務政府」被提上議程，而要做到這一點，僅靠行政理念的改變是不夠的，必須從法律措施層面給出更強有力的保障。第三大問題在於是權責脫離、有權無責現象嚴重。權力與利益之間存在著千絲萬縷的關係，行政管理體制成為趨利群體的搖籃。在中國，過度強調政府權力、公民責任卻漠視政府機關責

---

① 姜明安. 行政許可法條文解釋與案例解析 [M]. 北京：人民法院出版社，2003.

第六章 加入 WTO 後行政審批制度變遷的主要內容

任的傾向已經存在了不是一天兩天，這必然導致政府內部人員的職權和職責背離、行政體制約束力降低、追責機制效果不佳等情況的發生。再者，一旦政府權力超出上限，權力尋租就是一個不可避免的情況，而權力尋租的必然後果就是腐敗。因此，「權力政府」向「責任政府」轉變是必然要求，必須保證要基於權力與責任統一的基礎，明晰行政機關在行政許可中應擔之責，並通過嚴格的責任約束機制推動行政機關有效管理，做到依法行政。

（四）鞏固和深化行政審批制度改革

將行政審批制度改革納入法制化軌道是為了遏止行政審批制度改革過程中出現「為減而減、邊減邊設、減完了事、各行其是」的現象，這將促使行政審批制度的改革邁向正確的道路。同時，行政許可法的出抬也是對已有行政審批改革成果的進一步鞏固。根據已有經驗不難發現，雖然行政許可在社會主義市場經濟中的地位已經在政府內部被認可，但是以往通過前赴後繼的頒布政府紅頭文件的方式來完善行政審批制度的做法已經過時，因為這樣難以撼動根本的修修補補不僅耗費大量的人力、物力和財力，也不能緊跟中國快速變化的政治、經濟和社會環境的步伐。鑒於此，從計劃經濟時代已經開始逐漸發展並健全行政審批制度的中國，在面對越來越激烈且廣泛的挑戰之際，迫切需要一部規範、科學且有效的行政審批法律。

（五）深切呼應依法行政的要求

依法行政是法治社會對政府、行政機關最根本的要求。在行政權力逐漸擴張的過程中，必然要加強對行政權力的控制；而要加強對行政權力的控制，就必然產生行政法律制度。因此，行政法律制度的根本要義在於維護公民權利，依法行政不僅僅彰顯著民主法治的觀念，也彰顯著對社會發展的訴求。但是，法律本身的存在並不意味著法治，中國的部分法律在制定之初就沒有準確體現彼時社會的實際訴求；再者，有些法律在社會經濟快速發展的背景下，並不能緊跟步伐、保持前瞻性，因此其法律價值自然會一步步降低。更有甚者，一些法律在實施以後，不僅不能保護公民權益，反而成為公民維權的攔路虎。因此，追求法治形式固然是法治化進程中的重要一環，但更重要的是對法治實質的追求。這不僅僅是保證行政法律制度正當性的要求，也是

103

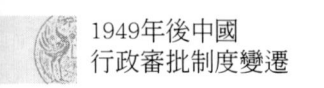

發揚現代社會價值觀、順應歷史發展潮流、確保人民群眾根本利益的要求。與此同時，法治理念的踐行要立足於實踐，任何社會的法治理念都會不斷變換，法治理念也應當與時俱進。

二、行政許可法的立法原則與價值取向

《中華人民共和國行政許可法》於 2004 年 7 月 1 日起正式實施，對行政許可做出了全面規範，不僅體現了諸多先進的原則，也反應出中國政府的價值取向。

（一）合法原則與法治政府

合法原則指必須在嚴格遵守法定的權限、範圍、條件和程序的前提下設定和實施行政許可。中國以往實行的計劃經濟體制意味著所有經濟活動都以政府的計劃為中心。而政府的計劃所體現的自然是政府的價值觀，這些價值觀產生於層級隸屬的權力運作體系，表現出的是一種典型的「權力行政」「人治行政」。在後來的經濟發展轉型期，我們充分意識到行政權力的本質和特性：凡是權力都有濫用的可能，絕對的權力產生絕對的腐敗。政府是掌控權力的主體，要避免權力成為目空一切的力量。於是，將權力置於法律約束之下、建設法治政府就成為必然選擇。

除此之外，其他方面的訴求也在召喚著一個強大的法治政府。首先，法治政府是社會主義市場經濟的必然要求。改革開放和經濟增長固然促進了中國法治政府的建設與發展，但這也對中國的法治政府的壯大有了更深的訴求。現代市場經濟倡導平等、自發、誠信、競爭等要義，僅僅依賴市場自身的規律去調節顯然是不夠的，因此法律手段的介入在所難免。而法律要有效實施，必然需要借助政府的力量，而政府力量的首要來源就是政府自身對依法行政的遵循、對法治政府的建設。此外，法治政府是建設民主政治的基本條件、是實現國家長治久安的根本保證等等，這些也要求中國加快法治政府建設的腳步。

因此，行政許可法在法治政府建設上做出了明確的規定。行政許可法中

第六章 加入 WTO 後行政審批制度變遷的主要內容

的依法許可原則規定，必須嚴格遵守法定的權限、範圍、條件和程序的要求來設定和踐行行政許可。這些規章制度在為中國打開法治政府的光明之路，之所以如此是因為行政許可法落腳於為政府職能轉變和管理方式創新保駕護航。行政許可是一種重要的政府職能和管理方式，所以政府職能弊病中的大量問題都會在行政許可中暴露，這就是建設法治政府的最大羈絆。鑒於此，行政許可法經由對政府行政許可行為進行規範，促進政府行政管理體制、手段、目的和流程的變革。

（二）公平、公開、公正原則與透明政府

公開、公平、公正原則指有關行政許可的規定必須公布，未經公布的不得作為實施行政許可的依據；行政許可的實施和結果，除涉及國家秘密、商業秘密或者個人隱私外，應當公開；對符合法定條件、標準的申請人，要一視同仁，不得歧視。透明政府意指政府機關的所有活動，除了必須保密以及涉及個人隱私的部分外，都有義務向社會公眾公開。公開是腐敗的天敵，陽光是最好的防腐劑。政府機關或權力個人的權力尋租、貪污受賄的基礎在於審批過程的非透明化，它使得暗箱操作、權錢交易大行其道。因此，實現透明政府的目標，將權力的行使置於輿論與社會公眾的監督之下，是審批制度改革的一個必然要求。行政許可法全面重視了公開政府的必要性，多方位、系統地設計了操作性極強的具體制度，比如：

第一，明確公開政府的基本原則。行政許可法總則第五條明確地將公開原則作為許可法的一項基本原則加以規定。同時還明確規定，有關行政許可的規定應當公布；未經公布的，不得作為實施行政許可的依據。不少地方政府慣於以內部文件或是「紅頭文件」來實施審批，在公開政府的原則強制實行後，這種通過內部操作暗度陳倉的可能性大大降低。此外，行政許可法第五條還規定，行政許可的實施和結果，除涉及國家秘密、商業秘密或者個人隱私的外，應當公開。這樣就使透明政府的原則貫穿於行政許可制度的每一個環節。

第二，公開行政許可的條件和程序。行政許可法第三十條規定，行政機關應當將法律、法規、規章規定的有關行政許可的事項、依據、條件、數量、

105

程序、期限以及需要提交的全部材料的目錄和申請書示範文本等在辦公場所公示。申請人要求行政機關對公示內容予以說明、解釋的，行政機關應當說明、解釋，提供準確、可靠的信息。在這項規定中，最值得一提的是，行政機關被要求對公示內容予以說明、解釋，提供準確、可靠的信息。這項舉措的作用是不言而喻的，它可以有效督促行政機關履行法定職責、提升行政管理水準，阻止個別公職人員利用法律規定的灰色地帶為濫用權力提供溫床。

第三，公開行政許可的實施過程與結果。行政許可法第四十條規定，行政機關做出的準予行政許可決定，應當予以公開，公眾有權查閱。基於這項規定，廣大人民群眾均可更加清晰地知曉政府機關的行政許可決策，這不僅有利於透明政府的建立，也將政府的各項決議置於廣大人民群眾和社會輿論的監督之下。

第四，公開行政許可的監督檢查過程及其結果。行政許可法第六十一條規定，行政機關依法對被許可人從事行政許可事項的活動進行監督檢查時，應當將監督檢查的情況和處理結果予以記錄，由監督檢查人員簽字後歸檔。公眾有權查閱行政機關監督檢查記錄。

(三) 便民原則與服務政府

便民原則指行政機關在實施行政許可的過程中，應當減少環節、降低成本，提高辦事效率，提供優質服務。服務政府是指在公民本位、社會本位理念的指導下，以為公民服務為宗旨並承擔服務責任的政府。但是，在現實情況中，政府卻往往形成居高臨下的姿態，在這種情形下，自然談不上服務型政府。這種全能管理者的姿態不僅嚴重桎梏和阻礙了生產力的發展、打消了社會生產者的積極性，也逐漸影響著中國整體經濟水準的提高。

除此之外，根據中國的發展進程來看，我們並沒有在協調政府機關的管理和建設服務型政府領域有太多建樹，往常在管理和服務兩大目標環繞之下顧此失彼、抓住了管理就鬆掉了服務，抓住了服務就鬆掉了管理，兩者之間無法建立一個平衡體系。而在建立服務型政府方面，行政許可法為我們提供了卓有成效的示範，它將服務型政府的建設要點與行政程序結合，在一個完

整的流程中彰顯著政府的價值。在這種系統聯結體系中，政府機關在切實履行政府管理職能之際，也能滿足人民對政府服務的需求，兩者之間產生的衝突和不愉快將大幅減少。應該說，行政許可法關於程序的規定是該法中操作性最強的部分，為建設服務型政府確定了最基本的法律要求。

具體來看，行政許可法總則第六條明確地將便民和服務作為一項原則予以確認，強調實施行政許可要提高辦事效率，提供優質服務。行政許可法關於程序的規定，尤其是第四章有關行政許可的實施程序的規定深刻體現了創新精神，為建設服務型政府進行了非常有益的探索。行政許可法中彰顯的「寧可麻煩政府，也不麻煩老百姓」的思想，客觀上極大地促進了既往的管制型政府向服務型政府轉變的進程。

（四）信賴保護原則與誠信政府

信賴保護原則指公民、法人或者其他組織依法取得的行政許可受法律保護，行政機關不得擅自改變已經生效的行政許可，除非行政許可所依據的法律、法規、規章修改或者廢止，或者準予行政許可所依據的客觀情況發生重大變化，為了公共利益的需要，確需依法變更或者撤回已經生效的行政許可。但是，由此給公民、法人或者其他組織造成財產損失的，行政機關應當依法給予補償。

誠信，是一個普通人安身立命的道德基礎之一，對於政府來說也是一樣，一個失信於人民的政府必然不可能實現整個國家的長治久安。因此，誠信政府是政府道德體系建設中不可缺失的一環。誠信政府有以下四個要義：一是政府必須對公眾懷有善良的動機。二是政府必須對公眾有忠誠的行動。三是政府必須取得公眾的信任。四是政府必須勇於承擔責任。

政府守信不僅是政府道德體系建設的必然要求，也是社會信用框架建設的題中應有之義，鑒於此，政府公布的信息務必真實、可靠，政府的政策應當保持穩定、連續。行政許可法首次以法律的形式確立了信賴保護原則，使公民、法人或者其他組織依法取得的行政許可受法律保護得到明確，行政機關不得擅自撤銷和變更已經做出的行政許可決定。若客觀情況有變而必須變

更政策的，盡量建立過渡期，使公眾明確政府的意圖；行政機關為了維護公共利益而改變行政許可造成公民、法人或者其他組織產生財產損失的，要依法予以補償。

（五）救濟原則、監督原則與責任政府

救濟原則指公民、法人或者其他組織對於行政機關執行的行政許可享有陳述權、申辯權，他們有權依法申請行政復議或者提起行政訴訟，其合法權益因行政機關違法實施行政許可而受到損害的，有權依法要求賠償。而監督原則指縣級以上人民政府必須建立健全對行政機關實施行政許可的監督制度，上級行政機關應當加強對下級行政機關實施行政許可的監督檢查，及時糾正行政許可實施中的違法行為。

責任政府指政府在行使行政權力、進行行政管理的過程中要為自身行為的後果承擔相應責任。在過往很長一段時間，中國政府機關及其內部的許多公務人員總是秉持著政府擁有絕對權力、可以理所應當地管理並約束社會的觀念。所以，大家總是對權力趨之若鶩，但卻將與權力相對應的責任你推我讓或者直接拋之腦後。最常見的現象就是某些政府機關絞盡腦汁地為自己尋找不受監督的空間，而這就會產生很多法院在進行審查時無法到達的權力真空地帶。與此同時，這種權力不受約束的膨脹不僅使官僚主義愈演愈烈，還為腐敗的產生提供了天然的條件，更是改變了人民和政府之間的關係。可見，責任政府的建立是多麼必要、多麼迫切。

因此，中國行政許可法第七條明確規定了公民、法人或其他組織在行政許可方面享有的權利。行政許可法第六十條也規定：上級行政機關應當加強對下級行政機關實施行政許可的監督檢查，及時糾正行政許可實施中的違法行為。相同目的的詳細法規還有很多，不一一列舉。這些規定的目的都是實現權力與責任的統一、權利與義務的平衡，實現責任政府的目標。行政許可法的上述規定，無疑是對責任政府的詮釋、深化與落實。

第六章　加入 WTO 後行政審批制度變遷的主要內容

三、行政許可法的成就與不足

行政許可法的頒布與實施不僅是中國法制發展史上一件里程碑式的事跡，也是中國行政審批制度改革的一大進步，其貢獻自然無可非議。但是，行政許可法也並非盡善盡美，其成就與不足並存，在未來的發展道路上，必然需要完善。具體來看，其成就和不足如下。

(一) 行政許可法的成就

其一，現代潮流下的權利觀念。行政許可法的最大貢獻在於它深深觸動了傳統的權利觀念，更具體地說是財產權利觀念。行政許可法賦予行政許可以財產權利屬性，且為此提供了有效的法律保障。傳統意義上，行政許可是一種政府行為，授予權利或是解除權利似乎只能取決於政府，許可和權利本身並無關係。然而，整部行政許可法從各個方面賦予行政許可以財產權的屬性，使被許可人從實體上得到了最為有效的保障，這就使得許可和權利直接產生了聯繫，行政許可不再是政府單方面說了算，而是受到法律的制約。這樣一來，行政許可從傳統意義上政府的恩賜變成了權利，實現了實質意義上的跨越。這種變化是革命性的，勢必深刻地影響政府與公眾的關係，使雙方從不平等的控制命令關係演變為平等主體之間的關係，同時，可以有效地以公眾的財產權利制衡政府機關的行政權力，防止政府機關朝令夕改、以權謀私。行政許可法的貫徹落實使得政府與公民之間形成了一種更加緊密和平等的良性互動。

其二，全能政府轉向有限政府。在行政許可法制定過程中，最現實、最基本的一個問題就是如何明確一個事項到底需不需要設定許可，簡言之，也就是如何合理劃分政府職能範圍的界限問題。而政府職能範圍的根本問題在於如何劃清政府與市場、政府與公民之間的界限。這三種界限中，政府與市場的界限顯得愈發重要，因為中國的社會主義市場經濟在穩步推進，市場的作用愈發強大，政府在這個過程中的角色定位必然發生變化。因此，行政許可法在這一點上下足了功夫，對此做出了明確的表態：「可以設定行政許可的事項，也並不是都要設定行政許可；凡是公民、法人或者其他組織能夠自主

決定的，市場競爭機制能夠有效調節的，行業組織或者仲介機構能夠自律管理的，行政機關採用事後監督等其他行政管理方式能夠解決的，可以不設行政許可。」比如，《行政許可法》第十三條的規定，可以說是對近年來中國立法經驗的一次科學總結和提升，第一次鮮明地體現了有限政府的觀念，① 它不但對於以後的行政許可設定具有規範意義，而且對中國整個立法工作和政府管理工作的科學化也具有重要的指導意義。在行政許可法中體現出的「有限政府」的概念，對於在漫漫歷史長河中一直以「父母官」自居的政府機構來說，必然是一場前所未有的洗禮，由此體現出的深層次轉變在於政府和公民的角色定位趨於平等，而不是傳統意義上的「官民關係」。

其三，有效政府思想的體現。計劃經濟時代，中國政府的管理可以說是面面俱到、事必躬親，但是事實就是，什麼都管卻最容易什麼都管不好，這是來自歷史的深刻教訓。除此之外，在實際情況中，確實存在著政府管理低效的問題，這必然要求一個有效政府的建立。所以，行政許可法的制定始終堅持有限政府的原則，換個角度看也是在追求有效政府。行政許可法設置了諸多規則來實現對有效政府的追求：首先，建立行政許可的監督檢查制度，防止出現只審批、收費，不履行執法監督責任的現象；其次，通過技術手段提高行政許可的有效性，防止政府過度干預和行政許可的泛濫；再次，引入對行政許可項目的定期評價制度、體現與時俱進的改革精神等。

其四，促進流程透明化，遏制腐敗。中國的行政審批領域有一大弊病，即封閉式管理，決策缺乏廣泛的公眾參與。這種弊病的嚴重後果是有目共睹的，也是代價慘重的：對於那些重大問題，由於缺乏深入調研，高層的決策就是失敗的，投入基層實踐自然不可能成功；再有，由於流程缺乏透明化，「暗箱操作」比比皆是，這必然滋生腐敗和權錢交易，一些大案、要案腐敗的源頭就來自行政審批。鑒於此，行政許可法的立法目的之一就是要促進政務公開，推進政務流程透明化，遏制審批權過大所產生的各種腐敗現象。行政許可法在這一目標上做出了具體規定，比如說：切斷行政許可與收費的聯繫，

---

① 周漢華．變法模式與中國立法法［J］．中國社會科學，2000（1）：91-102.

第六章　加入 WTO 後行政審批制度變遷的主要內容

減少許可膨脹的經濟誘因；明確收支兩條線原則，建立規範的公共財政制度；嚴格禁止借行使許可權變相謀取各種不當利益；通過特別程序的設計，規範行政許可權，從源頭上消除各種腐敗現象產生的土壤等等。因此，行政許可法從頭到尾都將廉潔政府的思想貫穿其中，雖然實踐情況亟待完善，但是這至少從法律和規章制度層面對腐敗進行了有效的源頭上的打擊。

其五，更深層次體現社會主義政治文明。[①] 黨的十六大明確指出「發展社會主義民主，建設社會主義政治文明，是全面建設小康社會的重要目標」。法制文明是政治文明的重要組成部分，依法行政又是法制文明的核心內容之一。許可、處罰、收費是行政機關管理社會事務最常用的 3 種方式。行政機關能否在這 3 個方面做到有法可依、有法必依、執法必嚴、違法必究，是衡量行政機關能否切實保護公民、法人及其他組織的合法權益，正當、合法行使權力的重要標準。行政許可法從對行政許可主體、內容到程序都做了全面系統的規定，不僅使行政許可行為有法可依，也將推動中國行政機關依法行政的整體水準再上一個新的臺階。

其六，厘清中央和地方的角色定位，維護中央的法制統一權。在行政審批的制度改革的過程中，行政機關與申請人或者被許可人之間的關係是需要考慮的第一層關係，還有更深一層的關係也需要仔細權衡，那就是中央和地方的關係。從歷史經驗來看，中國的許多改革均屬於自下而上式的漸進性改革，都是採取一種地方試點—經驗總結—制定法律—全面推開的模式。鑒於此，行政許可法必須為地方的改革探索留下制度空間，既要有利於推進和促進改革，又不能限制改革的進程或成為改革探索的障礙。另一方面，隨著改革進程的深入和利益格局的日益複雜化，確保中央政府的宏觀調控順暢以及法制統一也是必然要求。對於地方濫設行政許可阻礙經濟發展或者變相尋租、通過行政許可搞地方保護主義等行為，行政許可法必須堅決地加以禁止，以促進建立一個公平合法的社會主義市場經濟體系，並確保國家範圍的法制統

---

① 張朝霞. 行政許可法的立法背景、價值取向與實施阻力 [J]. 西北民族大學學報（哲學社會科學版），2004（3）：78-86.

一。值得一提的是，行政許可法對於許可設定權的規定，尤其是對地方許可設定權的規範與限制，達到了近年來立法權上收的最高峰，這便是中央政府對維護中央權威和法制統一決心的重要體現。行政許可法的這一立法思路，必將對中國地方立法的未來發展方向產生意義深遠的影響，這對於保持法制統一和中央政府有效的宏觀調控能力，具有尤其重要的時代意義。

(二) 行政許可法的不足

首先，法律實施受到既得利益團體的阻礙。由於行政許可觸碰了權利與利益的分配格局，既得利益集團必然會奮起反抗。無論是從理論研究成果還是從實際情況看，行政審批制度改革的阻力有很大一部分都是源於手握行政審批權的政府機關和受行政審批權保護的被許可人。行政審批制度改革過程中，一些地方或部門為應付上級的要求將長期不用或已經過時的審批項目加以削減，或者一邊削減審批項目一邊不斷增設新的審批項目的做法，就是這種阻力的具體體現。一方面，既得利益團體的抵抗自然是行政審批制度改革的一大攔路虎，但是與此同時，從維護社會穩定和實現制度順利轉型的大局考慮，又必須對既得利益格局給予一定的考慮。因此，如何維持兩者之間的平衡又同時將行政審批制度改革引向正確的軌道是一個難題，這要求改革者必須具有堅定的決心和勇氣、理順利益關係的能力和氣魄。

其次，行政許可法的法律規定沒有緊密貼合社會發展。雖然行政許可法體現了個人自治、市場優先、自律優先、事後機制優先等立法精神，體現了有限政府的觀念，但是，在中國長此以往的傳統影響以及改革的不確定性和複雜性影響下，政府手握過重的權力這一現象並沒有得到根本上的改變。尤其是當面臨諸如市場供給偏緊，價格波動較大，國際形勢變化，自然災害、突發事件頻發或者治安環境形勢嚴峻等困難局面時，很多地方政府依然習慣用「管制」的方式來解決問題。這種帶有強制性的解決問題的方式不僅不能體現現代化發展中的民主與市場思想，也為地方政府提供了許多謀求不正當利益的可能性。而要改善這個現象，就必須將市場化改革和民主政治建設提上議程。當然，一部行政許可法自然不能完全擔當此任，尤其是在中國市場化改革與民主政治建設的轉型時期，與其他許多法律一樣，行政許可法會始

第六章 加入 WTO 後行政審批制度變遷的主要內容

終面臨法律規範與社會發展之間不同步的現實，面臨其立法精神在實踐中可能發生扭曲或被濫用的風險。因此，要減少這種情況，就要充分發揮民主和市場在行政許可相關法律中的作用。

再次，行政許可法本身存在立法缺陷。行政許可法的制定雖然在中國的立法中屬於非常成功的一例，但是，它無法逃避所有立法都面臨的共同困境，即對社會生活的豐富性和變化性，立法很難準確地加以反應，而這種偏差將會導致法律實施結果的低效。在急速變化的轉型期社會，這種現象更加顯著。這種情況已經在行政許可法的實施過程中初見端倪。例如：行政許可法的調整範圍過於狹窄；行政許可的分類不盡合理；對行政許可實施機關的積極作用重視不夠；特許的範圍不明確，配置方式過於簡單；對行政許可的定性未能保持一致性，等等。因此，這也反應出，沒有任何一部法律的頒布與出抬是一勞永逸的，要隨著社會的不斷發展而不斷修改、不斷彌補缺憾。在一個複雜且多變的社會環境中，尤其要注意法律是否反應出現實的重要問題，是否真正契合實際。

最後，行政許可法實際可操作性差。誠然，行政許可法的確確立了許多先進的觀念或原則，進行了一系列的制度創新，但是，其相關規定過於籠統，再加上法律執行的配套措施極不完善，因此它的許多規定只能是紙上談兵。比如說，行政許可法所確立的有限政府觀念主要體現在第十二條、第十三條，但若只依照這兩條規定的字面意思來理解，任何事項都無法確定是否設定行政許可，這中間找不到一個明確的界限。因此，要真正使這兩條規定發揮作用，這需要根據相關量化技術對此做出明確界定。然而，在中國的立法工作當中，量化手段目前僅僅才剛起步，既缺乏相關人員，也不具備技術和設備。鑒於此，有限政府觀念只能在行政許可法的法律條文中原地踏步走，現實中根本無法實現。類似的例子還有很多，這些規定都從宏大的願景出發，卻止步於無法操作的現實，也在很大程度上使得行政許可法的效用大打折扣；甚至有些規定成為一紙空談，為不少人曲解法律、胡亂制定政策提供了途徑。

四、非行政許可的審批問題

　　非行政許可審批是指國家行政機關、具有行政執法權的機關以及由國家行政機關授權的事業單位或其他組織根據公民、法人或者其他組織的申請，依照法律、法規、規章或特殊的規範性文件設定的行政許可以外的其他審批事項，實施審批、核准、審查、同意、認定從而準予相對人從事某種特定活動的行為。非行政許可審批的存在，造成了行政許可法與審批制度改革之間的同步過程被切斷。非行政許可的存在妨礙了行政許可法的權威性，其出現也顯得不倫不類，但是非行政許可審批本身對於彌補行政審批制度的缺陷又發揮了一定的作用；因此，非行政許可的審批從誕生之初就飽受爭議。

　　中國自2004年實施行政許可法以來，非行政許可審批問題愈發突出。究其原因，包括以下兩點：第一，傳統官本位思想的影響。受諸多因素影響，中國政府已經習慣於把自己看作權力體系的頂端主體，賦予自己全方位管理的角色，因此，行政審批制度改革的初衷之一在於限制權力機構的權力。誠然，這是一種自我革命，但是制度上的革命並不代表觀念上的革命，傳統官本位的思想已然根深蒂固，不可能通過一部法律就徹底扭轉。第二，既得利益團體的反抗。行政審批制度改革和行政許可法要落到實處，就要求政府機關有堅定執行的勇氣和決心，不能肆意應用權力，也不能隨心所欲地玩弄程序。但是這些要求對於既得利益團體來說無疑是無法接受的，於是他們想方設法地將以往在行政審批中獲得的利益轉移到非行政許可審批的灰色地帶，讓一些在行政審批中無法滿足的訴求通過另一種渠道獲得。於是，非行政許可審批反而成為他們利益重新劃分的工具，不僅違背了非行政許可審批設立的初衷，還為行政審批制度的發展埋下禍根。

　　可以看出，非行政許可審批是行政審批制度改革中繞不開的一個問題，作為行政審批的衍生物，其出現本就是行政審批制度改革斷層的一個表現，其消弭也注定是行政審批制度改革深化的必然要求。中國在多年的非行政許可審批問題處理上反反復復、修修補補。在黨的十八大召開前夕，不少專家學者對這方面提出了意見，政府也出抬了一系列文件來指導非行政許可審批，

第六章　加入 WTO 後行政審批制度變遷的主要內容

但是，非行政許可審批問題一直揮之不去。直到 2015 年，政府工作報告明確指出全面取消非行政許可審批，這表明政府在非行政許可審批方面已經表現出壯士斷腕的決心。由此可以看出，行政審批制度改革繞不開非行政許可審批，必須要處理好行政審批與非行政許可之間的關係，才能使行政審批制度得以優化。

雖然直到黨的十八大召開，中國政府才明確提出逐步取消所有非行政許可審批，但是在十八大召開以前，學界及政府為非行政許可審批的主要改革舉措的實施做出了不可磨滅的貢獻，也為十八大以後對非行政許可審批的徹底清理做了鋪墊。這些舉措的著眼點在於對非行政許可審批的清理與規範兩個方面，具體如下。

一是非行政許可審批的清理。非行政許可審批脫離了行政許可法的行使範圍，所以為不在行政許可法行使範圍內的行政審批權創造了足夠的再造空間。大量典型的行政許可行為利用缺乏清晰界定的概念順利加入非行政許可審批的範圍，從而在行政許可法力所不能及的地方為所欲為。因此，非行政許可審批的清理成了必然趨勢。

二是非行政許可審批的規範。對非行政許可審批進行規範，區分行政許可審批和非行政許可審批意義重大。規範非行政許可審批從下面幾個方面入手：首先是對非行政許可審批的主體和對象等進行界定。非行政許可審批的問題之一是其概念界定不清楚。基於此種現實，有關部門進一步規範了行政許可與非行政許可審之間的關係，明確了非行政許可審批適用的範圍。然後是對非行政許可審批的設立依據嚴格規定。對於不符合非行政許可設立依據的非行政許可審批一律予以撤銷或進行調整。其次是對非行政許可審批的程序進行規範。行政機關建立健全非行政許可審批的公開公示制度，將保留和設定的非行政許可審批項目的名稱、申請條件、審批程序、設定依據等遵循公正、公開、公平原則逐項對公眾公開，接受社會公眾的監督。最後是建立全面的問責監督機制。針對問責監督機制不完善的問題，行政機關完善了自身的行政監督體制，這是一種自我監督與檢查。

第三節　效率第一：行政審批的模式再造

為更好地適應 WTO 的國際規則體系，接軌國際社會的發展，中國的行政審批模式必須從以往審批模式的桎梏中跳出來，擺脫長期以來在行政審批領域中存在的審批事項廣、審批流程複雜、審批時間長和審批環節瑣碎等弊端。從改革進展和實施情況來看，中國的行政審批制度改革工作在加入 WTO 以後主要是圍繞法治和效率等兩方面來展開。在這一階段，政府的核心工作就是提高行政效能。為達這一目的，中國行政審批制度改革秉承效率第一的原則，以行政許可法的頒布和實施為法治基礎，開始引入電子政務來對行政審批模式進行技術再造，創新服務形式；創建服務中心對行政審批模式進行空間再造，擴大服務範圍；實現審批聯動性對行政審批模式進行流程再造，優化服務質量。

一、技術再造：電子政務的引入

隨著現代信息技術的迅猛發展，互聯網、計算機技術開始逐步運用到公共行政服務領域。電子政務作為現代政府管理理念與信息技術革命相融合的產物，[①] 被國家機關在政務活動中會全面借助來進行有效辦公和科學管理，為社會提供更加優質的公共服務。中國電子政務的發展可以追溯到 20 世紀 70 年代，共經歷了辦公自動化、「三金工程」、政府上網和電子政務四個階段。[②] 中國政府十分關注電子政務的發展，對於引進電子政務的政府部門給予極大的支持。經過 21 世紀前十年的發展，電子政務網絡已經覆蓋了所有的省（自治區、直轄市）、90%以上的市和 80%以上的縣，廣泛應用於公共行政領域，

[①] 顏佳華. 公共決策研究——文化視野中的闡述 [M]. 長沙：湖南人民出版社，2005：380.
[②] 白楊. 簡述高校科研信息管理中信息資源整合 [J]. 圖書館工作與研究，2005（3）：19-20.

第六章　加入 WTO 後行政審批制度變遷的主要內容

已能滿足基本業務需要。反觀當前中國正處於攻堅克難階段的行政審批制度改革，將電子政務引入行政審批領域作為技術支撐，形成了電子政務平臺下獨特的目標模式、電子監察機制和網上審批系統；這一創新性應用為中國的行政審批模式再造提供了機遇與可能。

（一）電子政務之目標模式

電子政務環境下行政審批模式再造的最終目的是以網上行政許可服務系統為基礎，打破時間、空間的制約和部門之間的限制，實現政府部門間的互聯互通與資源共享，為公民、法人和其他組織提供無縫隙的一體化電子服務。① 按照改革思路，中國行政審批模式再造主要著眼於其現有的辦事準則、設計思路和目標指向進行改革，另外還採用全新的流程設計，全面考慮各個環節之間的相互配置關係以及與行為流程的自適應問題，在行政審批過程中實現綜合協調。這同時在某種程度上也決定了中國的行政審批模式再造必然會是一個複雜的多向互動過程，不是只單一地強調「電子」這一技術手段，而是重視「電子」與「政務」這兩大主體的互動作用。運用現代科學技術力量對政府的組織結構、運行方式、服務範式和行政業務流程等進行優化重組，對政府進行再造，從現有的、工業時代的政府形態和官僚體制結構向以電子信息等現代科學技術建構的、適應以互聯網為主要特徵的信息化政府組織結構和運行方式改變。②

電子政務服務提供模式不同於傳統以政府機構和職能為中心的政務服務模式，而是以客戶需求為中心，依託政府門戶網站或者行政服務中心來整合政府相關的業務活動，實施協同辦公，為服務對象提供便捷、一體化的服務。服務對象只需按要求填報表單，並把材料提交給「政府服務統一接口」便可以「足不出戶」地享受政府的服務，而不必再一個一個「衙門」去拜訪。③與電子政務環境相適應的行政審批模式是圍繞流程設計以擺脫條塊分割體制

---

① 魏瓊. 基於電子政務的行政審批流程再造分析 [D]. 湘潭：湘潭大學，2007.
② 蔡立輝. 電子政務：信息時代的政府再造 [M]. 北京：中國社會科學出版社，2006：13.
③ 連成葉，連桂仁. 論電子政務建設中的政府業務流程再造 [J]. 福建師大福清分校學報，2010（1）：12-19.

與部門的界限，力求優化整體流程，實現資源共享以及跨部門的網絡化管理；採用網絡信息技術代替原來嚴苛的書面審核和層級傳遞信息的方式，使行政審批環節變得更加靈活，讓政府與社會公眾和相關企業的交流互動變得更加容易，增強了其在行政事務處理中的回應性，形成的良好溝通、科學決策能根本扭轉政府行政系統的封閉式管理形態。電子政務環境下的行政審批模式再造是網絡信息技術與行政審批行為的有機結合，是系統全面地提高政府部門績效的方法，更是政府部門改革的創新性舉措。利用信息技術和其他相關技術，使政府的事務處理和業務工作發生虛擬整合，使系統運行具有整體性與協調性①，這是電子政務的本質要求。

在電子政務環境下，行政審批目標模式的核心就是要擺脫傳統的「政府本位」思想，充分運用互聯網信息電子技術，按照電子政務的運作邏輯，秉持「以人為本、以客為尊」的服務宗旨，以低成本、高效率的行政方式服務於公眾。通過搭建網絡審批平臺，吸納社會各界的意見，實現政務公開，在陽光下進行審批；運用信息技術減少不必要的審批環節，保證在合理的審批時限內最大限度地維護審批相對人的利益。圍繞行政許可法等法律和制度規範，對包括業務系統運行和安全保密制度等在內的行政審批流程本身和行政辦事人員全面落實責任追究制度，保證行政審批流程各個環節的科學性與權威性。全面提高行政審批環節的靈活性，對審批項目進行系統安排，加強各環節之間的互動，根據不同審批項目的性質和特點，進行科學合理的安排。

（二）電子政務之監察機制

對於行政審批而言，審批與監管應該是相輔相成的，都應被擺在同等重要的地位。但是，中國行政審批制度的實際狀況則更多呈現出的是一種事前管理、以審代管的態勢，由於監管手段落後、證據查實難等原因，行政權力在此領域的濫用司空見慣，因此行政審批逐漸成為權力腐敗的高發區，重審批、輕管理成為中國現實生活中許多禍亂之源。② 從客觀上講，行政審批監察

---

① 王寶泉. 高等學校學生管理信息化研究 [D]. 武漢：華中科技大學，2006.
② 徐曉林. 試論中國行政審批制度改革 [J]. 中國行政管理，2002 (6)：6-8.

第六章　加入 WTO 後行政審批制度變遷的主要內容

乏力一直是中國行政審批的痛點之一。因此，在當前階段，建立和完善行政審批的監督制約機制、行政審批責任制和行政責任追究制度等成為再造行政審批模式所要重點努力的方向。電子政務環境和現代信息通信技術的迅速發展為政府創新行政監察手段和變革制度提供了機遇，電子監察進入公共行政領域不僅代表著電子政務的深化發展，也預示著行政審批制度改革的又一高峰，這使得中國行政審批制度在改革過程中一直以來的短板——監察乏力得到了有效彌補。電子監察系統作為行政審批流程再造的重要舉措之一，從 2004 年起，政府對其愈加重視並陸續在行政審批和其他行政效能監察領域進行了實踐和探索。

　　行政審批電子監察機制是依託於行政許可法的實施、電子政務的全面推廣和行政審批制度改革逐步深化的背景而建立起來的，是行政監察方式、監察手段和政府運行機制的變革和創新。它借助於現代信息技術，通過建立軟件系統和視頻監控點，自動分時段地點來採集相關審批數據，借助互聯網電子監察平臺，依法對行政審批事項和公務員的行政行為開展同步即時監控。「電子監察」涵蓋了政府內網、行政審批外網和遠程視頻等三部分，三部分之間共同作用、相互提供支撐來完成監察行為。政府內網是與電子政務網相銜接，由數據採集、綜合查詢等子系統構成，主要記錄行政審批的第一手數據和內部資料；行政審批外網由市監察局設立，給市民、企業提供了反饋意見和解決問題的直通平臺，並將意見和相關信息反饋到政府部門；遠程視頻則主要是市行政服務中心所設立的政府服務窗口，方便群眾的事務辦理和政府部門工作人員的遠程指導。行政審批電子監察最早是在深圳進行試點，伴隨著深圳行政審批改革初步成果的鞏固，政治、法制與現代科技條件共同作用於行政審批流程。深圳立足於已有的內部審批系統技術，在 2004 年 11 月，成功研發電子監察系統並開始試行，在全國範圍內樹立了電子監察的榜樣，並在之後的一年內完成了對電子監察系統的二期挖潛改造。在當時，改造後的電子監察覆蓋了深圳 31 個政府部門 239 項行政審批項目，而且擴大至 38 個部門 197 項非行政審批事項和 16 個政府部門的重大投資項目，形成了集規

範、服務與監督於一體的審批治理系統（圖6.1）。[①] 這讓行政審批領域中可能存在的暗箱操作、責任難究和腐敗管理等弊端得到了很大遏制，再次證明了這一監察機制的合理與科學性。

監督對象：
31個行政審批部門
38個非行政審批部門
16個部門重大投資項目

協作系統：
領導辦公決策信息系統
電子公文交換系統

深圳行政審批網

電子監察系統數據交換平臺中心監控數據庫

電子政務內網　遠程視頻系統

機制：
審批查詢機制
審批責任機制
審批監察機制
評估反饋機制

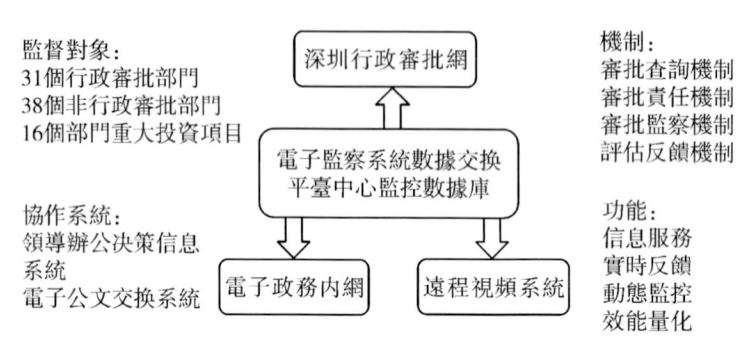

功能：
信息服務
實時反饋
動態監控
效能量化

圖6.1　行政審批電子監察的機制與功能

深圳審批系統電子監察機制與功能的形成，不僅深刻地改變了其審批行為和監管方式，而且行政審批電子監察系統所提供的全新規劃和方式途徑能從源頭上幫助遏制審批中的腐敗行為，創新性地開闢了一套全新的多功能電子監察機制，主要涵蓋如下幾個方面：

其一，建立審批查詢機制。這是一套服務於審批事項相對人、相關政府部門、監察部門和上級領導的機制，為他們的查詢和監督提供平臺，甚至可以覆蓋各級各類的監管實施者。既能為申辦個人或企業、監察部門、政府機關根據自身工作需要按照規定隨時隨地查詢相關審批事項，又可以不破壞審批部門業務的獨立性、安全性、完整性。在這樣一套查詢機制下，審批相對人能事先根據所瞭解到的流程提前做充分的準備，同時利用該機制就辦事過程中出現的問題隨時進行溝通與反饋。不同的政府機關針對自身工作內容和需求的不同共享不同類型數據庫之間的內容，打破不同部門間信息交流的壁壘。上級領導的辦公決策信息系統完全可以利用電子監察方便快捷地知悉各類審批事項的進展情況並瞭解到後臺的反饋意見，在進行決策時充分考慮各

[①] 劉婭，譚剛，曾葆．電子監察在行政審批中的運用及對政府改革的推進——行政審批電子監察的「深圳實驗」[J]．成都行政學院學報，2008（4）：34-37．

第六章　加入 WTO 後行政審批制度變遷的主要內容

類因素的作用。監察部門能通過此機制即時瞭解審批事項的最新進展動態，實現同步跟蹤及反饋，切切實實地發揮監察作用。

其二，加大審批責任力度，完善責任追究機制。一項完整的行政審批流程至少是包括了受理、承辦、審核、批准、辦結存檔等五個環節，每一環節都由不同的行政工作人員負責，以保證審批的相對獨立性。通常，審批部門會根據業務情況實行「三級工作責任制」，劃分出三個主要的負責人員，大致都為一名總負責的行政領導、一名負責具體業務的科室領導和一名經辦審批業務的窗口服務人員，他們的職責幾乎能具體劃分到行政審批的每一個環節。對於在審批中出現的問題，只要定位到具體是發生在哪一個環節的，就可以追查到相關責任人員，這樣十分有利於責任的追究，從而減少失職行為的發生。

其三，強化審批監察機制。監察平臺是由電子監察的內網和外網與電子視頻之間的協同交互作用形成的。對於不便操作、不易監控的重點難點和關鍵環節，電子監察針對性地設置了綜合監察、期限監察、收費監察、異議監察、投訴監察、留言監察、網絡監控、程序監控、特別程序監察、重大投資項目監察等12項主題監察，配合語音、圖像、短信、郵件、自動報警等手段直觀地展示在顯示屏上，構成主動跟蹤與即時反饋的審批監督機制。

其四，評估反饋機制。各地方政府根據各省市的實際操作情況，設置部門審批績效考核，對責任人實行公務員審批績效考核制度。在實際操作中，根據系統自動生成的量化考核和排名，將數據結果公布在審批內外網和新聞媒體上，全方位落實政務公開，打造一種滾動式的評估反饋機制。

電子監察機制從早期在深圳的成功試驗到如今的遍地開花，形成了規範行為、服務和有效監察等多功能的統一。如：四川省行政審批電子監察系統通過不斷開發升級、完善和積極的技術創新，在應用成效上取得了多項突破。據資料顯示，四川省行政審批電子監察系統建成運行以來，各級政務服務中心、監察部門使用良好，現覆蓋全省21個市（州）、153個縣（區）及9,000多個部門，有力推進了行政效能建設工作。2008年6—10月，全省各級政務服務中心的按時辦結率達99.98%，全省行政審批事項承諾提速30.4%，辦理

提速81.7%。① 通過電子監察系統，共有效問責212人，問責130個單位。通過同步共享審批系統與部門業務專網的數據有效實現三級聯網審批和網上預審，極大地優化了審批流程，提高了工作效率；通過有效融合重大投資項目並聯審批系統，實現行政審批的並聯審批模式，優化了審批事項的辦理環節，促進了全流程化管理，行政效能得到巨大提升。

(三) 電子政務之網上審批系統

推行電子政務是提高審批效率、增強審批的公開性、公正性和透明度，降低審批運行成本的必由之路。構建完善的網上審批系統是電子政務體系的有機組成部分。② 政府將電子政務引入行政審批環節中，與之相配套的服務—網上審批系統必須要同步發展以成為政府服務的窗口。網上審批是政府轉變職能、創新行政模式的關鍵之舉，就是為了提高政府的辦事效率、增強政府服務透明度，運用先進的信息技術，將傳統的行政審批業務搬到網上，實現政務信息化，提供一站式服務的過程。③ 網上行政審批系統通過搭建網上行政審批平臺來為辦公業務提供信息支持，並且建立起網上行政服務大廳、審批服務中心與監察平臺來提供完整的審批流程服務，涵蓋了從受理審批業務到承辦、審核再到批准結辦的全過程操作。這將顛覆傳統意義上物理大廳的辦公模式，克服其有時限和審批過程中的不足，提供高效率、全透明、全天候的在線交互服務虛擬大廳。④

網上行政審批系統是集各功能模塊於一體的在線行政審批服務，涵蓋了申請系統功能模塊，審批系統功能模塊，項目查詢、信息反饋系統功能模塊，領導監督系統功能模塊和電子證照發放系統功能模塊等。當網上審批系統逐漸升級到綜合級系統層面時，在系統功能和推進方式與層面上都實現了質的飛躍，不再是沿用以往單純的「表格打印、信息搜索、個體審批」低效率模式，而是向「統一受理、信息交流、橫向分工審批和追蹤監督」的便捷模式

---

① 四川省行政審批電子監察系統建設與應用 [J]. 電子政務, 2010 (Z1): 179-183.
② 張潤東. 行政審批信息化：基於PDCA理論的研究 [D]. 上海：復旦大學, 2011.
③ 黃盛. 電子政務建設中網上行政審批系統淺析 [J]. 科技信息, 2014 (1): 209-210.
④ 吳勇毅. 網上行政審批系統遭遇瓶頸 [N]. 政府採購信息報, 2008-02-18 (7).

第六章　加入 WTO 後行政審批制度變遷的主要內容

發展。功能的多元化和實際操作的便捷化，為行政審批工作「減負」，使整個行政行為變得更加靈活和富有效率；以往的推進方式大多都是依靠部門的指示單方面地進行，而網上行政審批系統的發展則實現了規劃引導、制度創新、效能監督的主動推進過程；自上而下的管理與自下而上的監督互相配合、共同協作，涉及的層面也愈加廣泛。網上審批系統能夠幫助企業和個人隨時隨地瞭解網上的行政審批程序，提交項目申請和所需材料，查看審批狀態及結果，或通過互聯網與政府辦事人員進行必要的信息溝通。項目申請人員填報、提交相關材料後，該項目申請將自動進入政府審批環節，按照預先設定的工作流程和條件，送至政府各相關部門和辦事人員，由政府辦事人員在線進行審批處理。政府各級業務領導，可以在網上查詢瞭解企業辦事的申請情況、統計數據和查看各部門的工作情況、辦事效率。[1] 行政審批流程再造推行網上行政審批系統，最終目的則是能有效地從一廳式服務過渡到一站式服務，徹底實現以顧客為中心的服務模式，面向公眾，聯合多種服務渠道，形成政府、企業和公眾間的交互平臺，實現資源的共享、互通、互聯和互動。借助這樣一個操作平臺，讓企業、公眾獲得統一的電子政務服務，同時政府部門資源也能通過此平臺，利用多渠道的接觸界面，提高行政效率。

　　上海於 2003 年成立的文廣行政事務中心，自運行以來就以其強大的管理能力、良好的政府窗口形象和服務於民的精神在社會上贏得了廣泛的讚譽。文廣行政事務中心設立了一個能有效承擔起上海文化市場、影視衛星、人員資質認定等 70 多項行政許可、行政備案和社會服務項目等受理業務的平臺，針對從業人員可能缺乏的行業法規知識以及服務標準等，政府安排相應的培訓，不僅做好管理更要提供好服務，形成了電子政務發展的標杆。僅僅在其運行的 2 年內，證件中心受理了各類行政許可和社會服務文件，其接件數量高達 8 萬多件次，網站服務量也超過了 10 萬人次；它制定了高效便民的標準，抵制各類人情後門，嚴格遵照「依法行政，執政為民」的準則，將審批的各項材料、時限都在網上公布，從接受申請到內部審批再到發證的各個環

---

[1] 蔣錄全，吳瑞明，王浣塵. 電子政務中的網上行政審批 [J]. 情報雜誌，2004 (6)：69-71.

節都透明化，切實保障了市民、法人和其他組織在文化領域從業的合法權益。同時，也配套了網上行政事務信息系統，通過市區聯網來確保審批事項相對人的知曉權，推行「單一窗口」「跨部門」「24 小時」「自助式」服務，大大降低了成本，也成了一種公開有效的社會監督機制。上海文廣事務中心利用網上的行政審批系統累積了不少信息資料，為行政審批事項的後續監管提供了支撐材料，同時也為創新文化市場提供了動力和途徑。

二、空間再造：行政服務中心的創建

行政服務中心是行政審批制度改革中出現的一種派生制度安排。[1] 行政服務中心的創建拓寬了行政審批服務的空間範圍，實現了行政審批模式的又一創新。該類機構以行政審批為核心內容，以便民、高效規範、公正公開公平為服務宗旨，推行「一站式辦公、一條龍服務、並聯式審批、陽光下作業、規範化管理」的運行模式。[2] 這一模式下的改革措施極具中國特色，借助行政服務機構進一步實現集中審批並逐步實現服務向公民本位的重大轉變，嘗試為公民提供「一站式」服務。眾多省區市與各級政府在結合當地實際情況的基礎上，對該種模式進行了複製與嘗試。據統計，截至 2009 年年底，全國各級政府共成立行政服務中心 27,691 家，呈現出飛速發展的趨勢，基本與同期國家經濟發展狀況呈正比趨勢。在 2004 年時，行政服務中心數量的增長與同期國家批准建立開發區的數量保持基本一致（僅相差 5 個）。而至 2009 年，行政服務中心數量已遠超同期國家批准建立開發區，其所對應的參照物轉化為行政區劃。隨著行政服務中心的數量已經接近國家區（縣）級以上行政區劃的總量，行政服務中心單純的數量增長就基本上已經趨於峰值。[3] 如圖 6.2 所示。

---

[1] 屈群蘋.行政服務中心的流程再造：局限與超越 [J].遼寧行政學院學報，2014，16（3）：23-24，29.
[2] 姜曉萍、唐冉熊.深化審批制度改革 [J].湖南社會科學，2004（2）
[3] 金華鏘.行政審批服務中心建設研究 [D].長沙：湖南農業大學，2015.

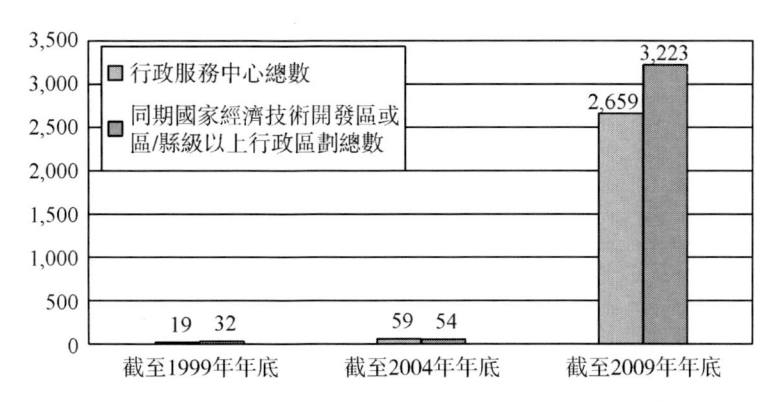

第六章　加入 WTO 後行政審批制度變遷的主要內容

圖 6.2　1999—2009 年的行政審批服務中心的發展狀況①

（一）行政服務中心創建的動力機制

行政服務中心是在行政管理體制改革逐漸深化、政府職能進一步轉變、中國加入世貿組織和行政許可法頒布實施的時代背景下應運而生的。在現行的行政體制下，雖然行政服務中心不一定是最好的行政模式，但卻是對現有體制弊端的一種有效突破和創新。馮光教授據此認為：「行政服務中心也就是將省區市及縣一級具有行政審批職能的部門集中起來，實行一站式辦公、一條龍服務，通過辦事流程再造，起到簡化審批程序的目的，解決生僻程序繁多，收費不規範，服務質量和水準不高，口難進、臉難看、事難辦和不給好處不辦事、給了好處亂辦事及審批行為不規範，審批標準不統一等一系列問題。」② 從客觀上來看，行政許可法的頒布在某種程度上對行政審批服務中心機構的建立起到了敦促的作用，提供了法律環境的保障。審批政務中心在行政審批的各方面都取得了突破性進展，包括服務理念、服務內容、服務方式、服務領域、服務效能等方面，成為地方政府方便群眾和企業、服務社會、建設服務型政府的一個重要窗口和平臺，對於推動地方經濟社會發展起到了重要作用，深受群眾的歡迎和好評。③ 另外，從市場經濟的發展情況和全球經濟

---

① 王勝君，丁雲龍. 行政服務中心的缺陷、擴張及其演化——一個行政流程再造視角的經驗研究 [J]. 公共管理學報，2010，7（4）：24-30，123.
② 馮光. 發揮行政服務中心在建設服務型政府中的作用 [J]. 天津經濟，2008（8）：41.
③ 李林. 加強政務中心建設為行政審批制度改革提供新平臺 [J]. 紅旗文稿，2012（21）：13-14.

一體化對於行政審批制度的要求出發，建立行政審批服務中心是必然選擇，是體制改革的必經之路，同時也是行政管理體制對社會基本矛盾規律的體現。從制度主觀層面出發，中國行政審批制度改革是與中國經濟體制改革和行政管理體制改革相適應的，行政審批制度自身存在的一些問題需要制度本身來做出回應。自改革以來，中國逐步形成的行政審批制度是體制轉型中行政命令和行政指導逐漸弱化時政府實行行政規劃的權宜性措施，是帶著計劃經濟的理念去滿足市場經濟的要求而折中的制度安排。[1]

　　行政服務中心作為一種制度安排，其根本的動力源在於行政審批制度改革過程中經濟社會行為主體對潛在利益的追求。[2]首先，作為主體的企業與個人，對辦事效率的追求，希望能耗費最短的時間，花費最少的錢，來便捷地完成整個審批過程。在以前各種「審批猛如虎」的窘境下，企業和個人不僅要面對政府部門「門難進、人難找、臉難看、事難辦」的發展環境，還要面對「圖章堆砌、公文旅行、搭車收費」的現象，並要承擔各種各樣「尋租」行為的後果。審批流程實際操作中的種種障礙使得他們對原有的行政審批制度怨聲載道，強烈呼籲要進行制度創新。其次，就是政府這一主體思維的積極轉變。為了更好地適應 WTO 的基本原則與運行機制，政府首先就要簡政放權，摒棄以往那種管得過細、過死的方式方法，徹底創新自身的經濟管理體制和管理方式。不管是地方政府還是中央政府都要打造經濟良性發展的軟環境，在不違背法律法規的前提下，給予審批項目各環節更大的空間，充分發揮各部門的靈活性與主觀能動性，做到優勢資源互補，完善行政審批方式。建立起行政審批服務中心，各級政府能更好實現電子政務環境下信息的雙向傳遞，將行政機構自上而下的服務與企業個人等主體自下而上的申報工作完美契合，著力於優化政府的服務功能配置，帶來行政效能的強化，落實顧客導向型的服務型政府建設，最終能很好地滿足社會公眾對制度變革的需求。

　　中國在推進行政體制改革的歷程中，對行政服務中心的建設和發展也在不斷進行探索，其中比較具有代表性的就是北京所推廣的「懷柔模式」。自

---

[1] 陳時興. 行政服務中心對行政審批制度改革的機理分析 [J]. 中國行政管理，2006（4）：36-39.

第六章　加入 WTO 後行政審批制度變遷的主要內容

20 世紀 90 年代以來，為了順應市場經濟發展，推進政府職能轉變和創新服務企業、群眾的工作機制就成了北京市懷柔區亟待解決的問題。北京市懷柔區首先以改革行政運行機制為突破口，實施了六步行政管理改革的創新措施，打造了以全程辦事代理制、綜合行政服務中心、社會矛盾調處中心的「懷柔模式」。其發展大致經歷了這樣幾個階段：懷柔區在 2000 年時成立政府投資服務中心，重點服務於招商引資；為企業和群眾提供的代辦服務也緊隨其後，2003 年出現全程代理辦事的服務機制；於 2004 年 9 月新組建的綜合行政服務中心，承擔 35 個政府部門、200 名工作人員（其中管理人員、仲介組織 30 人）、500 多項行政許可和服務事項辦理的協調管理任務，是政府服務人民群眾的窗口、聯繫企業和百姓的橋樑和紐帶，[①] 實現了政府資源的有效整合，從根本上實現政府職能的轉變。在 2005 年之後，需要進一步穩定改革的步子，就集中打造社會矛盾調處中心以形成完整的調處網絡覆蓋各級矛盾。在這之後的三年內，其改革措施主要包括成立社會管理服務中心和推進農村社會管理服務體系建設等兩方面的內容，建立健全群眾的利益訴求平臺和長效機制。懷柔區綜合行政服務中心按照「集中、整合、再造」的理念重新定位了行政服務中心的職能和服務方式，這既突破了中國傳統封閉的行政管理體制，又推動了中國綜合行政服務中心的產生、壯大和發展。

（二）行政服務中心之集中審批

1999 年全國首家行政服務機構誕生。以浙江省金華市為首發點，該種行政服務機構此後如雨後春筍般大批地構建起來，全國各地省區市縣結合當地社會經濟發展的新形勢，都逐步建立起各具特色的「行政服務中心」或「辦事大廳」——合作整合多部門的審批工作，是一類圍繞行政審批流程實現「一站式」的服務機構，提供「一條龍」服務，達到簡化行政審批程序的目的。通過行政審批模式再造後形成的這類高效、公開、公正、透明的行政審批服務機構，其本質都是一樣的：為行政審批提供一種集中審批辦理的模式。

[①] 佘建國，健全績效考核體系促進服務型政府建設——以北京市懷柔區綜合行政服務中心為例（中國行政管理學會.「落實科學發展觀推進行政管理體制改革」研討會暨中國行政管理學會 2006 年年會論文集）。

這種模式，最早發端於英國的「一站式」服務，注重效率與及時回應性，當公民在服務窗口遞交審批資料時能做到一次交付，不會因為某一個手續而讓其多次來回跑動。在這樣的服務形式下，各類資源都得到了有效利用；政府部門的服務原則也得到了很好的體現。行政服務中心所提供的這種「一站式」集中審批模式，其蘊含的高效、民主、精簡、透明、法制等特質不僅提高了行政相對人的辦事效率，還降低了行政相對人的審批成本。[①]

作為一種從相對集中審批模式轉化而來的新模式，集中審批模式是對中國行政審批制度進入改革階段以來改革思路和軌跡的深度挖掘和延續，能真正地把行政服務中心發展為承擔起調節經濟、管理社會和服務公眾的創新載體。這直接影響到中國政府管理方式的服務能力、行政效能與法治責任。集中審批模式就是圍繞「集中」二字來展開的，其最典型的表現就是審批部門能集中行使行政審批權。

除實現相對集中行政許可外，還可以不斷將更多的行政審批事項納入集中辦理的範圍，實現權力的劃轉，讓審批部門擁有更多的辦理事項權力，實現資源利用最大化，節約人力物力財力。但是這種「集中」並不意味著絕對的集中，而是有選擇、有規劃的合理集中，這樣的做法符合提高辦事效率、增強行政服務效能的根本原則。在這一模式下，首先，原行政審批職能相似或相近的政府機構就能整合重組，行政審批權力從原機構剝離出來，完全交由作為實體性行政審批主體的行政服務中心來行使，喪失行政審批功能的政府職能部門轉而從事政策制定和執行監督工作。[②] 通過權力的劃轉，政務服務中心設置的審批辦公室被授予了部分事項的受理權，並可以根據情況進行直接審批，有效解決部門間利益條塊分割的問題。在政務中心的統一領導、組織、協調和監督下進行行政審批，從根本上防止和解決了政務中心窗口「只受不理」「兩頭受理」「多頭辦理」以及由此產生的一系列問題。[③] 這極大程度

---

① 湯靜容. 當前中國行政服務中心的現狀、問題與對策研究 [D]. 成都：四川省社會科學院，2013.
② 沈志榮. 制度與技術：服務型政府建設的實證研究 [D]. 蘇州：蘇州大學，2011.
③ 李林. 深化行政審批制度改革推進法治政府建設——以海南省行政審批制度改革為視角 [J]. 法學雜誌，2012，33（11）：1-9.

第六章　加入 WTO 後行政審批制度變遷的主要內容

上調節了由相對集中行政審批所帶來的垂直型「條塊分割」的管理形式，即因為一些職能部門不下放權力，牢牢掌控審批權力，而部分審批環節中的審批事項也沒被納入行政服務中心而導致行政審批服務中心的辦事窗口根本無法發揮實質性的作用。其次，審批人員集中辦公和進行管理，明確了中心組織的人事管理，大家都有明確的權限和分工。這樣既方便了管理與監察，又能集中為企業和個人申辦審批事項提供服務，通過跨部門的並聯審批和必要的各部門之間的串聯審批，實現以審批事項為導向的最優結構和審批流程，落實「一站式」的服務宗旨。最後，則是審批項目的集中。通過多輪的取消與調整，行政審批項目數量大幅削減。科學設定行政審批的範圍，凡是企業、市場和社會能夠辦理的事情，強制要求政府退出，不再插手和干預。盡量通過市場競爭和利益機制來運行和完成，這樣在很大程度上能精簡行政審批項目的範圍，讓真正需要審批的項目進入政府審批的範圍，避免政府在市場經濟中的無效運行，減少政府運作成本，提高資源的配置效率。

在行政服務中心的推動下，這種集中審批模式在各地的具體實踐中衍生出了不同的形式，其中比較具有代表性的則為浙江省象山縣所開創的象山模式，這是對完善行政服務中心和創新行政審批流程的有益探索，以至後來成為在全國各地積極推廣的典型案例。在 2006 年 6 月，象山縣首先就開始對全省行政許可職能部門內設的科室按職能進行歸並，劃分成為不同的職能部門；並在縮減審批項目數量的基礎上，進一步簡化審批程序。沿襲了「集中審批、集中管理」改革思路，同時在此基礎上還率先推行「一體化」審批的新模式，即通過「四個一」來優化審批流程。包括以「一個窗口」為受理單位，申報人「一次性」遞交材料，辦事窗口「一次性」審理，通過網上審批系統實現「一個網絡」審批，同步獲取審批事項的相關信息。為避免審批意見缺乏權威性和上下不協調的現象，出抬了審批意見「統一」的規定，即只有當所有有關部門全部做出了相關同意許可之後，當事人才能從指定窗口獲得審批許可證，否則一律不得批准。審批材料各部門互相共享，無須重複提交，由專門部門和單位「一檔式」管理，統一保存，保證其嚴密性和可查性。象山模式的最大特色，是將行政服務中心運行機制的改革同地方政府的管理體制改革

結合在了一起，不僅涉及了行政部門內設機構的職能、權限機構設置的改革，而且涉及了行政部門與行政服務中心關係的調整。[①]

三、流程再造：審批聯動性的實現

發展市場化經濟以來，各級政府的行政審批職能改革一直是中國政府改革的重要內容。在中國加入 WTO 至黨的十八大召開前，這一期間社會各界主要關注的是如何發展電子政務環境、構建行政服務中心，並總結和擴散不同省區市的行政審批經驗。恰恰相反，對行政審批環節的連續性和具體運轉的研究較少，是被忽略的一塊領域。黨的十七大報告明確強調行政審批的規範性，要求逐步減少行政審批事項，政府退出對微觀經濟領域的干預，創造公平公正、規範運作的透明環境。2008 年，國務院在國辦發〔2008〕115 號文件中再次強調了其重要性。黨的十七大召開後，回應黨的號召，中國政府改革工作的重點開始轉向行政審批模式的流程再造。為擺脫制度零碎化的現象，增強審批聯動性，採取的措施主要包括：「兩橫兩縱」的行政審批流程再造、由單部門的串聯審批到跨部門的並聯審批和加大部門間協作等。

（一）再造「兩橫兩縱」行政審批流程

中國傳統行政組織的行政審批流程是「基於馬克思·韋伯提出的職能分工與層級制的思想形成的以任務和職能為核心，以計劃和監督為控制，以命令和指示為手段的行政流程模式」[②] 來設計的。這種行政審批流程往往比較分散、刻板，缺乏靈活性，無法適應日益變化的社會環境，更談不上解決愈加複雜的公共管理問題。在這種新形勢下，中國行政審批制度改革正在積極探索一種新的審批流程——「兩橫兩縱」行政審批模式。

所謂「兩橫兩縱」，即創新一套行政審批運作體系，包括兩個橫向與兩個縱向的改革思路。「兩橫兩縱」改革主要通過「內部整合、部門並聯、簡政放

---

① 屈群蘋. 行政服務中心的流程再造：局限與超越 [J]. 遼寧行政學院學報，2014，16（3）：23-24，29.
② 何振，魏瓊. 電子政務視野中政府行政流程再造分析 [J]. 電子政務，2005（22）.

第六章 加入 WTO 後行政審批制度變遷的主要內容

權、分級管理」，來創新審批運行管理模式，形成部門內設機構之間、部門與部門之間的橫向運行模式及省、市、區、鎮（街）之間、部門內部上下層級之間的縱向運行模式，形成相對統一的審批業務規範。① 從這個定義來看，「兩橫」再造的主體就是同級部門間和部門內設機構間的橫向審批流程，「兩縱」再造的主體就是區、鎮之間和部門內部上下層級之間縱向的審批流程。通過「第一橫」即跨部門建立起橫向的並聯審批，推行集中辦理、統一辦理和聯合辦理，形成聯動的工作機制，將串聯式的流程與並聯式的流程相結合；「第二橫」即通過機構職能部門間的內部整合，將審批職能集中在一個內設機構，無法由一個內設機構來負責集中受理申請和送達材料，統一辦理行政審批事項，逐步解決科室之間交叉審批和重複審批的問題。②「第一縱」即簡政放權，主要針對那些可能需要經過省、市、區、鎮街層層審批，甚至還要報送國務院相關部委的行政審批事項。上級根據各部門的辦事能力，合理地下放權力，擴大部門的權限範圍。同時，精簡審批環節也極為重要，對於以前多部門共同管理的審批事項，按照其內在邏輯，盡可能地精簡和簡化，使跨層級的審批流程更加清晰和方便。「第二縱」即對部門內部上下層級所各自擁有的權限進行縱向的分級管理，使不同層級的辦事人員都能擁有合理合法的審批權限和職責，讓內部審批環節「瘦身」，從而更加有效率。

廣東省佛山市作為推進「兩橫兩縱」審批模式的典型代表，在 2008 年 5 月正式啟動了這一項改革，這在全國範圍內都是前所未有的創新。以佛山市三水區為例，它在 2008 年 7 月 17 日的「兩橫兩縱」審批運行管理模式的動員會議上提出了要改變以往那種「辦一件事情跑幾十個部門，費時費力」的現象。將整合前的審批科室，如地籍管理科、土地市場管理科、土地利用與規劃科、測繪地礦管理科和土地交易中心等五個科室整合成為一個綜合科，設立進駐中心，統一對外提供服務。會議還進一步指出，三水區將把部門審批權限和職責分解到各層級人員，對中間層級充分授權：科員有能力把關的

---

① 周麗婷. 中國地方政府行政審批制度改革的現狀與發展思路——基於廣東省佛山市行政審批流程改革的分析 [J]. 暨南學報（哲學社會科學版），2012，34（7）：45-51，162.
② 劉志光. 兩橫兩縱流程再造：行政審批改革的新空間 [J]. 中國行政管理，2009（10）：48-51.

事項，科長不再審批；科長把關的事項，分管副局長不再審批；各司其職，以此類推。有關重大事項的推行，實行集體決議制度，由各審批部門提出方案後再報區審改辦。在明確這一改革思路後，以三水區為代表的「兩橫兩縱」行政審批模式再造頗具成效。在一定程度上，審批流程得到了簡化，審批環節也得到了合理的壓縮，部門之間審批流程的重複交叉現象也大大減少，審批環節更加清晰透明，審批工作效率大幅提升。

(二) 單部門的串聯審批到跨部門的並聯審批

《行政許可法》第二十六條規定：「由地方人民政府兩個以上部門分別實施的行政許可，可以確定一個部門受理行政許可申請並轉告有關部門分別提出意見後統一辦理，或者組織有關部門聯合辦理、集中辦理。」可以說實現跨部門行政許可事項的聯合、集中辦理是法律對政府部門提高行政能力的具體要求。[1] 隨著信息技術在公共行政領域的廣泛應用和中國電子政務環境的愈發成熟，中國行政審批各環節跨部門之間的聯動性也越來越強，逐步從以前依靠單部門之間的串聯審批過渡到與跨部門的並聯審批相結合，更強調部門之間的協作，這極大地提高了行政效能和人民滿意度。

在中國眾多的行政審批事項中，凡是涉及國家公共安全、公共利益的行政審批事項均需要進行線下現場考察和設置預審環節，以此來保證行政審批的規範性與權威性。這類審批事項必須按照傳統的審批流程進行層層申報，要嚴格遵照傳統的審批環節，實行單部門的串聯審批。顯然，這種審批方式往往耗時較長且手續麻煩，但是上述提到的審批事項有它存在的必要性和合理性，能充分保證每一審批環節的精準無誤。當然，單部門的串聯審批流程也在當前階段進行了優化與再造，即合理再造單個職能部門的順序層級，讓部門內部的審批程序邏輯化，精簡審批環節，將行政審批由「外循環」變為「內循環」。政府部門在優化審批流程的過程中，不斷明確審批流程的起點與終點、空間活動範圍等，將行政審批流程的邊界予以科學界定，將辦事人員

---

[1] 佘建國，《以跨部門並聯審批機制提升政府行政能力》（中國行政管理學會，甘肅省行政管理學會，《中國行政管理學會2005年年會暨「政府行政能力建設與構建和諧社會」研討會論文集》）。

第六章 加入 WTO 後行政審批制度變遷的主要內容

的活動限定在合理合法的範圍內。每一項工作流程都應該有明確的輸入和輸出，以輸入帶輸出，不斷增加其附加價值，政務流程也理當如此。在串聯審批環節中，政府部門根據審批流程的性質、目標，將行政審批事項該合併的合併，該刪減的刪減，逐步對分散的行政審批流程進行系統整合、整體優化，重塑一個高效精干、功能完備的行政審批流程。

除了那些需要設置預審環節的行政審批事項外，大部分的行政審批事項要求政府職能部門之間能進行橫向的跨部門合作，甚至進行跨部門的網上並聯審批。在電子政務環境下，為打破部門鴻溝，網絡技術的運用必不可少，因此跨部門的工作、信息與服務需要找到契合點來進行整合，最終打造跨部門的網絡化協同辦公模式，爭取實現跨部門網絡審批的「一門式」受理、「一站式」服務。網上並聯審批是與網上串聯審批相對應的一種網上行政審批模式。這種網上行政審批模式的主要特徵是「一門受理、抄告相關、並聯審批、限時反饋、先照後證、逐步推廣、效能監察、定期回訪」。具體而言，首先，由某一政府部門牽頭，組建並聯審批中心。其次，由並聯審批中心將涉及多個部門審批的事務通過網絡傳輸給相關部門進行同步審批。再次，由相關部門在限時範圍內進行相關事項的審批工作，並將審批結果通過網絡進行傳遞和反饋。最後，由相關的受理部門按照要求進行辦理。可見，網上並聯審批有效整合了跨部門的業務流程，實現了跨部門審批的「一門式」受理和「一站式」服務，大大提高了政府行政審批的效率。[1] 借助網上並聯審批模式，申請人不用再到各審批部門辦理手續，只要通過市政服務中心新開的窗口提交申請材料，就可辦好審批手續。這一模式大大節省了審批相對人即企業和個人的申辦時間，而更加公開透明的程序能讓社會公眾更好地對其進行外部監督，提高了其滿意度；而政府部門本身節省了辦事人員的人力物力財力資源，提高了行政效能，更有利於建設服務型政府。網上並聯審批的流程運作如圖 6.3[2] 所示。

---

[1] 吳昊. 中國網上並聯審批存在的問題及對策探析 [J]. 企業導報，2012 (21)：11-12.
[2] 蔣錄全，等. 電子政務中的網上行政審批 [J]. 情報雜誌，2004 (6).

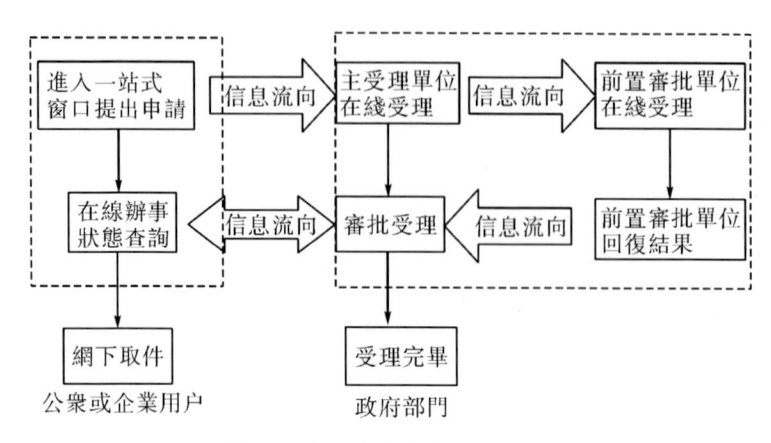

```
┌─────────────────────────────────────────────────────────────────┐
│  ┌──────────┐  信息流向  ┌──────────┐  信息流向  ┌──────────┐   │
│  │進入一站式│ ═══════>  │主受理單位│ ═══════>  │前置審批單位│   │
│  │窗口提出申請│          │在綫受理  │          │在綫受理  │    │
│  └──────────┘           └──────────┘           └──────────┘    │
│        │                     ↑                      │           │
│  ┌──────────┐  信息流向  ┌──────────┐  信息流向  ┌──────────┐   │
│  │在線辦事  │ <═══════  │審批受理  │ <═══════  │前置審批單位│   │
│  │狀態查詢  │           └──────────┘           │回復結果  │    │
│  └──────────┘                                  └──────────┘    │
└────────┼─────────────────────┼─────────────────────────────────┘
    ┌──────────┐          ┌──────────┐
    │網下取件  │          │受理完畢  │
    └──────────┘          └──────────┘
      公衆或企業用戶          政府部門
```

圖 6.3　網上並聯審批流程運作圖

　　隨著建立服務型政府的意識不斷增強，網上並聯審批的深化則開始嘗試由「一站式」被動受理向「一窗式」主動服務邁進。如 2007 年 7 月，成都市再一次推進的突破性改革，即並聯審批的「一窗式」服務，是行政審批改革歷程上的巨大飛躍。該服務改變以前行政審批單位按序逐家進行行政審批的模式，對涉及兩個以上部門共同審批辦理的事項，實行由一個中心（部門或窗口）協調、組織各責任部門同步審批辦理的行政審批模式，做到「一窗受理、並聯審批、統一收費、限時辦結」。① 主要是把一些服務環節進行前移，收緊審批環節的入口，將沒有必要納入審批環節的部分置於審批環節準備工作之中。統一受理申請，統一發放證照，實行一窗對外的服務，並聯審批內的各審批部門原則上不再自行接件，以受理單位為接件窗口；而在內部運轉環節中，綜合窗口受理申請後，申請材料的分送、流轉，直接由綜合窗口及各審批部門負責，申請人不需要再逐一到各審批部門辦理手續。其中有別於以前「一站式」審批的一點是新流程中增加了監控測評環節，即各審批部門工作由獨立的綜合部門進行即時監控，通過內部運作監督、限時辦結監督和公眾投訴監督等方式，及時統計分析審批部門工作情況並予以測評考核。從網上並聯審批的「一站式」受理到「一窗式」服務，成都市行政審批流程再造的這一突破式

---

① 佚名. 從「一站式」到「一窗式」的成都並聯審批 [J]. 領導決策信息，2007（29）：20-21.

第六章　加入 WTO 後行政審批制度變遷的主要內容

創新在全國範圍內都起到了良好的示範作用。

（三）調整審批事項與簡政放權並行

貫穿行政審批流程再造的一個中心任務即不斷縮減與調整審批事項，緩解審批壓力。主要是將分散在不同機構的審批事項盡可能歸並到一個單獨的科（股）室。設立一個對外的服務窗口，集中辦理所有審批項目的受理、辦結、發證環節；所有報批項目一律由窗口收件、經電腦錄入後分發至相關科室在限定時間內辦結；並由行政服務中心窗口對外發出。職能整合後的科室安排實現審批、管理和執法的相對獨立；將負責審批業務科室的管理職能分離出來，並入其他科室，加強審批、管理與執法的溝通與協調。[①] 在制度安排方面，重點是調整各級機構的權限，使得授權與分權制度化。主要將部分與市場主體和自然人密切相關的審批權下放至更低層級審批機關來實施，不僅可以瞭解民意，更能緩解審批壓力，一舉兩得。省市劃定標準並負責監督，得到放權的縣級機關等落實實施政策，徹徹底底實現放權。

2008 年 6 月 6 日，上海在召開關於推進浦東新區綜合配套改革試點工作領導小組的第一次會議時，就提出要進一步簡政放權，使上海成為「行政效率最高、行政透明度最高、行政收費最少地區之一」[②]。浦東新區為了更好地從「審批」走向「服務」，從 20 世紀 90 年代初起，對部門中的職能交叉機構進行整合、分離，貫徹「小政府、大社會」的改革理念，不斷地梳理政府職能，清理審批項目。截至 2008 年，在第四輪改革中，浦東行政審批事項減少了 524 項左右，政府管理向「服務式」轉變，更好地發揮了政府的社會管理和公共服務功能，推動「小政府」管理體制從「精兵」深入到「簡政」的改革創新。同時，浦東還規劃了 2008—2010 年的「新三年路線圖」，重點聚焦於行政審批、金融、科技等三方面，力爭在全國優先基本形成完善的公共服務政府制度框架，助力行政審批制度創新改革進程。在這一過程中，審批事項的規模清理和嚴格放權儼然已成為實現浦東「新三年路線圖」的「催化劑」。

---

① 劉志光. 兩橫兩縱流程再造：行政審批改革的新空間 [J]. 中國行政管理, 2009 (10)：48-51.
② 溫志宏. 社會全面進步的浦東樣本專訪上海市浦東新區副區長張恩迪 [J]. 中國報導, 2008 (7)：44-48.

135

行政審批模式的流程再造是中國行政審批制度改革工作的靈魂，在保持法制統一和中央宏觀調控能力的前提下，充分調動和發揮了地方政府的積極性與主動性，為中國的行政審批模式注入了新的活力，幫助其更好地發揮效能、服務於社會。這一系列的模式創新為中國行政審批在宏觀與微觀上的深度耦合提供了新的思路，在實踐中也取得了較為顯著的成果。

第四節　地方政府行政審批制度改革的探索與創新

一、深圳市電子監察系統的實驗與推廣

自20世紀深圳市發展行政審批以來，就存在著許多問題，比如暗箱操作、責任缺乏、辦事效率低和審批腐敗：政務資源被不同部門分割，難以得到優化配置；不少審批項目更是多頭審批、重複審批、「馬拉松」審批；行政審批不僅「門難進、臉難看、事難辦」，且投訴不斷；而監察機關則難以實施動態監督，事後評價主觀隨意，效果十分有限，等等。為此，為此，自20世紀90年代末起，深圳先後四次進行了行政審批制度的改革，減少了不必要的審批。然而，那些保留的必要審批，並未解決有效監管的問題。鑒於此，審批制度改革的深入，迫切要求對保留的審批事項進行有效的規範和治理，否則，留存的審批仍將出現不規範和腐敗等問題。

2003年，國家監察部和聯合國開發計劃署共同合作，開啓了旨在總結中國廉政建設經驗、借鑑國外反腐倡廉做法、深入探索推進政府廉政勤政有效措施的「中國廉政建設」項目。深圳承擔了「監察機關如何充分發揮監察職能作用」的課題，提出了行政審批電子監察的構想。隨後，中紀委、監察部要求深圳將研究成果轉化為推進廉政建設的具體措施。因此，一個有效、健全的監察系統的開發不僅是解決深圳自身在行政審批過程中出現的監管乏力

第六章　加入 WTO 後行政審批制度變遷的主要內容

問題的對策，也是滿足國家層面上的宏觀要求的必然選擇。

2004 年 7 月，行政許可法正式執行，行政許可法為行政審批的規範提供了法律依據。其時，深圳市、區兩級電子政務迅速發展，許多部門建成內部審批系統 60 多套，已有的內部審批系統為電子監管系統的誕生提供了技術保障。在政治、法制和現代科技等條件的共同作用下，2004 年 11 月，「電子監察」系統成功研發並試行，2005 年 1 月 1 日正式運行，2005 年 9 月進行二期挖潛改造，2006 年 3 月完成二期改造。改造完成後的電子監察系統具體如下：

首先，「電子監察」是借助於現代信息技術，通過自動採集審批數據、建構電子監察平臺，依法對行政審批事項進行監督的電子監管系統。「電子監察系統」由三部分構成，包括政府內網、行政審批外網和遠程視頻。行政審批外網由市監察局創設，直掛在因特網上。網站設有行政審批指南、法律法規查詢、投訴直通車、審批滿意度調查、市民留言板和審批表格下載等欄目，是電子監察系統服務企業和市民、聽取和反饋意見、解決問題的直通平臺。遠程視頻設在全市主要的政府服務窗口，如市行政服務大廳、工商局、建設局、國土局、公安局等 9 個辦事大廳，自動收集和動態跟蹤審批窗口實況及處理突發事件。

電子監察系統應用以後，對深圳市行政審批產生了巨大影響，使得深圳市傳統的行政審批模式變為規範、服務與監察的統一。第一，使審批由「尋租」向「透明規範」轉變。傳統審批容易產生三大問題，即審批暗箱操作、缺乏效率和審批腐敗。電子監察將審批過程全部公開，申辦人和監察機關可以隨時上網查詢，審批全程「看得見，管得住」。第二，重大審批事項採取提前介入、信息共享、並聯審批和在線協商等多管齊下的方法，解決了審批環節多、週期長等老大難問題，提高了審批效率。而電子流程引導審批環節流轉，使審批尋租「吃拿卡要」等腐敗問題得到有效遏制，改變了審批規範難的狀況，使審批過程不能腐敗、不敢腐敗成為可能。第三，由「責任追究難」向「人人負起責任」轉變。由於審批是流程作業，個人在審批各個階段和環節方面往往缺乏明確的責任和責任意識，發現問題也難以追究。電子監察的運用使審批的每個階段、每個環節落實到人，不僅具體承辦人負有責任，管

理者和領導者也都負有相應的責任，改變了傳統審批責任追究難的狀況，形成了「人人都負起責任」的格局。第四，由「事後監察」向「同步監察」轉變。傳統審批採取的是事後監察，不僅效果有限，而且評價往往帶有主觀隨意性，監察機關必須花費大量的人力財力去調查處理。採用電子監察以來，投訴大大減少。第五，電子監察以客觀量化標準取代主觀評價、剛性的規程取代自由裁量，使事後監察向事前、事中推進，實現了監察與審批的同步進行，改變了傳統審批的監察難現象，實現了廉政監察、效能監察和執法監察的有機統一。最後，由「權力控制」向「程序規制」轉變。審批是行政管理不可或缺的一項重要權力。電子監察的運用使審批轉化為一項技術性程序，使權力控制成為程序規制，改變了傳統審批的權力特性，基本體現了審批去權力化的未來發展趨勢。①

基於以上優點，電子監察系統迅速在深圳市全市範圍內推廣開來，成為有效保障政府行政審批監察效果的重要技術力量。隨後，電子監察系統在全國多省、市推廣開來，為中國行政審批制度創新進步提供了有效的保證，不僅將先進的信息技術應用到政務工作中，為政務人員和民眾帶來便利，也極大程度地彌補了過往的行政審批監察不力、難以監察的缺陷，堵住了以往的權力真空、暗箱操作的操作路徑，更為減少腐敗的滋生與猖獗做出了極大貢獻。

二、上海市行政審批的多項制度創新

上海市是中國直轄市之一，也是中國的經濟中心。面對日常行政中繁雜、涉域廣泛的各項政治、經濟和社會事務，上海市對於先進、有效的行政審批制度有著極高的需求。因此，在行政審批制度改革方面，上海市一直走在全國的前列，在制度創新方面多次為全國各地做出表率。從 2001 年加入 WTO

---

① 劉婭，譚剛，曾葆. 電子監察在行政審批中的運用及對政府改革的推進——行政審批電子監察的「深圳實驗」[J]. 中國浦東幹部學院學報，2008（5）.

第六章　加入 WTO 後行政審批制度變遷的主要內容

至黨的十八大召開以前，上海一共進行了五輪行政審批制度改革，每一次的改革側重點不盡相同。在五次的改革歷程中，上海市也做出了一些重要的制度創新，具體如下。

首先是審批流程的創新。上海浦東新區於 2002 年率先試行企業登記前置的審批「告知承諾制」。此後，上海市出抬了《上海市行政審批告知承諾辦法》，誠信記錄較好的行政相對人只需簽訂「告知承諾」的格式文本就可以立即獲得行政審批證件。同時，行政機關在兩個月內要對行政相對人的履行承諾情況進行檢查，有效改進「重審批、輕監管」的問題。告知承諾制度是行政審批機關將審批所需條件和材料以書面形式一次性向申請人進行告示，申請人以書面形式承諾其符合審批條件，並能夠按照承諾在規定期限內提交材料，即由審批機關當場發證的審批程序。告知承諾制主要適用於「能夠通過事後監管糾正不符合審批條件的行為且不會產生嚴重後果的行政審批事項」，是服務型政府由事前審批轉為事後監管的體現，對「直接涉及公共安全、生態環境保護以及直接關係人身健康、生命財產安全的行政審批事項」則不適用。上海市通過告知承諾制顯著地將事後監管逐漸向事中監管、事前監管靠攏，有效地提高了監管效率。鑒於上海市的成功經驗，其他省市也開始了試點工作，如寧波、沈陽、昆明等地。這一制度創新使得傳統意義上的監管水準得到進一步提高。

此外，2009 年 4 月，上海市政府出抬《上海市並聯審批試行辦法》，要求「對同一申請人提出的，在一定時段內需由兩個以上本市行政部門分別實施的兩個以上具有關聯性的行政審批事項，實行由一個部門統一接收、轉送申請材料，各相關審批部門同步審批，分別做出審批決定」。所謂並聯審批，是指對涉及兩個以上部門共同審批的事項，實行由一個部門協調或組織各責任部門同步審批辦理，做到「一門受理、抄告相關、同步審批、限時辦結」。並聯審批的核心優勢在於能夠有效地節約人力和時間成本，提高審批效率，方便申請人。上海市的這一舉措也大大提升了行政審批的效率，既方便了政府，也方便了民眾。並聯機制後來在全國多地實施發展，極大地節約了人力

物力成本，促進了行政審批向更加高效的水準邁進。

其次是審批監督的創新。上海率先在全國範圍內提出行政審批標準化。「行政審批標準化，就是將標準化的思維、理念和技術植入行政審批的管理和運作過程，以提升行政審批效能，重塑其非人格化特徵並借此堵塞審批的尋租空間」。上海市於 2008 年明確提出要推進行政審批標準化建設，自 2010 年起，在醫療器械審批和土地審批領域率先展開標準化審批的先行先試。通過對內制定行政審批業務手冊、對外發布辦事指南等方式，以「規範、效能、透明、可究」為目標，利用標準化手段明確界定各個審批環節職責、權力、工作內容和具體要求，從而達到優化行政審批程序，規範審批行為，減少自由裁量，為行政相對人提供優質、便捷服務的目標。其實質是「通過標準化管理的剛性效應，約束行政審批自由裁量權」。此後，上海先後在涉及行政審批基礎性規範、行政審批諮詢、審批辦理和監督檢查方面制定了眾多標準，並基於此頒布了《上海市行政審批標準化管理辦法》《上海市行政審批標準化規範》等多項文件，使全市行政審批標準化管理的整體框架得以成型。上海市的這一做法為繁雜、瑣碎的行政審批提供了一套標準化的規則，既使得行政審批流程更加規範，也使得行政審批更加程序化，這為全國各地提供了可供借鑑的寶貴經驗。[1]

最後是審批事項的創新。上海市在建立並實踐行政審批目錄管理制度方面領先於其他地區。2010 年 4 月，上海市頒布了《上海市行政審批目錄管理辦法》，制定了《上海市政府部門行政審批目錄（2009 年版）》；規定凡未進入《目錄》者一律不得再行審批，如需新增加行政審批事項，必須經登記備案列入《目錄》後方能實施。可見，這一舉措為行政審批事項的規範化提供了有效的保障，有效地減少了行政審批的灰色地帶，使得行政審批更加明朗、透明。這不僅有利於政府在有限的審批範圍內提高效率，也減少了權力尋租的可能性，更為公民提供了方便。

---

[1] 黎軍. 行政審批改革的地方創新及困境破解 [J]. 廣東社會科學. 2015 (4).

第六章　加入 WTO 後行政審批制度變遷的主要內容

　　總的來說，上海市在行政審批制度創新方面為中國做出了不少的貢獻。上海市的行政審批制度創新不僅是上海市自身發展的需要，也是國家宏觀層面上的改革試驗。可喜的是，這些制度創新不僅有效改善了上海市審批過多、過濫、過慢等問題，也有助於重塑政府與市場、社會的關係，著力推進了簡政放權的進程，加快了政府職能轉變，減少了政府對微觀經濟活動的干預，更為全國各地特別是行政審批制度較為落後的地區提供了先進經驗，一定程度上推動著中國整體意義上的行政審批制度改革。

第七章
加入 WTO 後行政審批制度變遷的主要邏輯

　　根據行政生態理論，一個國家的行政體制、行政制度的存在和變化都是與外在的生態環境高度相關的。行政系統與外部環境之間不斷的交互作用是理解行變遷的關鍵所在。而對於中國的行政體制變遷而言，加入 WTO 無疑是外部「生態環境」的巨大變革。WTO 對於成員方的公共管理、公共服務水準提出了很高的要求，這與中國當時的行政管理現狀形成了巨大的差異。為迎接這一「政府入世」的外部壓力，中國政府從中央到地方開啓了新一輪的行政改革。在這當中，對於行政審批制度的改革成為所有改革內容中最核心的領域。

第七章 加入WTO後行政審批制度變遷的主要邏輯

第一節 誘發環境：WTO對成員公共管理質量的要求

一、WTO背景下公共管理的一般原則

加入WTO對中國政府的公共管理提出了新要求。為了更好地適應WTO的規則，更加和諧地融入WTO這個大環境，中國必須根據WTO的各大原則，在公共管理領域，特別是涉及經濟和市場問題的公共領域做出適當的改變，使得政府的公共管理能力更上一個臺階，從而應對加入WTO帶來的種種挑戰。

（一）效率原則追求簡便性、有效性

《進口許可證程序協議》規定：要盡量簡化進口許可證的申請表格；受理機構應盡量減少浪費和繁瑣，能允許一般申請者僅向一個行政管理機構申請，管理機構不得超過3個；應給予申請者至少21天的合理期限提出申請。這些都體現了確保行政權力運作的效率要求。然而中國普遍存在著行政審批程序繁多、流程冗長、手續複雜等情況，這些都使得行政審批效率大幅降低，也自然是違背了WTO的效率原則，所以，中國的行政審批必須簡化流程、推進窗口式辦公，廢棄不必要的手續，提高審批效率。

因此，加入WTO對中國政府在公共管理領域，尤其是涉及經濟和市場的公共管理領域提出了嶄新的要求，只有順應WTO的原則，在政府職能、公共政策、市場措施方面更好地提高政府的管理水準、決策水準和執行水準，才能促進中國的WTO之路越來越順暢、越來越廣闊，才能使中國加入WTO這一舉動從真正意義上利於國計民生。[①]

（二）透明度原則要求公共政策和措施需充分、透明

透明度原則是世界貿易組織三個主要目標之一，也是WTO基本原則——

---

① 歐桂英，黃長杰.行政審批制度改革若干問題解說［M］.北京：中共中央黨校出版社，2003.

最惠國待遇和國民待遇原則得以實現的重要保障。GATT、GATS以及TRIM5都要求WTO成員方的政策和措施必須透明。WTO中諸項規則都明確規定政府務必設立諮詢點，對相關問題進行答復並提供相應信息資料。

雖然中國一直主張信息公開，但是現實情況卻是大量政府信息通過「內部文件」「內部資料」的形式來傳達。因此，信息公開一直無法取得實質性進展，社會公眾及企業還是無法瞭解相關信息。即使加入WTO，基於配套的制度保障和機制約束體系尚不完善的現實情況，政府還是只能主要依靠內部「紅頭文件」來層層下放指示，透明度依然不高，社會公眾依然知之甚少。但是這些文件卻又是指令性綱領，對企業和個人都有舉足輕重的影響，於是企業或個人總是不遺餘力、想方設法地通過各種渠道獲取這些信息，這也為權力尋租提供了生長的溫床。因此，中國規定，除涉及國家、商業機密及個人隱私的信息外，凡與社會公眾、企業組織權益相關的信息，應及時公布。政府通過各種途徑披露法規、政策是WTO透明度原則對各成員政府的基本要求。

(三) 市場准入原則需要增加市場主體的自由度

中國加入WTO的基本承諾就是：遵守規則、開放市場。WTO成立的初衷就是要打破各種貿易壁壘，促進市場開發、公平貿易，並最終實現世界貿易自由化。因此，WTO要求各締約方不僅要減少關稅，還必須取消非關稅壁壘，即不得以配額、許可證或是禁止等手段來限制自由，不允許用行政手段干預和阻止各成員間貿易的真正開展。這也是迫使政府最低程度地干預經濟，確保各市場主體公平競爭。WTO總協議要求成員方在非歧視原則的前提下逐步談判，逐漸開放本國服務市場，以促進服務業之間的競爭、減少服務貿易及投資的偏離。

然而，由於中國大量的行政審批充斥在投資、市場領域，相關部門在審批外資進入時，時常刻意抬高要求、增加阻礙，使得外商資本難以進入市場。這不僅加劇本地區扶持企業的壟斷，也限制了市場主體的自由發展，使得市場對資源配置的基礎性作用大大降低。同時，地方保護主義肆意生長，許多地方通常通過「許可」以及「審批」的方式為本地企業提供保護傘，對外地

第七章　加入 WTO 後行政審批制度變遷的主要邏輯

商品進入本地市場施加種種限制，設置市場壁壘。更有甚者，以保護為名，明目張膽地設置行業許可，保護壟斷，限制競爭，這都是對 WTO 的市場准入和市場開放原則的違背。

（四）非歧視原則訴求無差別化與平等化

非歧視性原則，又稱無差別待遇原則，是維護平等互利、減少貿易摩擦的首要保障，主要通過最惠國待遇和國民待遇來實現。最惠國待遇是指：成員方一方現在和將來給予另一方的優惠和豁免，成員方的任何第三方也能獲得。國民待遇進一步做出了補充，它要求在民事權利方面，一個國家要給予在其境內的外國公民和企業與其國內的公民和企業以同等待遇。改革開放以來，中國對外資企業和外國產品進入中國後的政策可謂「非國民待遇」和「超國民待遇」並存。「非國民待遇」的不平等在項目審批、銀行貸款、土地批租、服務性收費等領域最為嚴重，「超國民待遇」則反應在中央和地方政府通過給予外資企業以優於本國企業的稅費、土地價格等方面的優惠從而招納大量外資。除此之外，即使是對待國內企業，不同性質也會有不同的對待方式，這尤其體現在國有企業和非國有企業之間、不同地區和各行政部門之間，均存在不同程度的進入壁壘情況。先富帶動後富的思想讓地區傾斜政策的出現顯得理所應當，也客觀上帶來了政策上的不統一，由此造成了競爭環境的大不同，平等競爭無法形成，正常的市場秩序也遭到破壞。因此，中國政府需要給予外資企業以及不同性質的國內企業同等的競爭機會，真正實現政府職能的無差別化和平等化。

（五）統一實施原則要求政府職能具有連續性和統一性

統一性實施原則指締約方應通過合理舉措，確保在它的領土內的政府能遵守 WTO 的各項規定。《中國入世協定書》第二條 A 款對統一實施原則做了如下表述：「中國應一視同仁、公平合理地使用和實施所有對貨物貿易、服務貿易、知識產權貿易、外匯管理有關或有影響的法律、法規和中央政府制定的其他措施以及省市一級政府頒布或實行的地方性法規、規章及其他措施，中國應建立起一種機制，使個人和企業能向國家權威機關反應貿易不統一實施的做法。」

統一實施原則要求中國政府首先在履行職能特別是經濟職能時，要維持連續、統一，中央政府和地方政府在制定、執行經濟政策時要避免空白和分歧，更要預防地方保護主義的興起，以促進統一市場的形成；另外，中國政府特別是地方政府的管理水準和能力需要進一步提高，使 WTO 諸項規則發揮應有的作用。

二、WTO 對中國行政審批制度改革的具體要求

可以看出，為了適應 WTO 規則，行政審批制度改革是必然要求，傳統的行政審批制度必然不適合中國加入 WTO 這個大環境後的發展，行政審批制度需要注入新的活力，具體來說如下。

（一）以政府職能科學化為基準，明確審批制度改革的指導思想與原則

中央政府和地方政府都需要通過行政審批來履行自己的職能，因此，政府職能的科學性以及合理性決定著行政審批制度的科學性和合理性。黨的十六大明確提出要將政府職能真正轉變到主要實施經濟調節、市場監管、社會管理和公共服務上來，這在審批制度改革的指導思想和總體要求中得到了充分體現。國務院《關於行政審批制度改革工作的實施意見》指出，推行行政審批制度改革的指導思想是「以充分發揮市場在資源配置中的基礎性作用為基點，把制度創新擺在突出位置，努力突破影響生產力發展的體制性障礙，加強和改善宏觀調控，規範行政行為，提高行政效率，促進經濟發展，推進政府機關的廉政勤政建設」，並以此規定了審批制度改革的總體要求：「不符合政企分開和政事分開原則、妨礙市場開放和公平競爭以及實際上難以發揮有效作用的行政審批，予以取消；可以用市場機制代替的行政審批，通過市場機制運作；對於需要保留的行政審批，建立健全監督制約機制，做到審批程序嚴密、審批環節減少、審批效率明顯提高、審批責任追究制得到嚴格執行」。

（二）推進審批程序規範化

重實體、輕程序，是我們審批過程中的普遍現象。現實中，審批在批准對象、批准時間以及批准範圍方面都具有很大隨意性。這都是由審批程序不

規範而導致的，這不僅扭曲了政府職能，還為權力尋租和腐敗的發展提供了肥沃的土壤。因此，在審批制度改革中，對清理中保留下來的審批事項，要制定嚴密的管理制度，形成規範的運作機制和有效的監督，嚴格規範政府職能的執行過程。這主要從三方面來著手推進：一是對常規的審批事項，明確審批內容、條件、程序和時限，確保審批的內容具體化、審批的條件可操作化、審批的程序科學化、審批的時限合理化，並予以公示，最低程度地保留審批人的自由裁量權。二是對技術性和專業性比較強的審批事項，出抬細緻的審批技術規範，根據便民有效的原則，減少審批環節，簡化審批流程，提供公開、公正、公平的政府服務。三是對事關社會政治穩定、經濟發展全局的重大審批事項，加強事前調查研究，實行社會諮詢聽證和專家審查制度，堅持做到充分論證，嚴格把關，依法審批，科學決策。

(三) 清理審批項目，縮小審批範圍

清理審批項目、縮小審批範圍是推行審批制度改革的一項重要的基礎性工作。審批項目的清理圍繞以下中心思想：凡是通過市場機制能夠解決的，應當由市場機制去解決；通過市場機制難以解決，但通過公正、規範的仲介組織、行業自律能夠解決的，應當通過仲介組織和行業自律去解決；即使是市場機制、仲介機構無法自我解決的問題，也要優先以事後監管的手段來達成目的。換句話說，審批應當是競爭和利益機制等無法發揮作用時的替補，而不是領頭人。因此，對於清理審批項目、縮小審批範圍這一要求來說，最重要的一點就是放權於市場，更多地發揮市場以及社會仲介組織的作用。

(四) 加強審批方式的創新

隨著世界經濟的高速發展以及各國之間的交流步伐日益頻繁，政府行政理念和制度創新並舉的要求已經成為世界各國的共識。行政審批制度是理念與工具、目標與手段的共同載體，因此，政府的行政理念和制度創新並舉的思想要在行政審批制度改革中充分體現，而根據地方政府實踐建立起來且日益完善的政務中心就是這樣一個典範。政務中心推進了電子政務建設，極大程度地方便民眾辦事流程，更加高效地完成審批任務。同時，隨著計算機技術的發展，政務的公開透明也成了可能，這也是行政審批制度改革的必然要求之一。

（五）落實監督管理

規範行政審批行為、依法施行審批權力，必須要建立和完善行政審批的監督制約機制和行政審批責任制。所以，行政審批制度改革要加強對行政審批事項的後續監管：一是加大行政執法檢查力度，積極實施全過程監督和定期檢查、專項檢查；二是拓展監督渠道，發揮社會監督力量，特別是發揮行業協會、仲介機構以及新聞媒體和公眾的監督；三是通過招投標等方式，發揮市場機制的作用；四是建立和完善事後備案管理制度。除此之外，要建立健全行政審批責任制。按照「誰審批、誰負責」的原則，明確審批權限，嚴肅審批紀律，確保權責統一，對於涉及幾個部門審批的事項，明確銜接程序，分別確定各自的權限和責任。要加強對審批責任制的檢查考評，並將其作為公職人員考核指標之一。

（六）強化行政審批法治化發展

行政許可法是中國在經濟發展和加入WTO後基於國外優秀經驗、總結過往行政審批制度改革經驗，而專門制定的一部法律。它統一地對行政審批的諸多事項作出了詳細的規定，涉及了行政審批的全過程、全範圍、全時限。這有利於行政審批制度改革的進一步深化，有利於行政審批和行政管理工作進入法制化、規範化的軌道，有利於推進和保證行政機關的依法行政和依法管理。當然，行政許可法的頒布只是行政審批法治化的第一步，行政審批制度改革必將伴隨著越來越全面、公正且執行有力的法律保障，因此，促進法治化在行政審批中的發展是行政審批制度改革的重要一環。

（七）促進行政審批配套設施建設

隨著行政審批制度改革的不斷深入，我們愈加清晰地感受到，行政審批的諸多問題的出現是各種因素綜合作用的結果。因此，要從多方面對症下藥：首先，要規範社會團體，培養社會團體的獨立能力；其次，要改革公共財政體制，清除行政事業性收費和部門小金庫；然後，要精簡機構和人員，深化機構改革；再者，要轉變觀念，使管理和服務並重，改革行政管理方式。如果不能多管齊下，行政審批制度改革就不能縱深發展，也就不可能迎來嶄新的明天。

第七章　加入 WTO 後行政審批制度變遷的主要邏輯

第二節　加入 WTO 後行政審批制度改革的動力機制

一、深化服務理念，提供優質服務的原動力

從普遍意義上來說，行政審批是市場經濟環境下，政府干預經濟並管理社會的一種手段，行政審批是政府與社會、與公民溝通的橋樑。從更深層次的意義上來說，行政審批的出現是對社會利益結構不平衡的一種反應。當社會利益分配的分化逐漸被社會範圍感知，政府直接的行政命令和行政措施又無法發揮有效作用時，就需要以行政審批的方式來改善利益失衡的現狀。因此，只要利益失衡沒有消失，行政審批就會存續。這與中國行政審批的歷史演變情況也是相符的。在計劃經濟時代，由於社會利益一體化占據主導地位，中國行政審批很少；而隨著中國市場經濟逐步發展起來，行政審批也迅速發展。

雖然由於利益分配不均衡，政府的干預理所當然，但是，行政審批式的政府管理卻是約束和管制的縮影，它受利益平衡的驅動，設法以行政許可的手段分撥利益以求達到平衡點。毫無疑問，公共利益就是利益平衡點所在，但是若行政審批制度偏離初衷，行政審批就會演變為單方面聽從於行政意志的「單峰偏好」，行政審批制度就成了便利行政管理、獲取行政收費的工具，於是，行政審批制度逐漸異化。這種異化了的行政審批制度不僅不能維護公共利益，反而會有損公共利益，且比來自市場和社會的破壞力量更大。

而維護公共利益的價值導向主要通過社會管制或規範服務的方式來達到目的。然而，雖然近代以來的政府都將價值導向建立在公共利益之上，但是，在政府的現實操作中，公共利益並未得到充分維護，甚至週期性地偏離公共利益的目標，以至於不得不利用行政改革來糾正。這種情況出現的根源就在於政府在性質上是管制的，在方式上是管理的。改善這種情況的最好辦法，

就是從管制向服務轉變，讓政府在性質上和方式上都轉變成服務型的政府。①

因此，建設服務型政府是適應中國逐漸發展的社會主義市場經濟的必然趨勢，也是政府實行有效市場干預的必然要求。尤其是加入 WTO 以後，中國市場經濟的發展態勢迅猛，傳統的行政審批已無法滿足新的發展要求，因此，服務型政府的概念被越發重視起來。服務型政府的建立將通過調節社會利益分配的不均衡使公眾受益。服務型政府是對傳統管制模式的一種超越，其核心在於建立公民和政府之間的平等地位，促進公民參與民主政治，政府也將在服務型政府的建設中愈加體現其服務社會的職能。因此，服務型政府的建立成為中國行政審批的主打理念之一。

二、追求有限政府，提高政務效率的推動力

有限政府，指在政治權力、政府職能和政府規模等方面受到憲法和法律限制的政府。它相對於「事無鉅細、包攬一切」的「全能政府」而言，在政治權力、政府職能和政府規模等方面都是有限的。計劃經濟時代，中國政府是典型的全能政府，政府從內到外、事無鉅細，對社會進行著全方位的管理。然而，隨著中國逐漸發展市場經濟，這種全能政府的模式越來越暴露出其問題，政府的低效、錯位甚至管理混亂現象時有發生，政府逐漸意識到什麼都管其實什麼都管不好。因此，在有限政府逐漸被西方社會提出並實踐以後，中國也開始研究並實踐有限政府，這既是對中國現實發展情況的要求的一種反應，也是中國對現代政治潮流的一種回應。

雖然有限政府具有有限性，但並沒有改變政府的性質和功能。有限政府的起點仍然是公民權利保障，其核心是制約政府的權力、規模、職能及行為方式，實現政府與市場、公民和社會的合理、良性互動，從而使得政府權力

---

① 張康之. 行政審批制度改革：政府從管制走向服務 [J]. 理論與改革, 2003 (6)：42-45.

第七章　加入 WTO 後行政審批制度變遷的主要邏輯

的運作獲得合法性。① 有限政府理論的基石是政府的權力來源於公民的權利，政府只有代表最廣大人民群眾的根本利益，才能符合執政為民的要求，才從本質上具有執政合法性。政府為社會和人民掌權，是利用人民賦予的公共權力為人民服務，政府權力的範圍不是無限的，而是有限的，政府的權力受限於公民的授權，所以，政府的公權力也是不能任意剝奪與侵犯的權力。

除此之外，有限政府也隱藏著有效政府的概念，既然什麼都管的政府其實什麼都管不好，那麼出於對行政效率追求，有限政府的發展也是必然趨勢。可以說，政府必須是有限的才是有效的，無限政府必然是無能政府，有限政府是有效政府的前提。要使國家和政府有所作為，最好的辦法就是對國家和政府的權力和能力加以必要的限制，使其有所不為。

現代社會發展的目標之一是要建立效率更高、適應性更強、更能處理複雜社會事務的高效政府。有限政府就是以建立一個高效、靈活的政府推進國家的有效治理和社會的和諧發展的一種政府模式。有限政府的發展，不僅依賴政府自身職能模式的轉化，也要求政府與社會的良性互動。在政府與社會二元存在的現實狀況下，政府與社會兩者均不可偏廢；不僅要考慮政府與社會的差異，更要強調政府與社會的互補，才能真正實現社會的和諧發展。

中國加入 WTO 後，政府與社會、公民的關係更加複雜，政府不可能再事無鉅細面面俱到，有限政府的建立是必然趨勢。同時，有效政府的建立也是必然。於是乎，追求有限政府、提高政務效率成了中國行政審批制度改革的宏觀理念之一，行政審批制度改革作為政府轉變職能，調整與社會、公民三方關係的突破口，必將為追求有限政府、提高政務效率做出貢獻。

三、劃清政府邊界，優化權力結構的驅動力

政府與市場、社會的邊界和關係一直是中國現代政府權力體系建設與調

---

① 顏海林，張秀. 論有限政府的基本特質 [J]. 湖南大學學報（社會科學版），2010 (1).

整中的一個重要問題。在社會主義市場經濟發展歷程中，政府對市場的干預、對社會的管理是必然要求，除此之外，對市場的干預和對社會的管理變化本身也反應著政府權力結構調整，這是一個政府在公共權力結構方面的不斷優化過程。而政府對於公共權力結構的調整是基於政府、市場和社會三方力量的強弱來進行的。中國自計劃經濟時代至今，已在優化政府公共權力結構方面做出了極大改善，然而政府與市場、政府與社會之間的權力失衡現象依然不容忽視。

政府權力與市場權力之間的失衡主要集中在以下兩個方面：其一，政府和市場的關係缺乏明晰、細緻、穩定的制度規範，以至於可能脫離法治軌道；其二，政府權力和市場權力的作用領域出現錯位、缺位和越位，導致這兩種力量無法實現相對優勢互補、劣勢互棄。政府權力與市場權力之間的失衡表現為政府按照權力的邏輯、市場按照資本的邏輯各自行為擴張。

政府權力與社會力量的失衡是當前公共權力結構失衡的重要方面。由於社會力量發育有限，社會力量本身獨立性不足，既沒有形成社會力量制約國家力量的制度基礎，也沒有形成完善的社會力量制約國家力量的運行規則、機制和方法，政府權力與社會權力的失衡是顯而易見的。[1]

因此，構建新型國家和重塑新時期中國公共權力結構已經是當前中國經濟和社會發展的歷史性、戰略性訴求。各種社會群體勢力的逐步壯大不斷要求公共權力結構的進一步的改變；市場力量的壯大，必然要求對公共權力實行進一步的制約。根據現實情況來看，中國的公共權力結構調整已從黨的十一屆三中全會召開至加入WTO前的後全能主義公共權力結構時期進入了加入WTO以後的構建新型國家公共權力結構時期。在這個新時期，隨著市場經濟的發展，市場力量和社會力量的發展壯大是必然趨勢，政府順應潮流，調整公共權力結構從而優化自身的權力體系是更好地促進中國經濟、社會發展的

---

[1] 張國慶，曹堂哲. 權力結構與權力制衡：新時期中國政府優化公共權力結構的政策理路 [J]，湖南社會科學，2007（6）.

必由之路。

　　作為體現國家權力結構調整的一大途徑，行政審批制度改革無疑將會把劃清政府、市場、社會三方邊界，優化權力結構作為其改革理念之一。因此，加入 WTO 以後的中國，在調整政府、市場與社會三方關係中下足了功夫，這將更好地發揮市場在資源配置中的作用，更好地激發社會在公共事務管理中的積極作用。

第八章
加入 WTO 後行政審批制度變遷的評價

　　進入 21 世紀以來，中國正式加入 WTO 以及國內發展形勢都對中國的行政審批制度提出了新的要求，行政審批制度的進一步改革勢在必行。在改革工作小組的領導和部署規劃下，各級政府都加快了改革行政審批制度的步伐，立足於上一階段改革的成效和存在的不足，汲取有效經驗並創新性地展開新的改革行動。在符合中國政治、經濟發展的現狀背景之下，從中國加入 WTO 到黨的十八大召開前的這十餘年間，行政審批制度改革取得了長足的進步，改革成果十分豐碩。然而，改革中也存在許多不足之處，還與經濟社會發展和法治政府建設不相適應，改革導向與改革的實際走向有時背道而馳，總體效果不盡如人意。我們縱觀這十餘年的行政審批制度改革工作，其成果與桎梏並存，深知改革絕不是一蹴而就的，行政審批制度的變遷和完善未來還有很長的路要走，需要不斷突破與完善。

第八章　加入 WTO 後行政審批制度變遷的評價

第一節　改革進程總體特點回顧

　　行政審批制度改革工作在這一階段被視作國家各項改革工作中的重點被推進，承接之前改革所遺留的難題以及現階段不斷湧現的各種新問題，中央政府和各地方政府都對新一輪的改革進行了具體合理的規劃，制定了清晰的改革藍圖和改革前進方向。但是在高歌猛進之時，行政審批制度的改革很多時候也會猶如一匹脫繮的野馬，不受理論和規劃的制約，以至於在推進過程中會出現與初衷不一致的地方，乃至最後結果可能在一定程度上與之背道而馳。矛盾存在於萬事萬物之中，既能使事物具有生命力並促使其不斷發展，又可能會妨礙其順利前進。行政審批制度改革不斷向制度化的方向發展，用法律來約束其改革空間且逐漸強化監督，但監督體系缺失與不健全的問題並存；轉變政府職能、構建服務型政府一直是改革的核心目標，但這卻又受限於實際執行時權力的腐敗和官本位思想的阻撓；行政審批制度改革中的各環節都具有牽一髮而動全身的作用，各方面的改革都應整體性推進，而執行的過程卻又不能免於僅僅停留在微觀調整和各環節的斷層式推進上，表現為一種碎片化的改革形態。大致可以看出，改革過程中充斥著諸多矛盾，這既是動力也是阻礙。

一、制度化導向與體系弱化的矛盾

　　推行行政改革工作以來，國務院都是以「指導意見」和「實施辦法」等指導文件作為改革綱領，使改革工作能有明確的指導原則、工作目標和具體的改革方向，讓改革更加規範。如：國務院在改革期間先後制訂印發了《關於行政審批制度改革工作的實施意見》《關於貫徹行政審批制度改革的五項原則需要把握的幾個問題》《關於搞好行政審批項目審核和處理工作的意見》

《關於搞好已調整行政審批項目後續工作的意見》等近30個政策規定和相關文件。① 雖說這些都體現了改革已經在向制度化方向邁進，但也還徘徊在法制化的邊緣。直至2004年7月1日行政許可法實施，這才標誌著中國的行政審批制度走向制度化、規範化和法制化。該法規定了中國行政審批制度的基本準則：透明、公開、公正的行政審批原則，合法與合理、效能與便民、監督與責任的原則。行政許可法遵循中國經濟和社會發展的客觀規律，從維護相對人合法權益、公共利益和社會秩序出發，體現了市場優先、自律優先和事後機制優先的三大原則。② 堅持依法治國、依法執政，是新的歷史條件下執政黨和政府提出的治國基本方略，而該法的頒布將以上提及的原則很好地貫穿於行政審批制度改革工作中，不管是針對行政審批環節還是市場經濟的發展，都起到了很強的規範作用。針對行政許可的相關規定，有助於法制的統一實施，減少越權行為，限制權力的濫用，扭轉行政許可「權力尋租」現象，在源頭上遏制腐敗。又從法律法規的角度制定出了行政審批制度改革的相關政策，不斷推進改革的具體操作實踐，依法清理改革事項，規範行政行為。頒布實施行政許可法明確了中國行政審批事項的各項範圍、操作權限，為中國的行政審批制度向法制化方向過渡提供了法律保障，彰顯了改革精神，承載了豐富的改革成果，對行政審批制度改革的監督增強了行政機關及辦事人員的行政意識，促進了中國法治政府的建設。總而言之，行政許可法對於法律、法規的再次規範和強調，推進了中國行政審批制度法制化的進程，為中國行政審批制度的法制化建設提供了更加規範的原則和制度框架。

然而，著眼於中國改革的現狀，這種強有力的制度化導向並未改變中國在行政審批領域中監管缺失和乏力的弊端，行政審批監督體系仍然不健全，帶來了監管方面的諸多問題，並未實現規範化改革和法制化審批的最初目的。長期以來，中國的行政審批無法很好地衡量合法性與合理性，常常二者無法兼顧。已有的一些法律規範更多是按照法律條款對審批對象和標準進行對號

---

① 鄭玲. 中國行政審批制度改革研究 [D]. 南京：南京師範大學，2012.
② 徐靜琳，陳琦華. WTO與中國行政審批制度改革 [J]. 上海大學學報（社會科學版），2011，18（2）：99-106.

第八章　加入 WTO 後行政審批制度變遷的評價

入座，不顧其合理性，只要保證其合法性即可。對已過審的審批對象沒有明確的監督措施，更沒有清晰可行的行為約束和責任追究章程。雖說一直在強調取消、下放審批事項，但並不是意味著對此置之不管，而是要更加強調後續的監管和服務。但是不管在改革前還是改革後，行政審批失控一直以來都被看作腐敗現象滋生的源頭，這恰恰可以看作行政審批監督體系缺失的原因。雖然自 2004 年 7 月 1 日行政許可法正式實施以來，地方各級政府已經在行政審批監督資源的整合和監督體系的完善等方面做了有益的探索和積極的創新，也取得了較大的進步。但是，相對於行政審批事項清理的力度而言，在行政審批監督體系上所做的這些努力還不夠，需要從內外兩方面來強化。目前，行政審批的監督方式，大多採用自上而下的監督方式，都是在上級部門的督促下開展。這種監督方式多為內部監督，使行政審批監督的公開性與透明性明顯不足，大大削弱了內外部監督主體的合力。特別是內部監督方面，儘管設定了許多監督舉報的流程規則，但「企業一般不會去投訴的，因為一旦投訴，可能投訴成功了，但是項目失敗了」[1]。這種無效的形式化監督起不到實質性的敦促作用，只是空有擺設而已。除此之外，過多過濫、環節複雜、時限冗長的審批事項一直是中國行政審批最典型的弊端之一，即便是在一系列的改革之後，這一現象仍舊是沒有得到很好的緩解。一些行政部門利用審批亂收費，千方百計地「找事」「爭權」「設租」，把審批視為增加部門權力和利益的手段，再加之相關法律制度和監督機制本身就不健全，造成了在審批過程中經常出現權力部門化、部門利益化和利益法制化的現象。同時，由於行政審批責任追究制度的缺失，在審批過程中出現了問題卻找不到相應責任人的情況時有發生，形成損害公共利益但責任人卻無處可尋的灰色地帶。另外，由於監督體系的缺失社會群眾難以對行政部門的審批行為進行監督，民告官的成功率也十分小，很大程度上打擊了人民群眾的監督熱情和信心。公眾在遇到問題時有心無力，很多時候採取放任不管的態度，在社會上難以形成良好的行政監督風氣。對於會對政府部門的威信造成不良社會影響的事件，政

---

[1] 朱逢春. 試析行政審批制度改革的困境與治理 [J]. 中共太原市委黨校學報, 2012 (3): 22-24.

府會本能地採取「冷處理」來降低影響，監督者在展開工作的第一步時就受到了阻撓，更不用說是面對審批部門的內部監督了。下級對上級的監督是非常弱化的，部分部門掌權領導極易濫用職權來滿足自己私欲，擅自在部門內增設審批項目，也不實質性地減少和下放審批項目。可想而知，要在這種體制和氛圍下來形成有效的監督體制，必然十分困難，需要多方面的通力協作，因此這也就形成了行政審批制度改革的制度化導向與體系缺位之間的矛盾問題並存。

二、服務政府構建與權力固化的矛盾

從中國持續了近30年的政府管理改革歷程來看，政府改革的邏輯就是政府職能的轉變，政府所採取的各種舉措都與之相關。做好行政審批工作，是政府履行其職能的重要體現。對行政審批制度進行變革既是對行政審批工作本身的再造，也為政府職能的轉變提供了契機，科學有效的政府職能還能為行政審批制度改革提供結構、決策以及運行上的支持。二者相互融合、相互影響，互為支撐。從這十多年來中國行政審批制度改革工作的成果中可以非常清晰地感受到中國政府正朝著服務型政府的方向轉變，逐步擺脫全能型政府，精簡政府規模，以愈加科學合理的方式為社會服務，實現了政府職能的多點轉化。

行政審批制度改革就好比政府的一次自我革命，對大量的行政審批項目進行清理、取消以及調整，並對審批職能的關鍵和次要位置加以區分，強化關鍵位置的職能，弱化次要位置的職能，合理運用資源，厘清政府與市場、企業、社會和公民之間的關係，以往政府角色中「越位」「錯位」「缺位」的現象有了很大的改變，其職能定位也發生了根本轉變。經過這一輪行政審批制度的改革，政府管理的方向之一就是減少對微觀經濟運行的直接干預，強化了經濟調節、市場監管、社會管理和公共服務等方面的職能，讓企業發揮在市場中的主體地位，充分展現市場在資源配置中的基礎性作用，一改以往那種權力過分集中的現象，給人民群眾營造公平的市場社會環境，提供公開、

第八章　加入 WTO 後行政審批制度變遷的評價

公正、高效的服務。在這一階段，嚴格遵照職能轉變的總要求：堅持市場優先和社會自治原則，凡市場機制能夠有效調節的，公民、法人及其他組織能夠自主決定的，行業組織能夠自律管理的，政府就不要設定行政審批；凡可以採用事後監管和間接管理方式的，就不要再搞前置審批；審查評議的依據、過程和結果，凡不涉及國家秘密的，要向社會公開，聽取公眾意見，接受公眾監督。[①] 政府逐漸放手，把不該管的移交給企業、社會和市場，發揮市場配置資源的基礎性作用，轉變直接干預微觀經濟活動的做法和主要用行政手段管理經濟的方式，改善權力過分集中的現狀。當前，行政審批制度改革主要是集中於大幅度削減投資、社會事業和非行政許可審批等領域的行政審批事項，包括：確立企業和公民個人的投資主體地位，政府選擇性地退出一些職能領域；放寬社會與私人資本的准入門檻，打破壟斷，鼓勵競爭；依照明確的法律法規對不合規的證照、地方「紅頭文件」進行清理與取締，精簡政府的管理職能。隨著行政審批制度改革的推進，政府逐漸從傳統的行政管理色彩中淡出，摒棄了「以批代管」「只批不管」「管理就是審批」及「重審批輕監管、重權力輕責任、重利益輕服務」等觀念和做法，將法治政府和服務政府建設作為首要任務。政府職能的轉變對於建立國家治理體系和提高現代化的治理能力都具有十分重要的意義，同時也能促進行政審批制度改革的順利推進和良好運行。

　　簡政放權是政府職能轉變的重要舉措和必要手段，通過多方努力，「權」可能被放下來了，但至於有沒有落到實處，還得打上一個問號。一方面過度的放權可能導致權力的腐敗，另一方面也由於權力的固化，微觀式、碎片化的改革推進難以觸及權力的本質。再加上官本位的思想根深蒂固，這些都決定了改革難以從源頭上打造出一個服務型的人民政府。這深刻地體現出了在改革意向和改革實踐中長期存在著的一種矛盾——服務政府構建與權力下放難並存。

[①] 溫家寶：深入推進行政審批制度改革推動政府職能轉變和管理創新 [J]. 中國科技產業，2011 (11)：11-12.

改革行政審批制度就意味著對各種利益關係進行調整，重組和規範現有的權力結構，用制度和規範來約束政府部門工作人員的行為，讓權力在陽光下運行。但是通過國務院十餘載的改革歷程，從取消和下放審批的事項來看，大部分都是一些無關核心的項目，沒有涉及核心審批事項的變化與調整，更多地在利益關係的邊緣進行微觀調整，更不用說是對宏觀層面上行政審批結構性的變革了。在「政府權力部門化、部門權力利益化、獲利途徑審批化、審批方式複雜化」的改革背景下，改革受到利益驅動制約，權力結構需要再調整。改革若僅僅只停留在微觀層面，其績效將一直難以取得。

賦予基層政府更多的權力，讓基層政府能夠更方便有效地管理經濟社會事項本是審批制度改革的重要目標之一，但是改革多注重微觀層面的調整，沒有觸及權力的實質，導致地方政府在基層政府事權與審批管理權上出現斷層。行政審批項目「設、留、改、廢」由於受到法律法規的制約而無法及時有效地執行。例如：在一些經濟較為發達的沿海地區，其經濟總量完全抵得上內地的一個地級市，但礙於較低的管理權限，不能獨立地進行審批與管理，為其發展帶來了很多不必要的麻煩。中央應根據當地政府的實際情況對不同層級的政府進行功能定位，賦予基層政府相應的事權和配套的行政審批權力。上級部門將相關的行政審批權下放到下級部門體現的是中央和地方關係的調整，或者說是上級政府與下級政府之間權力關係的調整。這種「下放」就意味著只是權力行使主體發生了轉變，審批事項相對人如企業和個人等在辦理審批事項時仍需要到部委和地方政府中去，各地方政府還是按照過去的方法在審批，權力尋租和腐敗問題依然屢禁不止，審批內部程序繁瑣冗長的情況也未得到扭轉。權力「下放」不夠卻帶來多頭管理，這無形中又增加了群眾的負擔，需要他們在辦事部門之間來回往返，審批銜接出現各種問題。這樣的現狀與真正為公民利益服務的初衷相隔甚遠，有悖權力運行更加公開、規範的願景。

第八章　加入 WTO 後行政審批制度變遷的評價

三、整體推進與碎片化實施的矛盾

行政審批制度的改革涉及多方面的變革與創新，是一個系統性的工程，如果只是單方面的推進或單兵突進，則起不到根本上的變革與突破。按照中國當前的狀況來看，在審批領域裡那些影響市場競爭和限制社會參與的經濟審批都應該進行治理，涉及投資領域、公共領域和社會市場領域等；在審批的模式、方法上，也需要進行改進和優化，不斷優化審批流程，改造審批模式，積極探索「政務大廳」、發展電子政務等；在管理上，既要合理制約公共權力行使的界限，為激發市場活力創造條件，又要保證服務的質量，爭取在靜態和動態管理上的和諧一致；在對改革的思想和理念的理解上，中央政府與地方政府均需與時俱進，並能關注現實，不斷積極創新，開拓進取。行政審批事項有待進一步精簡，合理利用人力、物力、財力資源；審批制度的改革要朝著法制化和制度化的方向邁進，實現審批的規範化和有序化；政府職能的轉變是萬眾所矚目的，要打造一個服務性的政府，給市場和社會讓渡空間，形成國家、社會和市場之間良好的關係格局；通過放權，給予市場充分的主動權，為市場注入新的活力等。所有的改革層面都是相互關聯的、層層遞進的，每一部分之間都有著十分密切的關係。因此，在改革推進之初，就需要把這些領域的改革視作整體來實施；也並不是意味著在同一時刻啟動，而是需要充分考慮到各個環節之間的聯動關係，有邏輯地進行改革。這樣改革的節奏才不會亂，才會有步驟、有計劃地長期持續下去。顯而易見，行政審批制度的改革是需要整體推進的，但在現階段的改革中，更多地顯現為運動式的改革模式，用幾乎接近斷層式的方法在推進，改革缺乏聯動性。

中國行政審批制度改革的腳步從未停下。但是從中國歷來已展開的行政審批制度改革工作來看，大致都是靠上級的行政命令來推行的，缺乏主動性。在行政審批制度改革中，大量行政審批事項明減暗增、上減下增，不斷往復。有些部門和地方對審批事項進行「打包」或者「拆分」處理，「把廢棄的項目做成「膨化餅干」，一項做成好幾項，把要保留下來的項目做成『壓縮餅

干」，把好幾項壓成一項」，① 僅僅只是為了完成任務指標，而其工作效果往往大打折扣。從現實的情況來看，不少部門和地方會把本應削減的審批「改頭換面」為「核准」「備案」「指標」等，隨後又如雨後春筍般重新冒出大量新的行政審批，權力不減反增，改革質量不言而喻。傳統的行政審批制度改革往往都是從國務院部門聯合印發的原則性指導文件開始，再經過國務院審改辦召集部際聯席會議討論，各部門根據指示來取消或者下放行政審批事項，最後就以國務院或國務院審改辦的名義來出抬審批事項清單，預示著新一輪改革工作的完成。這乃是一種典型的運動式改革，在此種改革模式下，任何行政機關都需要按照上面頒發的文件來相應地展開工作，並將相關材料層層上報。繁瑣和刻板的工作流程長期持續將不利於工作成果的鞏固，很多改革行動都只是駐足表面。

行政審批制度改革理應觸及深層次矛盾，觸動權力和利益調整，打破權力過分集中的亂象，實現政府、社會、企業和公民的利益平衡，這樣才可以將改革進行得徹底，真正實現政府的自我革命。但是在現實操作中，很多時候往往只是取消下放了審批事項，機構依然臃腫乏力，職能也是多頭並出，並未落實機構撤並和職能整合。審批事項「死灰復燃」的情況經常發生，權力精簡—膨脹—再精簡—再膨脹的怪圈難以打破，浪費了大量的國家資源。

行政審批制度最初始是從取消、下放和改變管理方式來著手的，呈現給社會公眾最直觀的感受就是「取消了多少審批事項，下放了多少審批事項以及管理方式較從前有了如何的改變」。行政審批事項的瘦身不僅不應該成為政府迴避責任的理由，某種程度上還更加要求政府各部門承擔起相應的監管責任。但是，觀察改革的現狀會發現行政審批制度改革所呈現出的成果並沒有增強社會的總體觀感。

分析其原因，會發現此階段的改革過於單調，多是斷點、片面式地在推進，沒有處理好其內在的聯動性以保證改革的協調性和整體性。首先，行政審批制度改革的深入推進，必須要有健全的法律法規做支撐，若沒有配套的

---

① 劉俊，等. 人家都沒改，就你們認真改革——審批改革十年博弈路［N］. 南方週末，2012-09-13.

第八章　加入 WTO 後行政審批制度變遷的評價

法律法規，任何關於行政審批制度改革都將是「空中樓閣」，沒有依據支撐，「小腳趕路」的改革成果也將難以維持。此種問題最多地出現在地方改革上，其改革空間越來越封閉，地方政府發現一些不合理也沒有存在必要的審批事項由於法律、行政法規已經審批，他們無法進行清理，使審批系統日益龐雜。同時，行政法規對於審批程序設置了前置審批，地方政府不能冒著與上位法相衝突的風險來創新和優化並聯審批，導致地方在深入推進改革時面臨重重障礙。明確各級政府以及各部門之間的權責邊界，推行政府及其工作部門權力清單制度，堅決消除權力設租尋租空間，使行政權力授予有據、行使有規成為下一階段行政審批制度在法律法規方面必須要克服的重要聯動性改革之一。除此之外，作為行政審批制度改革的執行基礎——政府機構，其改革也是重要的一環。行政審批是政府調控宏觀經濟、社會管理和維護公民合法權益的重要手段，只有政府機構的配套改革才能為其提供充足的動力。以政府職能的轉變為主導，行政審批權才可以從源頭上被削減。而在當前的改革進程中，由於政府機構的改革沒有先行，單方面聚焦於行政審批制度，巨大的經濟利益誘使部門利用自己的審批權來儲備「小金庫」，存在大量的非法收入，政府機構編製也日益膨脹起來。迴歸到行政審批事項上，其大幅度縮減在一定程度上會「倒逼」仲介組織的發展。當政府開始下放權力、減少審批事項後，並不是放任不管，而是要有適合的仲介組織來承擔起相應的責任，使政府職能可以從更微觀的事務管理中釋放出來，以更加豐富的資源真真正正地為社會公眾服務。而當前行政審批制度的這種斷層式的推進方式卻無暇顧及仲介組織的發展，也沒有充分考慮到其存在的重要聯動性。統一、完善的市場還沒有形成，資質經驗豐富的社會仲介組織也很少，無法承擔起大量的社會事務。政府對其不規範的運作也缺乏有效的監察，導致其成為政府審批項目向社會、市場轉移的重大障礙。行政審批制度與完善法律法規制度、改革政府機構和發展仲介組織，甚至與行政管理體制改革的聯動性問題，導致改革出現斷層，留下後遺症：「重審批、輕監管，重管制、輕服務，重下放、輕銜接」。為打破這種斷層式的改革局面，不同主體應該協同參與，建構起上下聯動改革的推進機制，真正實現跨部門、跨層級的聯動審批改革。

行政審批領域作為行政權力最集中的領域，往往有著極大的尋租空間，隱藏著很大的腐敗風險。所以其改革也是圍繞簡政放權來逐步推進的。減少和下放權力，可以有效減少和防止腐敗現象的發生。但另一方面，權力下放的同時，也意味著必須對權力進行監管與限制，讓其能被科學、合理、有效地運用。從這十年來的改革中，我們可以看到行政審批制度的運行、管理和監督機制都在不斷地進行創新和完善，電子監察機制的廣泛運用、內部監督體系的制度化都在很大程度上監督制約了行政審批權，規範了各類審批行為，緩解和遏制了濫用審批權謀取非法利益的行為。很多地區和部門都大力踐行政務公開，讓政務在陽光下運行，建立健全社會聽證、專家諮詢論證和審批公示等制度，拓寬社會和群眾的監督渠道，主動接受監督。過去在政府部門中廣泛存在「門難進、臉難看、事難辦」的局面被扭轉，一些侵害群眾利益的行為如利用行政審批事項亂收費、濫用審批權力等被嚴厲打擊，情況得到較大改善，提高了社會公眾的滿意度。同時，為了進一步地完善關於行政審批的責任追究制度，減少行政審批環節的自由裁量權和隨意性，審批操作規程具有了很強的操作性和透明度，嚴格遵照「誰審批，誰負責」的原則，將責任切實落實到具體的行為人。在行政審批清理工作中提出「該取消的一律取消」的觀念，將有些事項轉給社會仲介組織來處理；但對於政府必須監管的事項，則做到「該保留的必須保留」。從而既實現簡政放權，又實現政府合理監管。政府始終控制著大局，避免市場經濟出現過度放任、失去監管的危險。[①] 行政審批程序的法制化和規範化從側面反應了對行政審批程序的監管也在不斷地強化，大大減少了權力尋租行為，一定程度上遏制了腐敗現象。

　　在中國行政審批制度的改革進程中，行政審批的監督力在不斷強化，主要表現為更廣的監督範圍、更加多樣的監督手段和更強的監督力度等幾方面。首先，過去的行政審批監督幾乎都是依賴行政機關自身的監督和專門的監察機關的外部監督，其範圍很狹窄，並且監督力度往往較小，效果自然也是微

---

① 劉文杰，劉志暉. 中國行政審批制度改革的回顧與前瞻 [J]. 成都行政學院學報，2009（6）：12-14.

乎其微。但是在新一輪的行政審批制度改革中，各地都豐富了監察機關的範圍，開始將人大、政協納入其中，主動接受群眾和新聞媒體的監督，拓寬監督渠道和範圍，形成了一個較為完善的內外部監督共同作用的監督體系。其次，在監督手段方面，改變了過去那種單一的調查、檢查的監督方式，開始制定行政審批責任追究制度和信息反饋機制，實現層級監督。每一項審批都有相對應的內部約束和外部監督措施，嚴格落實「誰審批、誰負責」的原則，實現對審批行為的全方位監督。同時，行政審批投訴中心、行政審批熱線和舉報信箱等輔助監督渠道也開始大量地出現，以不同的方式從不同的角度加大對行政審批行為的監督。最後，則是一改以往那種只注重審批結果監督、缺少事前介入和事中參與的監督模式，加大監督力度，進行行政審批全過程的監督。對每一個環節都進行嚴密的監督，涵蓋了從審查到決策再到結果的每一個環節。對審批管理以及執行的情況定期檢查，確保每個環節的順利進行，最大程度上保證行政審批的有效運行。

第二節　行政審批改革取得的成效

中國的行政審批制度改革在這一階段所取得的成果和產生的影響都是多方面、多層次的。以制度創新為著力點，中央政府自上而下地進行部署與指導，各級政府自下而上地進行革新與流程優化，不斷推進中國行政審批制度的發展與完善。這一階段改革最主要的就是實現科學合理規劃、大量減少行政審批事項、重新激發市場活力、讓市場承擔起其本來相應的職能等。同時，這反過來也會對其他領域的改革工作產生深遠的影響。

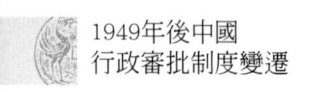

一、行政審批事項的精簡

加入 WTO 以後，中國行政審批工作秉持科學與效率的原則，開始對原來紛繁複雜的行政審批事項進行科學合理的規劃與調整。截至 2011 年年底，國務院已分五批取消和調整行政審批項目，其具體歷程為：國務院於 2002 年 10 月開始取消第一批行政審批項目，重點在於結合與行政審批制度改革相關的政府機構改革，公開透明政府政務，推進「收支兩條線」等，盡可能建立與適應社會主義市場經濟體制發展相適應的行政管理體制。2003 年 2 月，取消和調整了第二批行政審批項目 406 項，將 82 項行政審批項目作改變管理方式處理，移交行業組織或社會仲介機構管理。不斷推進政府機構機構改革、財政管理體制改革、電子政務創新、相對集中行政處罰權和綜合行政執法試點等各項工作，以適應發展社會主義經濟發展的根本要義；深化政府職能的轉變，促進行政管理體制的改革，依法行政，強化管理，提高行政效能。2004 年 5 月，公布第三批取消和調整的行政審批目錄，共有 495 項。全面推進依法行政、建設法治政府是改革的宏觀要求，在貫徹實施行政許可法的背景下，不斷深化行政審批制度改革，規範管理行政權力和行政行為的重要性不言而喻。社會主義市場經濟對政府管理經濟和社會事務處理能力提出了更高的要求，需要行政管理體制改革的深化和政府職能大的轉變，政府的管理理念和管理方式也要求更新和規範。2007 年 10 月 9 日，國務院公布第四批取消和調整的行政審批項目 186 項。其中，取消的行政審批項目 128 項，調整的行政審批項目 58 項（下放管理層級 29 項、改變實施部門 8 項、合併同類事項 21 項），另有 7 項擬取消或者調整的行政審批項目是由有關法律設立的。2010 年 7 月 4 日，第五批取消和下放管理層級行政審批項目總計達到 184 項。其中，取消的行政審批項目 113 項，下放管理層級的行政審批項目 71 項。要按照深化行政管理體制改革、轉變政府職能的要求，繼續深化行政審批制度改革，進一步減少行政審批項目，規範審批流程，創新審批方式，健全行政審批制

第八章　加入 WTO 後行政審批制度變遷的評價

約監督機制，加強對行政審批權運行的監督。[①] 經過這十年的改革，國務院各部門共取消調整審批項目 2,183 項，占原有審批項目總數的 60.6%，各省（區、市）本級共取消和調整審批項目 36,986 項，占原有審批項目總數的 68.2%。[②] 對這一階段行政審批改革的項目進行分類，如表 8.1 所示。

表 8.1　2002—2011 年下放給地方政府和釋放給市場、社會的行政審批事項分類

批次	時間	對象			總數（項）
		地方政府（項）	市場和社會（項）	其他（合併或待定）（項）	
第一批	2002.10		789		789
第二批	2003.2	82	406		488
第三批	2004.5	47	448		495
第四批	2007.10	29	136	28	186
第五批	2010.7	71	113		184
總數		229	1885	28	2,142

資料來源：冉昊. 中國簡政放權和行政審批制度改革的過程、問題與趨勢 [J]. 新視野，2015 (5).

從上表中可以清晰地看到中國改革以穩健的步伐持續了較長的時間。對於改革的行政審批項目，不難看出，改革向市場和社會釋放的數量遠多於向地方政府下放的數量，更多地調整政府和市場的關係，為進一步釋放市場活力打下了堅實的基礎。這一階段除了取消和調整行政審批事項外，關於審批項目的保留與否還做了進一步的區分：對的確需要保留的行政審批項目設定行政許可；同時根據政府職能和管理需要，保留部分非行政許可審批項目。2004 年 6 月 29 日，國務院發布《國務院對確需保留的行政審批項目設定行政許可的決定》（中華人民共和國國務院令第 412 號），對法律、行政法規以外

[①] 國務院關於第五批取消和下放管理層級行政審批項目的決定 [J]. 司法業務文選，2010 (33)：8-32.
[②] 深入推進行政審批制度改革工作電視電話會議發言摘編 [C] // 艾琳，王剛. 行政審批制度改革探究. 北京：人民出版社，2015：29.

的規範性文件設定、確需保留且符合《行政許可法》第十二條規定事項的500項行政審批項目，根據《行政許可法》第十四條第二款的規定，決定予以保留並設定行政許可。① 經過上述的多輪清理與調整，中國的審批事項得到大幅度瘦身。與中央政府的步伐一致，地方政府在認真貫徹國務院決定的同時也對本地區的行政審批項目進行清理，削減幅度達到40%以上。行政審批事項大幅度精簡，審批環節不斷簡化，更好地滿足了公眾的行政審批需求，使行政審批效能得到明顯改善，審批制度和市場更加規範化。

二、市場活力的喚醒

行政審批制度在這一階段的改革之前，一直被看作計劃經濟的產物，作為企業、社會與投資者進入市場的第一道門檻，其程序往往十分繁瑣，也缺乏統一的管理標準，以至於市場亂象叢生，阻礙了市場和企業的進一步發展。過去，因為處於計劃經濟時期，政府既充當市場管理者的角色，又直接參與經濟活動，承擔了運動員和裁判員的雙重角色。政府的職責不明確、職能不專一所產生的混亂在很大程度上會打擊市場參與者的積極性和活躍性。在中國向市場經濟轉型的過程中，政府不僅開始意識到自身職能定位的問題，也認識到市場的重要作用，逐漸把權力歸還市場，將市場可以解決的交由市場去做，將行業組織自己能管理的讓行業自身去完成，使自身與市場、行業等的關係更加清晰明朗，實現減負，讓這些相關審批事項的運作更加靈活和有效率。通過行政審批制度的改革，市場主體活力被不斷激發，經濟發展內生動力也逐漸增強，大大減少了市場准入不統一、退出不暢、政府干預過多等一系列問題。

中國加入WTO後，政府與市場的關係逐步理順，減少了大量的行政壟斷與行政壁壘。尤其在涉及市場主體的行政審批事項中，其改革效果顯而易見。比如：關於市場准入，放寬限制，在全國範圍內允許企業登記「五證合一」

---

① 應松年. 行政審批制度改革：反思與創新[J]. 人民論壇·學術前沿，2012 (3)：48-53，85.

「一照一碼」，避免了投資者為辦理一個事項還需要在多個職能部門之間來回跑的麻煩。行政審批制度的改革在很大程度上實現了由單部門的串聯審批向多部門間的並聯審批的轉變，牽頭部門負責統籌該行政審批事項所涉及的各個工作部門，按照審批流程有步驟地進行審批事項處理，材料統一領取，並統一進行現場勘探。這不僅有利於提高政府的公務處理效率，也方便了企業的事項辦理，多方面節約其辦事成本。與此同時，行政環節的收費上也更加合理，對於一些不科學的收費現象進行了遏制和清理，減輕了企業、個人負擔，也釋放了市場的活力，為更多具有潛力和創造力的市場參與主體提供了機會，充分發揮了市場機制的作用。

第三節　改革中的難點與不足

行政審批制度的改革工作進行到當前階段，儘管取得了很多可喜的成果，也取得了不少有益經驗，但是改革的道路注定不會是一帆風順的，行政審批改革工作也不是一蹴而就的，需要在現實實踐中克服瓶頸，不斷去完善和改進，才能讓改革之路永葆活力、充滿動力。當前的行政審批制度改革在很多方面存在不足，亟待改進。行政審批事項的削減和清理應該更注重質量而不是片面地以數量來衡量，否則就不會出現當下審批事項質量堪憂的現狀；改革的成果應該隨著改革的推進而保存下來，而非曇花一現；政府職能也未能實現真正意義上的轉變，官本位思想長期存在、政府部門的服務意識欠缺嚴重影響到改革思路和走向。諸多這樣問題制約了行政審批制度改革的順利推進，成為改革中的難點，需要著力突破。

一、審批質量的良莠不齊

行政審批制度開始改革以來，削減、調整和清理審批事項一直是改革重點實施的舉措，行政審批事項的減少也是最立竿見影的改革成效之一。但恰恰也是因為如此，政府會為了迎合和滿足社會公眾對改革成效的直觀期望，表明改革方面的決心與魄力，熱衷於在每一個階段都訂立數量指標，片面地讓公眾以為只要數量下上來了，行政審批事項中的問題都會迎刃而解。回顧這一改革過程，國務院習慣設定某一項改革指標，並把改革指標以近乎「武斷」的方式（即砍掉百分之幾的審批項目），自上而下地下達給各組成部門，要求其採取自查自糾、自我斷臂的方式來削減行政審批事項，而絲毫沒有考慮到這些審批事項中的邏輯和聯動性，把各部門之間的工作強制分開來，不顧工作的整體質量。

政府在行政審批制度的改革進程中，不斷轉變職能、優化服務、提高行政效能，從為公眾提供更加優良便捷服務的目的出發，但是現實卻不盡人意，市場主體和社會民眾感受並不強烈。很多公民反應去政府部門辦事時仍然是困難重重、程序複雜，令人手足無措。深究其因，即改革過程中政府只是注重數量而忽視了質量。取消和下放的審批項目中往往都是「含金量」低、無關緊要、沒有實質意義的事項，而對「束縛企業生產經營、影響人民群眾就業創業創新的事項[1]」和與本部門利益掛勾以及威脅到權力實施的項目遲遲牢握不放。政府的服務能力和管制水準並沒有因為審批事項的大量削減而顯著提高，甚至還是原地踏步，改革並未體現出預期的效果，公眾的社會感受度不理想。他們的期望度與取消下放審批事項的內容之間存在落差，無法激發出市場主體活力和社會創造力。當然，還有不少部門、地方政府都開始針對審批項目玩起文字游戲，宣傳自己要成為行政審批最少的地方，但反觀其效果，可能並不理想。問題就在於其改革的原則和標準不統一，對各地方、各

---

[1] 楊晶. 國務院關於深化行政審批制度改革加快政府職能轉變工作情況的報告 [J]. 中國機構改革與管理，2014 (10)：8.

第八章　加入 WTO 後行政審批制度變遷的評價

部門的實際削減情況無法做出最科學合理的評價。另外，非許可審批與變相審批成為爭議最大的板塊，隱藏著很大的投機空間，縱容了許多不被認可的行為。對比已經納入行政許可法規範範圍、有明確界定的行政許可事項，非行政許可審批事項較為模糊，且設定權不明確；雖然一些許可事項已經被削減，但其卻又以備案、涵蓋不同的審批範圍等方式再次出現。

二、政府服務意識的不足

行政審批更多的時候都體現為一種直接的行政權力，是政府的一種行政行為。尤其是在以前計劃經濟體制下所衍生出來的、承擔起市場資源配置的職能，把本是個人的事情轉移給了政府。行政審批的自由裁量權空間愈來愈大，行政權力的執行者會在一定程度上依據法律法規，在職權範圍內無限放大自己的意志和判斷。這樣一方面給予了行政審批人員充分的主動性，有時可以突破法律短板的桎梏，能實現行政高效；另一方面，卻使權力行使者改變了自由裁量的價值取向，實行自私裁量。在行政審批過程中，總是表現為隨意批條、隨意蓋章、「拍腦袋決定」等低效率的行為。不管是從思想意識的角度還是從社會現象的角度來看這種現象的實質，其實都是官本位思想在作祟。這種以官地位為本、以官員權力為綱的價值取向，致使行政審批官員在審批行為中過分追求榮譽、權力和利益，不願意看到自己的「正常」待遇在改革之後遭到減少和改變。他們更願意選擇以保守、穩定的方式來進行改革，習慣於按照傳統的管制方式行事，視行政審批為理所當然；對技術的依戀和在科層制環境中養成的「規則迷宮意識」使他們傾向於相信舊有的規則和流程，對改革可能存在的利益威脅產生排斥。[1] 如此以往，服務人民的意識慢慢就被淹沒在這種慾望中。

首先，中國傳統的自然經濟和封建等級制度所形成的特權思想容易使審

---

[1] 陳天祥，張華，吳月. 地方政府行政審批制度創新行為及其限度 [J]. 中國人民大學學報，2012，26（5）：125-133.

171

批人員習慣把行政審批權當作為一種自身權利的象徵、其部門個人價值及重要性的體現，恃權而驕。他們形成了一種錯誤的看法，倘若減少了審批權，政府的權威性就無從體現。而行政管理部門的工作人員單純地依賴審批權來管理經濟和社會事務，在審批方式上只能沿用以前的方式，不能與時俱進。權力部門和上級單位無非是為了更好地維護本部門的既得利益，不願意放手審批，存在著較大的抵觸情緒。不少審批制度本身就是要收費，個人或單位把審批環節當成「搖錢樹」，收取各種「勞務費」「好處費」和「環節費」。作為為人民服務的機構，這樣的行為與宗旨背道而馳，行政人員的服務觀念尚待提高。在行政審批改革進程中，還有一些單位對市場經濟的實際運作情況不甚瞭解，擔心市場出現違規行為，對於可能要負的責任採取迴避的態度。這樣的觀念在具體的行為上就表現為審批管制絲毫沒有放鬆、審批範圍過廣、事項依然龐雜、改革成效優劣參半。即使是一些已經取得不錯改革成效的地方政府，也由於利益使然，在改革中減少的審批項目多是與利益牽扯不大或一些沒用的審批，真正能為部門和單位帶來利益的審批項目還是沒有減少，沒有實質性地突破清理行政審批事項的瓶頸。

　　縱觀中國加入 WTO 至黨的十八大召開前的這十餘年行政審批制度改革的歷程，可以清晰地看到中國在行政審批領域所取得的改革成效以及其存在的很多不足之處。時代和環境都在不停地發生變化，改革所取得的成效並不意味著可以一勞永逸，存在的不足也提示行政審批制度的改革一直在路上，不能駐足不前。清理行政審批事項、增強市場活力、轉變政府職能和深化簡政放權的步伐不能停，要進一步創新和完善；運動式改革、斷層式的推進方式、改革動力不足和監管乏力等缺陷都是在行政審批制度改革中要著力克服的。突破這些障礙才能讓中國的行政審批制度改革在未來揭開新的篇章。因此，行政審批制度改革任重而道遠，必須以更有力的步伐向前邁進。

第四篇

2012—2019：黨的十八大以來的行政審批制度變遷

1949年後中國
行政審批制度變遷

第九章
黨的十八大以來行政審批制度變遷的主要內容

　　黨的十八大以來，面對日趨複雜的國際環境，以及「兩個百年」的宏偉目標，新一屆政府呈現出銳意改革的面貌。作為管理經濟社會活動的前置手段，行政審批制度又一次成為政府自我革命的首要選項。黨的十八大以來，按照「放管服」要求，黨中央國務院全面深化行政審批制度改革，大幅減少審批項目，科學合理設置審批事項，簡化審批程序，不斷創新審批方式，進一步發展和完善了具有中國特色的行政審批制度。李克強總理在做政府工作報告時多次強調，行政審批制度改革是政府轉變職能的突破口，進一步簡政放權、釋放改革紅利，有利於社會主義市場經濟健康有序發展。

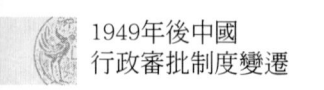

第一節 行政審批制度改革的背景和目標

一、改革的背景

黨的十八大以來，從中央到地方不斷推進行政審批制度改革，這個階段的行政審批制度改革是在複雜多變的國際形勢、艱鉅的國內改革發展任務的背景下進行的，具體體現在以下方面。

從國家治理能力方面看，國家治理體系和治理能力有待進一步加強，各級政府樹立和落實科學發展觀與正確政績觀也需要進一步推進行政審批制度改革。

從經濟發展方面看，中國仍處於並將長期處於社會主義初級階段的基本國情沒有變，中國是世界最大發展中國家的國際地位沒有變。中國社會主義市場經濟體制雖然已經初步建立，但是發展還不完善。政企、政市、政社之間的關係還沒有完全理順，政府還在管著許多不該管、管不了也管不好的大小事物。這不僅抑制了經濟和社會的發展，還造成行政成本高、辦事效率低下的問題。

從社會發展和公共服務方面看，隨著中國社會的快速發展，過多過濫的行政審批事項和繁瑣的審批流程嚴重阻礙了社會的活力，社會力量參與社會治理和公共服務的力度不夠、質量不高，政府職能轉變還不到位，社會管理亟待加強。

從國際環境方面看，世界經濟復甦仍存在著不穩定的因素，一些國家的宏觀政策調整帶來變數，新興經濟體又面臨新的困難和挑戰。全球經濟格局深度調整，國際競爭更趨激烈。支撐中國發展的要素也在發生深刻變化，深層次矛盾凸顯，中國正處於結構調整陣痛期、增長速度換擋期，到了爬坡過坎

第九章 黨的十八大以來行政審批制度變遷的主要內容

的緊要關口，經濟下行壓力依然較大。①

從總體上來看，隨著中國市場經濟體制的不斷發展，儘管在前一階段國家對行政審批制度已經做了較大的改革，但在新的形勢下，行政審批制度仍然存在許多不合理之處，審批事項仍然過多，程序仍然繁瑣，政府過多的審批已經不能適應中國當下實際發展的需要，中國的行政審批制度距離中央的要求和廣大百姓的期待仍然還有很長一段路要走：有些該放的權力還沒有放到位，特別是市場准入中的各種許可限制仍然多；有些下放的權力不配套、不銜接、不到位，已經取消的審批時有發生；制度性交易成本較高，嚴重影響企業投資和群眾創業創新。在事中事後監管方面，監管缺失、檢查任性、執法不力等問題仍然比較突出，一些領域的秩序比較混亂，對新產業、新業態、新模式的包容審慎監管仍然經驗不足。有的部門雖然精簡了審批環節，但審批事項的前置條件依然較多；審批領域依然是違紀違法案件多發的領域，人民群眾的反應比較強烈。審批制度改革仍然面臨著許多來自行政體制、法制、部門權、責、利，政府管理能力等諸多因素的困擾。

二、改革的目標和路徑

行政審批制度改革既是全面深化改革的基礎、轉變中國政府職能的重要突破口，也是推動社會主義市場經濟發展的新動力。中國行政審批制度改革的下一步目標體現在以下方面。

第一，進一步轉變政府職能。政府職能是行政主體依法對國家政治、經濟和社會公共事務進行管理時應該承擔的職責和所具有的功能。使市場在資源配置中起決定性作用和更好地發揮政府作用②，推動高質量發展，建設現代化經濟體系；調整優化政府機構職能，合理配置宏觀管理部門職能，深入推

---

① 溫家寶. 2013 年政府工作報告［EB/OL］. http://www.china.com.cn/guoqing/2016-03/07/content_37960021.htm.
② 習近平. 關於《中共中央關於全面深化改革若干重大問題的決定》的說明［EB/OL］. http://www.cssn.cn/zt/zt_mjjt/zt_mkszy_llxsy/xxyz/201802/t20180201_3836726.shtml.

進簡政放權，完善公共服務管理體制，全面提高政府效能，建設人民滿意的服務型政府。①

第二，進一步提升市場和社會的活躍度。首先處理好政企、政社、政市之間的關係，政府要減少對微觀經濟過多的干預，持續加大對重點領域和關鍵環節簡政放權的力度，不僅要把該放的權力放下去而且還要放到位，減少政府的自由裁量權，增加市場的自主選擇權，進一步激發市場活力和社會創造力。其次建立清單制度。政府要公布審批目錄清單，清單以外一律不得實施行政審批，更不得違規新設審批事項。加快建設統一開放、競爭有序的市場體系，打破地方保護。②

第三，進一步提升審批效率。行政審批制度改革需要進一步創新政府審批服務模式、增加政府審批服務透明度，實施企業信用信息統一歸集、依法公示、聯合懲戒和社會監督。深入推進「互聯網+政務服務」，實現政務服務一網通辦。③ 推動更多事項在網上辦理，必須到現場辦的也要力爭做到「只進一扇門」「最多跑一次」，積極推進「一枚印章管審批」，推廣「一窗受理、並行辦理」。加強政務服務標準化建設，推進辦事材料的目錄化、標準化、電子化，開展在線填報、在線提交、在線審查。加快推進線上線下融合，統籌服務資源，統一服務標準，切實解決企業群眾辦事「多跑腿」等問題。④

第四，進一步創新監管方式。加強對政府權力的制約和監督，使權力在正確的軌道上運行，保證權力正確行使。健全監管手段、創新監管機制，「要加強對權力運行的制約和監督，把權力關進制度的籠子裡」⑤。

下面，我們將從行政審批權力的削減和規範、三張清單和一個監督體系

---

① 佚名.重磅！十九屆三中全會公報（全文）[EB/OL]. https://www.sohu.com/a/224597449_419342.
② 國務院.國務院關於落實《政府工作報告》重點工作分工的意見 http://www.gov.cn/zhengce/content/2018-04/12/content_5281920.htm.
③ 國務院.國務院關於落實《政府工作報告》重點工作部門分工的意見[EB/OL]. http://www.gov.cn/zhengce/content/2016-03/29/content_5059540.htm.
④ 國務院.國務院關於落實《政府工作報告上的講話》重點工作部門分工的意見[EB/OL]. http://www.gov.cn/zhengce/content/2018-04/12/content_5281920.htm.
⑤ 楊麗娜，姚奕.習近平在十八屆中央紀委二次全會上發表重要講話[EB/OL]. http://cpc.people.com.cn/n/2013/0122/c64094-20289660.html.

方面來深入闡述自 2012 年以來中國行政審批在以下幾個方面的具體改革。搞活市場和社會是此階段行政審批改革的主要目標，因此之後我們將集中討論行政審批中的商事制度改革和社會組織審批制度改革。相對集中行政審批制度改革是 2015 年在全國多次試點的行政審批制度體制機制創新，在推進政府職能轉變、限制政府權力「任性」、提升市場和社會權利上效果突出，且其思路與以前的改革迥然不同，在本章最後我們將集中討論。

第二節　審批權力的削減和規範

　　2013 年年初，國務院部門各類審批有 1,700 多項，審批手續過多、時間過長、辦事效率低下，這不僅不利於激發市場活力而且也不利於社會經濟的健康持續發展。不斷減少和下放政府手中的權力是中國行政審批制度改革重中之重，也是推進中國行政審批制度改革的基礎，更是進一步推進中國政府改革的「中梗阻」。

　　從市場經濟角度分析，需要政府審批的事項越多，就意味著市場的「禁區」就越多，市場准入的條件就越多，開放競爭市場的阻力就會越大。本屆中央領導人從上任開始就加大馬力推進行政審批制度改革，以市場化作為標杆，從政府的職能轉化、權力的下放和整合等方面開始著手。這表明中央政府對市場機制的完善、轉變政府職能、活躍市場經濟的決心。

　　從社會角度分析，深化審批制度改革，減少政府對微觀事務的管理，把該由社會自主管理的事項交由社會自己管理，這樣可以更好發揮社會力量在社會管理中的作用。

　　黨的十八大以來，國務院通過分批取消下放行政審批事項，逐漸形成了「簡政放權、放管結合、優化服務協同推進，推動大眾創業、萬眾創新，激發市場活力和市場創造力的發展，充分發揮出中央和地方兩個積極性」等新的

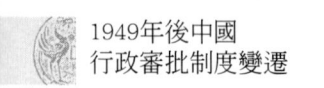

思路、新的理念，為進一步做好行政審批制度改革工作指明了方向。下面將從審批權撤銷、審批權下放、前置條件的簡化和轉為法定許可四個方面進行詳細闡述。

一、審批權的撤銷

截至 2018 年，有 1,038 項行政審批事項被國務院及其下屬各部委撤銷和下放，占原有審批事項的 60%，政府承諾的目標提前超額完成。非行政許可審批已被徹底取消。想要更好地實現中央簡政放權的目標，最主要的措施是要根據市場經濟的規律，把市場能夠自律管理的事物交給市場、社會能夠自主管理的事物交給社會，調整好政府與市場、政府與社會、政府與企業之間的關係；政府應該把主要精力放在加強宏觀調控、做好事後監管上面，以便加快建設有限、服務型的政府。表 9.1 簡要地呈現了自黨的十八大以來至今每一年分別撤銷的行政審批事項。隨著行政審批制度改革工作的不斷深入，行政權力的撤銷正在趨於穩定化和規範化。

表 9.1　國務院 2012—2018 年權力撤銷數量匯總

撤銷時間	撤銷數量
2012 年	171 項
2013 年	173 項
2014 年	189 項
2015 年	204 項
2016 年	199 項
2017 年	91 項
2018 年	11 項

第九章　黨的十八大以來行政審批制度變遷的主要內容

二、審批權的下放

審批權力下放既是行政審批制度改革的重要內容也是經濟體制改革和行政體制改革的重要內容，權力下放能夠有力推動地方各級政府提高行政效率。李克強總理多次提到「進行簡政放權，這是政府的自我革命」。表9.2簡要地呈現了自黨的十八大以來至今每一年分別下放的行政審批事項。審批權力的下放表明了政府「自我革命」的決心和勇氣。

表9.2　國務院2012—2018年權力下放的數量匯總

下放時間	下放數量
2012年	無
2013年	66
2014年	53
2015年	19
2016年	無
2017年	無
2018年	11

權力的下放也並不是孤立的，需要中央出抬相關的法律文件來規範下級部門更好地去執行它。因此，李克強總理上任第一年就採取了相關的改革措施。第一，下放投資審批事項。對已經列入國家規劃的審批項目，原則上由地方政府審批，改變中央部門已批了的規劃類項目還需要再申報的情況。第二，加大力度下放生產經營活動的審批事項。凡直接面向基層、量大面廣或由地方實施更方便有效的生產經營活動的審批事項，一律下放地方負責。[①] 下放行政審批權，減少政府的權力範圍需要各級政府具備強大的勇氣和智慧。但是在權力下放的過程中也存在著許多問題，政府應該下放的權力有些還沒

---

① 國務院辦公廳. 國務院辦公廳關於印發全國深化「放管服」改革轉變政府職能電視電話會議重點任務分工方案的通知［EB/OL］. http://www.gov.cn/zhengce/content/2018-08/14/content_5313752.htm.

有放，一些已頒布的放權措施還沒有完全落到實處。比如，投資領域審批程序雖經壓縮，但各種審批事項還是繁多，審批時間還是比較長；有的審批只是由「萬里長徵」變成了「千里長徵」，換湯不換藥。各種證照包括職業資格認定和行業准入證、上崗證仍有很多，可以說是五花八門。還有，在辦理一些證照時，有關部門的標準和要求互為前置，「蛋生雞、雞生蛋」，搞得群眾團團轉。從實際情況看，有些權放得不對路，本該直接放給市場和社會的，卻由上級部門下放到下級部門，仍在政府內部打轉轉。① 有些權放得不配套，涉及多個部門、多個環節的事項，有的是這個部門放了，那個部門沒放，有的是大部分環節放了但某個關鍵環節沒放。有些權放得不恰當，沒考慮基層承接能力不足，致使下放的審批事項要麼大量積壓，要麼又「反委託」給上級部門代為審批，時間拖得更長，「最後一公里」不夠暢通。這些問題在一些方面突出存在，導致有的放權事項不到位、難落實，群眾和企業獲得感還不強。②

三、簡化前置條件

前置條件具體指公民、法人或者其他社會組織根據需要進入某一領域時所需要提供的資質材料。2014 年 11 月 5 日國務院召開常務會議指出從改革創新制度入手，以精簡前置審批，規範仲介服務，實行更加便捷、透明的投資項目核准為重點，把簡政放權、放管結合向縱深推進，有利於根治「審批依賴症」，堵住利益輸送「暗道」，轉變政府職能，建設法治政府、現代政府，放開企業手腳，營造鼓勵大眾創業、萬眾創新的良好環境。會議提出：對屬於企業經營自主權的事項，一律不再作為前置條件；對法律法規未明確規定

---

① 李克強. 深化簡政放權放管結合優化服務 推進行政體制改革轉職能提效能——在全國推進簡政放權放管結合優化服務改革電視電話會議上的講話［EB/OL］. http://www.xinhuanet.com/politics/2016-05/23/c_1118910840_2.htm.
② 李克強. 深化簡政放權放管結合優化服務 推進行政體制改革轉職能提效能——在全國推進簡政放權放管結合優化服務改革電視電話會議上的講話［EB/OL］. http://www.xinhuanet.com/politics/2016-05/23/c_1118910840_2.htm.

第九章　黨的十八大以來行政審批制度變遷的主要內容

為前置條件的，一律不再進行前置審批；對法律法規有明確規定的前置條件，除確有必要保留的外，通過修法一律取消；核准機關能通過徵求部門意見解決的，一律不再進行前置審批；除特殊需要並有法律法規依據的外，一律不得設定強制性仲介服務和指定仲介機構。對確需保留的前置審批及仲介服務，要制定目錄，並向社會公布。①

李克強在全國深化簡政放權放管結合優化服務改革電視電話會議上的講話指出：「下決心徹底打破各種互為前置的審批怪圈。特別要針對社會服務業市場准入前置條件，抓緊調查研究，拿出切實有效措施。」① 在中國行政審批制度改革不斷深入的這個過程中，有一部分的職能被推向市場，交由第三方仲介機構來完成。由第三方仲介機構對申請行政審批的市場主體提供服務，並收取相應費用。

中國行政審批制度改革已經進入了深水區，中間阻力更大，「上有政策、下有對策」的花樣會更多。一些前置審批項目表面上取消了，但可能變成「前置條件」的形式繼續存在。雖然中國出抬了相關的政策來規範和減少前置條件，但是有些沒有具體落實到各個地方上去。前置條件設置得過多且審批人員不懂得靈活地在規則內辦事情，繁雜過細的前置條件導致申請人浪費很多精力來辦理審批。很多前置條件仍然需要多個部門出具證明、蓋章，而部門之間聯合審批的力度還不夠，或者出於部門利益牽扯，不願意放權進行聯合審批。

例如2015年上海浦東新區實行簡化部分前置審批，降低了企業的進入門檻，與國際的通行規則可以對接上。2016年4月1日，上海自貿區進一步實施「證照分離」改革試點，對116項審批事項按照取消、改備案、告知承諾、提高透明度和可預期性、強化准入監管5種方式進行改革。這項改革實施僅僅三個月就取得了令人欣喜的成果，上海自貿區統計數據顯示，截至2016年7月底，浦東新區企業新設諮詢35,000件，受理15,000件，改革後辦證增長了26%。不僅商事登記制度的前置條件得到了很大的簡化，而且在監管方面

---

① 李克強. 全國深化簡政放權放管結合優化服務改革電視電話會議上的講話 [EB/OL]. http://www.gov.cn/xinwen/2017-06/29/content_5206812.htm.

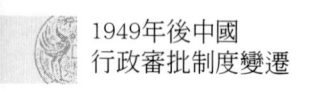

的探索也富有成效。

四、轉為法定的行政許可

「非行政許可審批」這一概念最早是由時任國務院行政審批制度改革工作領導小組辦公室主任的李玉賦在 2004 年 6 月接受《瞭望新聞週刊》專訪時提出的。李玉賦在專訪中說：「還有大概 500 項審批項目，屬於內部行政行為，涉及政府多方面的管理事務。這些項目儘管不在行政許可法的調整範圍之內，但卻是政府實施管理的必要措施和手段；其中有不少審批事項涉密程度高，政治性和政策性強，關係到國家安全和社會政治穩定。這部分項目擬以非行政許可的審批項目以內部文件的方式予以保留。」然後，2004 年 8 月，在《國務院辦公廳關於保留部分非行政許可審批項目的通知》（國辦發〔2004〕62 號）中以正式文件的形式提出非行政許可審批，但並未對這一概念進行解釋，僅稱「這些項目，主要是政府的內部管理事項，不屬於行政許可」。隨後，不少地方政府也通過行政規定的形式對所有的行政審批事項進行許可與非許可的劃分。由此，非行政許可的概念逐漸被實務部門廣泛接受，並開始形成自己的「許可」範圍。[①]

2006 年深圳市制定《深圳市非行政許可審批和登記若干規定》，其中的第 2 條規定了非行政審批制度的含義：「本規定所稱非行政許可審批和登記，指的是由行政機關實施但不屬於行政許可法調整的審批和登記。」非行政許可審批和登記的事項主要包括：行政機關對其他行政機關或者其管理的事業單位的人事、財務、外事等事項的審批；有關稅費減免、使用政府基金或者享受政府其他有關政策待遇的審批；有關人口戶籍和計劃生育管理的審批；有關民政優撫和社保待遇的審批等等。[②]《2015 年 5 月 12 日國務院關於印發 2015 年推進簡政放權放管結合轉變政府職能方案的通知》指出，不再保留

[①] 朱鴻偉，杜婭萍. 非行政許可審批的合理性 [J]. 暨南學報（哲學社會科學版），2011，33（1）：82-88，164.

[②] 周成新. 非行政許可審批和登記需要清理與規範 [J]. 南方論叢，2006（2）.

「非行政許可審批」這一審批類別，還指明了具體的標準，指導國務院非行政許可審批有序地進行，給各個地方的非許可類行政審批制度改革提供了有效的指導作用。在對非行政許可審批改革上，國務院的決心是非常堅定的，方向是非常明確的，要將其納入法治軌道，不再保留「非行政許可審批」這一審批類別。

第三節　權力的約束：三張清單和一個監督體系

一、權力清單

（一）權力清單的內涵

行政權力清單的內涵就在於區分政府內部各個職能部門的權力範圍，也即李克強總理提出的「施行權力清單，禁止法外施權」[①]。政府部門應通過門戶網站和辦公大廳等公共媒介渠道將行政權力清單公之於眾，讓部門給人民辦事提供方便。所以，行政權力清單制度改革具有重大的意義，它不僅僅是劃定行政機構和人員的權力範圍，也是從政治、經濟等層面上對權力清單運行規範的制度性改革。[②]

權力清單制度為審批事項精簡提供了制度化依據，是一張明確審批權力邊界、約束審批權力的「紙」。權力的野性如果釋放出來，會表現為權力不在法律的約束之下，而演變為利益集團獲取利益的工具，對於實現公共利益產生了極大的消極影響。所以，權力清單制度有著三個重要意義。首先，從權力約束角度而言，權力清單制度的邏輯起點在於限制權力而非設定權力，其

[①] 國務院辦公廳. 國務院辦公廳關於印發全國深化「放管服」改革轉變政府職能電視電話會議重點任務分工方案的通知［EB/OL］. http://www.gov.cn/zhengce/content/2018-08/14/content_5313752.htm.

[②] 楊旎. 整體性治理理論視角下「互聯網+」行政審批的優化［J］. 電子政務，2017（10）：46-53.

目標是通過制度來約束政府部門的審批權力，明確政府部門可為與不可為的邊界，把權力關進牢籠，確保審批權力不錯位和不越位。其次，從權力配置角度而言，權力清單制度就是要做到權力配置清晰，權力運行順暢，防止政府部門「踢皮球」行為，確保審批權力不疊位和不缺位。最後，從權力監督角度而言，權力清單制度就是要強化對審批權力的陽光化、制度化和常態化監督，防止以審批權力尋租。

（二）權力清單制度的時間推進

為了更加明確權力清單制度變遷的時間推進，我們以權力清單公布年為橫軸、以當年省級政府權力清單擴散累積量為縱軸製作散點圖（見圖9.1）。由圖9.1可見，權力清單制度這一項創新，隨著時間呈「S」形曲線分佈，符合政策擴散的一般規律。根據擴散曲線的形狀，我們大致可以把它劃分為三個階段：

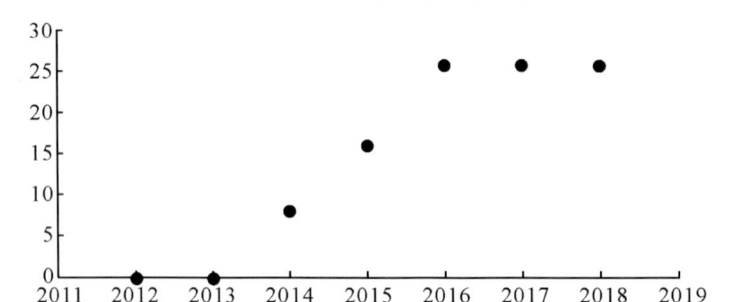

省級政府權力清單制度推行累計數

圖9.1 省級政府權力清單制度推行累計數

第一階段，萌芽發育期（2012—2013年）。由於互動的缺乏與創新的不確定性，權力清單制度不僅政策跟進者數量少，而且主動推進的速度也較緩慢。黨的十八屆三中全會審議通過的《中共中央關於全面深化改革若干重大問題的決定》首次明確提出「推行地方各級政府及其工作部門權力清單制度，依法公開權力運行流程」。黨的十八屆四中全會進一步提出：「各級政府及其工作部門依據權力清單，向社會全面公開政府職能、法律依據、實施主體、職責權限、管理流程、監督方式等事項。」在此背景下，少部分省份開始提出

第九章　黨的十八大以來行政審批制度變遷的主要內容

權力清單制度改革，但因政策擴散還處於起步階段，可供學習借鑑的經驗較少。浙江作為先行者主要是根據本地實際情況進行自主創新。此後另有江蘇、安徽、廣東、山東、遼寧、吉林 6 省公布了政府部門權力清單。

第二階段，快速發展期（2015 年）。當權力清單制度擴散影響到一定數量的政策制定者時，進展突然加快。政策擴散理論認為，中央政府對地方政府的自主政策創新有著重要的影響，中央政府通過強制或激勵方式推進政策擴散。2014 年 1 月 8 日，國務院總理李克強主持召開國務院常務會議，要求公開國務院各部門全部行政審批事項清單。截至 2014 年 2 月 22 日，國務院各部門相繼向社會公開目前保留的行政審批事項清單，以鎖定各部門行政審批項目「底數」，接受社會監督。這是中央政府首次把權力的範圍曬出來，更是推動省、市、縣等各級政府深化公布權力清單制度改革的重要的里程碑。

第三階段，平穩增長期（2016 年）。隨著時間推進，在接近權力清單政策制定者的飽和點時，潛在的政策採納者轉化為真正的實際行動者的數量相對減少，進展又有減緩。2016 年 2 月中辦、國辦印發《關於全面推進政務公開工作的意見》，要求「全面推行權力清單、責任清單、負面清單的重要公開工作，建立健全清單動態調整公開機制」。2016 年 4 月，國務院辦公廳發布了《關於印發 2016 年政務公共工作要點的通知》，進一步推進權力清單和責任清單公開，要求在全面公開省級政府工作部門權力清單和責任清單的基礎上，大力推動市縣兩級政府工作部門全面公開權力清單和責任清單，並通過政府門戶網站集中展示，及時動態更新，方便公眾獲取和監督。截至 2016 年年底，據中央機構編製委員會辦公室統計數據，全國 31 個省份均已公布政府部門權力清單，其中 24 個省份公布了責任清單，17 個省份公布了市、縣兩級政府部門權力清單與責任清單。根據此前中央對省級政府 2015 年底前基本完成權力清單公布工作的時間表要求，位處西部且經濟欠發達的新疆和西藏自治區作為 2016 年最後公布政府權力清單的地方，具有時間的滯後性。[1]

---

[1] 吳昊岱.地方政府相對集中行政審批改革研究——以江蘇省南通市為例 [J].貴陽市委黨校學報，2016（4）：48-54.

二、責任清單

（一）責任清單的內涵

責任清單制度，是指地方政府部門或其他主體在對其所行使的職責進行全面梳理基礎上，將權力和職責的範圍、主體、法律依據、追責情形和流程等以清單方式列舉並公之於眾。本質上，相比於權力清單，責任清單是給行政職責打造一個透明的制度籠子，為行政機關依法行政提供基本依據，也為企業、公民對政府的監督創造便利條件，其理論基礎來源於行政權的雙面屬性。一方面，行政權力在維護社會秩序，保護公民、法人或其他組織的合法權益的方面具有很積極的作用；但是，另一方面，如果不對其進行約束，不把它關進制度的牢籠，那麼一旦它被少部分利益集團所掌控，「公共權力」將變為「私人權力」。

同時，政府體制運行的標準化也是扭轉公共權力負面形象的良機。權力清單為政府部門行使職權提供了具體的直接依據，但要確保權力清單的實施效果，還必須對政府部門的消極履職、越權、不作為等行為制定剛性的責任約束。這是行政權的雙面屬性決定的，也是法治政府的題中應有之意。[①] 需要注意的是，儘管一方面全能政府向有限政府轉變是當代政府制度改革的大勢所趨，但是另一方面，政府作為「守夜人」的職責並不因此弱化。世界經濟發展史已經證明了，政府必要的服務管理職能從未被否定，有權無責、有責無權都是畸形的政府模式。黨的十八屆四中全會提出建設職能科學、權責法定、執法嚴明、公開公正、廉潔高效、守法誠信的法治政府；依法全面履行政府職能，完善行政組織和行政程序法律制度，推進機構、職能、權限、程序、責任法定化。以習近平同志為核心的黨中央的高瞻遠矚充分說明了我們當前改革中所要追求的「有限政府」並不是無為政府，而是要通過法律劃清政府與市場的界限，督促政府正當行使權力和履行職責。

---

① 張海英.以深化「放管服」改革為契機，進一步規範行政許可自由裁量權 [J].遼寧省社會主義學院學報，2018，75（2）：53-56.

第九章 黨的十八大以來行政審批制度變遷的主要內容

理論上，根據依法行政的基本要求，各級政府和部門實施管理、進行行政執法、提供公共服務，都應在法定允許的範圍內進行。但是，在實踐中，由於行政職責範圍模糊，就會給履行行政職責帶來分辨困難，導致出現失職、缺位、瀆職、越位、「九龍治水」等各種問題。建立責任清單制度，就是要使政府把該負的責任負起來，將該管的管住、管好，促進政府全面正確履行職能，加強和優化公共服務，保障公平競爭。[①] 同時責任清單也有利於糾正不作為，克服懶政、怠政、失職、瀆職，有助於早日實現服務型政府。

（二）責任清單制度的時間推進

與權力清單相同，為了考察責任清單隨時間的演變進程，我們以責任清單公布年為橫軸，以當年省級政府責任清單擴散累積量為縱軸製作散點圖（圖9.2），分析責任清單制度在省級政府層面的時間演進機理。由圖9.2可見，責任清單制度自創新以來，在省級政府層面的擴散時間呈「S」形曲線分佈。這一變化趨勢符合政策擴散的一般規律。與責任清單相似，我們也將其劃分為三個階段：

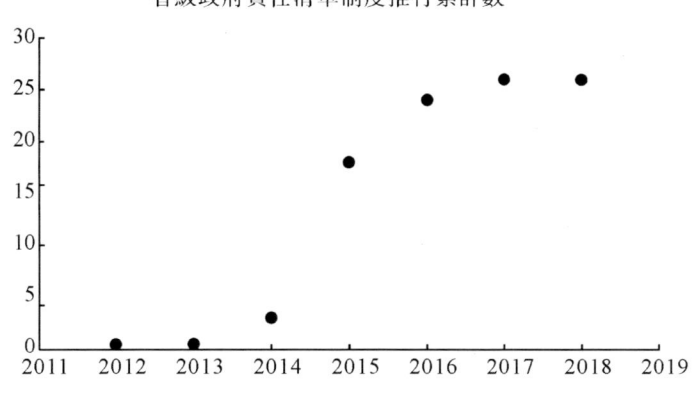

圖9.2 省級政府責任清單制度推行累計數

第一階段，萌芽發育期（2012—2014年）。和權力清單制度相似，責任

[①] 曹玉妹，王豔燕. 政務服務中心標準化建設現狀研究及發展路徑[J]. 中國質量與標準導報, 2017 (5).

清單制度存在互動的缺乏與創新的不確定性；再加上責任清單必須要與權力清單搭配，所以責任清單制度的建立不早於權力清單制度，導致政策跟進者數量少，而且主動推進的速度也較緩慢。事實上，2013年8月27日中共中央政治局召開會議，要求地方政府職能轉變和機構改革要與國務院機構改革和職能轉變相銜接；同時，要求充分發揮地方政府積極性，鼓勵地方根據自身情況出發進行改革探索。緊接著不久，中共中央、國務院又發布了《關於地方政府職能轉變和機構改革的意見》，提出要梳理各級政府部門的行政職權，公布權責清單，規範行政裁量權，明確責任主體和權力運行流程。在此背景下，少部分地方如浙江省人民政府將權力清單和責任清單清單一同公布。顯然，期初階段的責任清單制度還處於起步狀態，這一階段跟進的省份較少，主要包括江蘇、安徽等省份。

第二階段，快速發展期（2015—2016年）。當權力清單制度和部分省份責任清單制度擴散影響到一定數量的政策制定者時，政策擴散曲線迅速上升並保持這一趨勢。此時，根據政策擴散理論，當地方政策創新擴散到一定程度的時候，中央政府可以通過行政干預來推動這項創新在全國的推廣。2015年3月，中辦、國辦出抬了《關於推行地方各級政府工作部門權力清單制度的指導意見》，在文件中提出要通過建立權力清單和對應的責任清單制度，進一步明確地方各級政府工作部門職責權限，大力推動簡政放權，加快形成邊界清晰、分工合理、權責一致、運轉高效、依法保障的政府職能體系和科學有效的權力監督、制約、協調機制，全面推進依法行政。截至2016年年底，據中央機構編製委員會辦公室統計數據，全國31個省份均已公布政府部門權力清單，其中24個省份公布了責任清單。

第三階段，平穩增長期（2017—2018年）。隨著時間推進，在接近責任清單政策制定者的飽和點時，全國已經基本實現了責任清單制度改革。2017年3月5日，李克強總理在第十二屆全國人大第五次會議上提出，要推進政府權力清單和責任清單公開，省級政府部門權力和責任清單全面公布。截至2017年年底，寧夏回族自治區和陝西省公布責任清單，全國26個省、自治區均公布了責任清單。

三、負面清單

(一) 負面清單的內涵

「負面清單」一詞出現在 2012 年《中國（上海）自由貿易試驗區總體方案》所列的 9 項主要任務和措施中。「探索建立負面清單管理模式」在其中位列第 3，排名僅在「深化行政管理體制改革」「擴大服務業開放」之後。2013 年 9 月 29 日，中國（上海）自由貿易試驗區掛牌，其中負面清單一共包含 190 條管理措施，公布的清單內容，涉及了國民經濟中 18 個門類，89 個大類，419 個中類，1,069 個小類。只要是沒有列入負面清單的外商投資一般項目，最快 4 天可以拿到營業執照、機構代碼和營業登記。

市場准入負面清單制度是中國經濟治理的一項重大制度創新，目的是建立公平、開放、透明的統一市場，充分發揮市場在資源配置中的決定性作用。與中國在自貿試驗區實施的外商投資負面清單不同，市場准入負面清單同時針對境內外投資者，負面清單上列出的是內外資都被禁止或限制的投資領域，體現的是內外資一致性的管理。

根據中央既定的時間節點安排，市場准入負面清單制度在 2016 年首先在天津等四個省市試點。2017 年 11 月，經國務院批准，遼寧、吉林、黑龍江、浙江、河南、湖北、湖南、重慶、四川、貴州、陝西等 11 個省市作為第二批試點試行該制度。作為市場准入負面清單制度的基本實施依據，目前正在試行的《市場准入負面清單草案（試點版）》，是國家發改委、商務部會同有關部門於 2016 制定成的，其中包括禁止准入類和限制准入類兩大類共 328 項（禁止准入類 96 項，限制准入類 232 項）。

(二) 全國市場准入負面清單的推行

所謂的市場准入負面清單制度，是指國務院明確列出在中華人民共和國境內禁止或限制投資和經營的行業、領域和企業的一系列制度安排，以及各級依法採取相應的行政措施。但是，在市場准入負面清單之外的行業、領域和企業中，所有類型的市場主體都可以依法平等進入市場，政府將不再批准他們。

截至目前，正在部分地區試點的《市場准入負面清單草案（試點版）》修訂已經完成，全面實施市場准入負面清單制度已經成熟。2018年6月28日，國家發展改革委、商務部發布《外商投資准入特別管理措施（負面清單）（2018年版）》（以下簡稱2018年版負面清單），該清單自7月28日起施行。《外商投資產業指導目錄（2017年修訂）》中的外商投資准入特別管理措施（外商投資准入負面清單）同時廢止，鼓勵外商投資產業目錄繼續執行。發布實施2018年版負面清單，是大幅度放寬市場准入、深入推進高水準開放、進一步完善准入前國民待遇加負面清單管理制度的重大舉措。

與過往《外商投資產業指導目錄》相比，2018年版負面清單具有以下主要特點：首先，這是第一次明確規定的有關外商准入範圍的清單。《外商投資產業指導目錄》在1995年頒布，截至2018年已經經歷了7次修訂。自2017年版目錄開始，中國外資准入施行「准入前國民待遇＋負面清單管理」制度，但相關政策文件仍然以《外商投資產業指導目錄》的形式出抬，並未單獨出抬准入特別管理措施（即負面清單）。所以，2018年版的負面清單以外商投資准入負面清單首次單獨出抬。其次，負面清單採用表格形式，根據《國民經濟行業分類》（GB/T4754—2017）進行了分類。最後，負面清單有助於推進更大程度的開放。2018年版負面清單在第一、二、三產業全面放寬市場准入，涉及金融、交通運輸、商貿流通、專業服務、製造、基礎設施、能源、資源、農業等各領域共22項開放措施；同時，負面清單對部分領域開放做出整體安排。比如，它列出了汽車、金融領域對外開放路線圖時間表，給予相關行業一定過渡期，逐步推進開放的實現。

第四節　權力的有效運行：
行政審批機制和技術創新的深化

　　黨的十八大以來，習近平總書記明確提出了「建設網絡強國」的戰略思想和目標任務。同時，李克強總理在 2015 年的政府工作報告中第一次明確提出「制訂『互聯網+』行動計劃」。這是黨中央從協調推進「四個全面」戰略佈局出發，順應互聯網時代發展大勢，通過借助互聯網來實現權力的有效運行，最終深化行政審批改革，推進行政審批機制和技術創新的優化。

一、審批流程進一步優化

　　行政審批改革的目標就在於實現審批的政府和職能部門的協同整合。協同整合既包括整合政府組織中職能相似的業務和功能，也包括實現相關部門在審批過程中的協同合作。這樣的改革有利於打破過去職能交叉與重疊、政出多門和「九龍治水」的困境。同時，與僅僅實現某個審批部門或者環節的提速不同，行政審批中的協同整合是從整體性政府出發，超越過去條塊分割，將橫向和縱向的審批業務涉及的職能部門整合在一起，從而打破審批部門之間的壁壘。

　　但是目前，要實現審批部門的協同整合併不容易，需要做到以下幾個方面：第一，要對所有的審批事項進行審查，要確保每一個審批項目的合理性和合法性；第二，在審查完所有需要審批的項目以後，應適時向社會進行公布；第三，要根據審批事項之間的法律關係、業務關係和邏輯關係，由關聯性入手改善運作，按照一體化運作和無縫隙服務的要求進行流程描述和業務重構，從而實現一個由單個審批部門到所有關聯部門、由單個審批事項到全部相關業務事項、由碎片化的審批業務到所有業務事項能夠整體貫通的完整流程。

　　截至 2018 年，太原、廣州等城市在行政審批的流程再造中都做出了極大

的創新。地方政府在行政審批流程方面的優化主要集中在以下三個方面：第一，建立「集中辦公、人員到位、集中審批、授權到位」的行政審批體制。地方政府通過成立政務中心，將不同職能部門的審批部門集中到一起，實現「物理上的集中」和相對集中行政審批。同時，在「物理集中」的基礎上，在政務中心設置綜合服務窗口，統一受理審批申請、統一送達審批決定，從而達到協調各個集中的審批窗口的目標，在很大程度上解決了兄弟省市政務中心普遍存在的「只掛號不看病」和「多頭辦理」的難題。第二，構建「首席組織、並聯辦理、一口進出、限時辦結」的運行機制。根據「首席組織、並聯辦理、一口進出、限時辦結」的行政審批新機制實現要求，部分政務中心從人員進駐、首席授權、定崗定責、細化流程四個環節入手實現「兩集中、兩到位」。第三，設立「重大項目、區別對待、諮詢引導、分類辦理」的快速通道。部分政務中心設立相關的「快速通道」，對土地基本落實、規劃指標確定的項目，及時提供聯合預審，快速辦理。

二、創新實施聯合踏勘

過去，部分審批項目（如建設項目）驗收需要各審批部門分別到現場踏勘，企業分批接待不同部門，這讓企業主難辦事、辦不好事。而聯合踏勘制度則解決了這一困擾企業主的難題。[①] 所謂聯合踏勘，就是由行政服務中心牽頭，對有現場踏勘需求的項目，無論是在建設階段還是竣工驗收階段，積極牽頭組織協調相關驗收單位，統一步驟、統一行動到項目現場進行聯合驗收。這一制度的實施，將以往多個部門、多次現場踏勘合併為一次，既提高了部門的辦事效率，減輕了投資人的接待費用，也在一定程度上降低了投資成本。聯合現場踏勘分為核准類投資項目申請報告核准聯合踏勘、建設用地規劃和用地審批聯合踏勘、設計方案評審現場踏勘、建設工程規劃許可聯合踏勘、

---

① 吉明亮. 市區實施投資項目現場踏勘制度 [N]. 金華日報，2006-09-19.

第九章 黨的十八大以來行政審批制度變遷的主要內容

建築工程施工許可現場踏勘等五類。①

各地政務中心試行的聯合踏勘的程序大致分為三步：一是由牽頭部門向行政服務中心提交聯合現場踏勘的申請單；二是市行政服務中心及時作出安排，牽頭部門確定踏勘時間並做好與企業主及其他部門的衛接工作；三是踏勘部門根據踏勘結果簽署意見。對實行聯合踏勘的各類事項，未經市行政服務中心同意，各部門（單位）原則上不得再單獨自行組織踏勘；部門（單位）無故不派人參加踏勘或者雖然有人參加但不發表意見的，視為同意，即實行缺席默認制。現場踏勘結束後，參加踏勘的部門都要在聯合現場踏勘的登記表上簽署踏勘意見。牽頭部門根據聯合現場踏勘意見，在承諾期限內對辦理事項作出批復或答復；未組織現場踏勘的項目，按原定並聯審批程序辦理。①實施意見還特別規定，在聯合現場踏勘結束後，如有部門認定不符合規定要求、該項目應暫停辦理的，應由項目申請人按踏勘意見進行整改，經有關部門審查符合要求後，再進入下一輪審批程序。在原投資項目（項目業主、位置、內容）不變的情況下，除確需整改的許可項目外，其他許可項目一般不再組織第二次現場踏勘。第一次聯合踏勘其他部門出具的踏勘意見繼續有效，視為項目批復或許可的同等依據。行政服務中心將對相關部門（單位）執行制度情況進行檢查，並列入審改工作考核。

以揚州市廣陵區為案例，具體來說明行政審批中的聯合踏勘機制創新。2013年3月21日，廣陵區政府下發行政許可統一現場踏勘辦法，通過兩年多的執行取得了一定的進展：首先是降低門檻。涉及建設項目，只要是有踏勘申請的，行政服務中心必須有求必應，通過聯合踏勘進行現場檢查；二是直接處理不符合設立要求的項目，要求當場作出整改要求；三是提高工作效率，通過有效整合行政服務資源，縮短辦理時限，提高行政效率，更好地服務企業和項目；四是提高監管力度，對聯合踏勘的部門和人員具體工作要求和紀律要求，減少權力尋租。②

---

① 季言.聯合踏勘提速行政審批［N］.揚州日報，2015-11-17（A02）.
② 搜狐滾動，聯合踏勘提速行政審批，http://roll.sohu.com/.

三、政務中心標準化建設持續加強

「政務服務中心標準化」是將標準化原理應用到政務服務中心運行領域，通過建立實施政務服務標準體系，達到服務質量目標化、服務方法規範化、服務過程程序化，從而在政務服務中心範圍內獲得最佳秩序和社會效益的過程，是優化政務服務流程、規範政務服務行為和提升政務服務效能的重要技術手段。中國政務服務標準化工作起步不到10年，目前標準化試點是中國推進政務服務中心標準化建設的主要抓手。截至2016年年底，全國28個省、市、區130家政務服務中心先後承擔了國家級政務服務標準化試點項目。根據政府創新擴散理論，試點推進大致可分為三個階段：第一個階段是個別地方政府政策創新試點階段。比如，2007年，國家標準委、國家發改委等六部委聯合發布了《關於推進服務標準化試點工作的意見》，山東省在內的個別地方率先探索開展政務服務中心標準化建設試點。第二個階段是創新的擴散階段。這一階段內，政務中心在服務業標準化體系框架內逐步推進，並在更多的地區進行試點。比如，到2009年，各地政務服務中心積極加入標準化建設試點，北京、安徽、福建等地湧現了一批標準化建設優秀單位。第三階段，政務中心的政府創新基於社會管理與公共服務標準化體系框架進行全面推行。通過幾年的實踐，各地在政務服務中心標準化建設方面已形成了「制定標準—實施標準—標準實施的監督檢查—標準實施有效性的後續管理」這一套完整的閉環管理機制，初步建立了政務服務中心標準化建設的有效模式，強化了政務服務管理，改善了政務服務質量，提高了經濟和社會效益。但也不能否認，試點開展以來還存在諸多問題，例如：項目推進過多依賴標準化行政主管部門，各行業主體單位牽頭少，不少單位積極性、主動性不夠，導致工作推進廣度、深度不夠；一部分試點項目存在「翻版」「跟跑」「格式化」現象，缺乏個性化需求的剖析和個性化元素的展現，千篇一律，導致標準化效

第九章　黨的十八大以來行政審批制度變遷的主要內容

益有待進一步發揮。①

四、「互聯網+行政審批」深入推進

（一）背景介紹

隨著互聯網的應用提升，國家開始提出「互聯網+」的概念，並將其與行政審批相結合。2015 年的十二屆人大會議上，李克強總理提出「互聯網+」的概念；2016 年的政府工作報告提出了「互聯網+政府服務」的概念；2016 年 9 月，國務院頒布了《關於加快推進「互聯網+政務服務」工作的指導意見》；2017 年 1 月，國務院辦公廳印發了《「互聯網+政務服務」技術體系建設指南》。這一系列「互聯網+」提升行政審批的規章制度的出抬，對於優化升級網上行政審批服務流程，實現讓「群眾少跑腿，讓數據多跑路」具有重要的意義。

「互聯網+行政審批」主要是借助信息網絡技術等手段，縮短行政審批等政務服務的時間，破除部門之間的障礙，實現大數據共享，建成高效、透明、廉政的政府運作模式，以深化政府自身的改革，更適應市場的需求，優化產業結構，實現更大程度的利企便民。這種行政審批模式的創新可以把簡政放權、管放結合、優化政務服務改革推向更深層次，對激發市場活力及提高社會創造力具有深遠意義。

（二）網上行政審批的發展歷程

根據與互聯網的結合程度，網上行政審批的發展歷程大致可以劃分為三個階段。

第一階段，主要還是以物理實體為主的政務大廳形式。1999 年，浙江省上虞市（2013 年，撤銷縣級上虞市，設立紹興市上虞區）建立了全國第一家行政服務中心，將具有行政審批的職能部門集中起來辦公，形成「集點連線

---

① 曹玉妹，王豔燕. 政務服務中心標準化建設現狀研究及發展路徑 [J]. 中國質量與標準導報，2017 (5)：57-59，63.

成面」的集中行政審批服務。2004年7月,《行政許可法》頒布實施,其中第二十六條規定:「行政機關應當確定一個機構統一受理行政許可申請。」行政許可法實施以來,各地紛紛建立了物理實體的行政審批服務大廳。「前臺受理,後廳審理」,把政府主要涉及的行政審批事項集中在審批大廳辦理。未建立專門服務大廳的,也都基本設立統一窗口對外,進行「窗口式辦公」。但是集中辦理的方式僅僅實現了行政審批流程中的前端功能,比如部門集中辦公、材料窗口遞交、審核等,審批大廳業務流程不順暢,大廳的工作人員沒有得到充分授權,審批部門權限存在交叉,審批過程很多時候需要轉回內部流轉,無法在審批大廳辦結。

第二階段開始實現線上線下「物理式」整合。隨著網絡信息技術的發展,在實體行政審批大廳運作的探索過程中,「物理大廳+專網平臺」應運而生。此時的網絡應用僅僅是政府審批系統內部的網絡連接,其作用主要是內網辦公,沒有實現對外的互聯互通。但是這一階段依舊存在一定的局限性,此時的網上審批平臺並未按照用戶的需求和網絡辦公的特點設計,僅是把原來的物理審批大廳功能嫁接到網上。這樣的平臺運作仍然按照網下的流程進行,審批過程分屬不同的職能部門,存在著重複審批的問題。同時,容易造成行政審批「線上」和「線下」兩種模式並存。

第三階段開始以權力整合為目標進行網上行政審批。這一階段並不是簡單地將物理上的行政審批搬到網上,而是要通過構建「一站式」網上審批平臺加上各種信息技術和設備,通過深度整合審批機構權責、規章制度、工作流程及工作人員,重新整合審批部門信息資源,實現權力整合。同時,有效地打通虛擬與現實,打破時空限制,強化用戶思維,減少行政手段及人為干預因素。這一階段的改變不僅僅是更好地面向社會公眾、企業等用戶需求進行服務,也實現了審批部門之間業務在網上的無縫連接,實現了權力的一定程度整合。

(三) 網上行政審批案例 (銀川市網上審批案例)

由於銀川市在網上行政審批實踐探索中走在全國的前列,我們以銀川市線上線下的深度整合為案例進行介紹。銀川市主要通過整合審批機構、信息

系統、審批流程、網站內容、管理機制和行政大廳,來實現整體性審批。第一,將審批權力進行集中,推行一局一章管審批。銀川市將18個政府部門的審批職責全部劃轉行政審批服務局,實行「一枚印章管審批」。第二,銀川市通過搭建網絡平臺,依託互聯網實現審批流程的優化。開發行政審批服務電子系統,打破原有串聯式審批的節點設計,對流程進行再造,並實行標準化運轉。第三,銀川市加強對於審批流程的監督,對申請、受理、審核、批准等各個審批節點進行督促和規範,確保審批在約定期限完成;同時,平臺的電子視頻監控系統對市民大廳現場辦公情況進行監督,作為考核大廳工作人員績效的依據,保證政務服務透明運行。第四,提高信息公開水準和質量。銀川市要求除公開各類事項和監督信息外,將「網上辦事欄」分成「按事項分類」和「按部門分類」,便於查找;同時還在系統設置公眾互動板塊,在「辦件公示」欄隨時滾動顯示追蹤辦件狀態,對當月辦件情況和公眾滿意度進行統計並予以公布。第五,對審批實施規範化處理。在審批工作流程、管理檔案、服務系統操作使用等方面,均出抬了行之有效的規範管理制度。

第五節　相對集中行政審批制度改革

就目前來說,政府想要創新行政管理方式、依法履行審批職能,相對集中行政審批是不錯的探索,是行政審批制度改革的一個努力方向。2015年3月,中央編辦與國務院法制辦聯合印發《相對集中行政許可權試點工作方案》(中央編辦發〔2015〕16號),拉開了探索相對集中行使行政審批權的帷幕。相對集中行政許可的內涵是將相關部門行使的行政許可事項集中起來,交由一個部門統一行使,既要保證權力本身的「相對集中」,又要保證權力和職責的有效統一。相對集中行政許可權如果在不新增其他類型的行政許可前提下,把過去由多個行政部門分開行使的許可權剝離出來,分給其他行政部門統一

行使，就可以提高行政機關公共服務的質量，把行政審批權的行使權和監督權分開，處理好行政審批權的公平性、公正性、公開性問題，讓廣大百姓有更多的話語權，有利於逐步轉變政府職能，建設服務型政府。傳統的行政審批模式存在著審批主體多、職能相互交叉、互為前置的弊端，大大降低了審批效率；自由裁量權過大，監督力度不夠，腐敗現象大量存在，增加了政治成本[1]；部分政府部門無法忍受改革所帶來的利益損失，對改革持對立情緒[2]；許多部門以審代管，審管一體化，把審批、執行、監督全部攬在自己身上，既是裁判員又是運動員。中國行政管理中的弊端很大程度上體現在行政審批領域，而這一領域又處在行政管理過程的前期階段或被稱之為「事前控制手段」[3]。

2008年成都市武侯區率先進行相對集中行政審批制度改革並取得了豐碩的成果，為後來其他地區實行相對集中行政審批改革累積了許多豐富的經驗。本書將從傳統行政審批制度存在的弊端、武侯區試點到全國推廣及其成效幾方面進行詳細的分析。

一、從武侯試點到多點開花

（一）武侯試點（2008—2015年的創新舉措和實踐）

1. 背景

武侯區是成都市中心城區之一，全區面積76.56平方千米，實有人口138萬，是國務院命名的高科技文化區。2008年12月，武侯區編製委員會印發了《成都市武侯區行政審批局職能配置內設機構和人員編製規定》（成武機構〔2008〕128號文件），標誌著成都市武侯區行政審批局的成立。區發改委、區物價局等21個部門的行政審批職能被劃到行政審批局行使，60項審批事項

---

[1] 郭澤保. 改革行政審批推進效能建設 [J]. 福建政法管理幹部學院學報, 2003 (1): 35-37.
[2] 劉秀華. 行政審批取消、下放後的事中事後監管制度探析——以浙江省湖州市為例 [J]. 湖州職業技術學院學報, 2015, 13 (2): 91-94.
[3] 張樹義. 行政法與行政訴訟法學 [M]. 北京: 高等教育出版社, 2002: 107.

全部由3個科室全權負責。2009年，武侯區行政審批局正式對外運行。2009年10月和2011年6月，武侯區編辦調整行政審批局職能，將區級政府所屬部門的行政審批職能向行政審批局集中，由行政審批局統一、集中辦理。2012年2月，四川省人民政府向國務院專題上報《關於成都市武侯區相對集中行政許可權試點的請示》（川府〔2012〕20號）。2015年5月，武侯區被確立為「全國相對集中行政許可權試點區」。2016年2月，四川省政府頒發了《關於成都市武侯區等地相對集中行政許可權試點工作方案的批復》（川府函〔2016〕25號）。

　　武侯行政審批局集中行政審批的原則是：行政許可類行政審批事項集中至行政審批局，非行政許可類行政審批事項部分集中到行政審批局，以審批監管相分離為特色，以聯審聯辦為主要特色。除承擔行政審批職能外，行政審批局還承擔規範化服務型政府（機關）建設、機關行政效能建設、政務服務中心管理、政務服務窗口指導監督、電子政務建設和管理等職能。行政審批局內設6個機構，即辦公室、政策法規科、社會類事項審批科、經濟類事項審批科、建設類事項審批科、規範化服務型政府（機關）建設管理科。政務服務中心歸口行政審批局管理，內設協調管理科和指導監督科。[1]

2. 機構的設置

　　武侯區行政審批局和政務服務中心聯合辦公，實行「兩塊牌子、一套班子」的運行模式（表9.3）。

表9.3　武侯區行政審批局機構設置

單位名稱	內設機構									下設機構	派駐機構
武侯區行政審批局	辦公室	政策法規科	協調督查科	綜合業務科	社會類審批一科	社會類審批二科	經濟類審批一科	經濟類審批二科	建設類審批一科	建設類審批二科	政務信息中心	監察室

---

[1] 徐繼敏. 相對集中行政許可權的價值與路徑分析[J]. 清華法學，2011，5（2）：79-87.

(1) 相對集中行政許可權試點工作模式

武侯區試點工作主要體現在「五化」：集約化、標準化、智能化、便捷化、法制化。在集約化方面，一是審批權力的集中。將武侯區區級職能部門承擔的行政許可類事項和其他行權集中於行政審批局內，實施「一枚印章管審批」。二是審批資源的集中。將分散設立的 13 個部門分類集中到政務服務中心，將業務部門分散設立的辦事窗口整合歸並於行政審批局，實施「一窗多能、一人多專」。三是審批辦理的集中。搭建「四中心一平臺」，建立辦件新模式。在標準化方面，一是引入 ISO 國際質量管理體系，對行政管理、事項辦理、運行機制等實施質量管理。二是實施行政服務標準化，將 ISO 質量管理體系與行政服務標準化融合，建立起行政服務「通用基礎、服務保障、服務提供」三大標準體系和行政服務功能配置、硬件設施、服務管理等 23 個功能模塊和 415 項具體標準。三是構建標準化升級版，並建立新的運行管理標準體系。在智能化方面，一是以雲計算、大數據、物聯網為技術支撐，構建統一、集約、共享、協同、高效的政企政民聯動支撐體系。二是搭建 6 大應用平臺。三是構建智能化融合服務體系。利用大數據、物聯網，融合區政務服務、政府公共服務的社區服務。在便捷化方面，一是創新服務方式。推出「O2O」線上線下全程免費幫辦、「進樓宇進企業」聯合年檢等。二是創新服務平臺，利用「B2G」「R2G」政企、政民聯動綜合信息平臺，實現 24 小時全天服務。三是下移服務重心。採取政府購買服務方式，將 139 項區級部門的政務服務事項下沉至社區交由專業化社會組織承擔。在法制化方面，一是建立依法行政制度體系。二是建立行政審批監督體系，強化內部與公眾監督。三是構建審批過錯問責機制。建立責任追究制度，對違法審批、越權審批、延誤審批等行為進行嚴格追責（表 9.4）。

表 9.4 武侯區行政審批制度改革內容一覽表

改革特色	具體內容
集約化，提升效率	集中審批權力、集中審批資源、集中審批辦理
標準化，規範行為	引入 ISO 國際質量管理體系、實施行政服務標準化、構建標準化升級版

第九章 黨的十八大以來行政審批制度變遷的主要內容

表9.4(續)

改革特色	具體內容
智能化，提升水準	構建「互聯網+武侯服務」、搭建6大應用平臺，構建智能化融合服務體系
便捷化，便民利民	創新服務方式、創新服務平臺、下移服務重心
法制化，保障運行	建立依法行政制度體系、建立行政審批監督體系、構建審批過錯問責機制

3. 武侯區改革試點的主要做法

(1) 審批事項的集中辦理

2006年1月武侯區政務中心正式成立，全區28個職能部門審批事項開始集中進入中心辦理。2008年7月，武侯區開始全面推行行政審批工作「兩集中兩到位」制度。武侯區要求全區主要行政審批部門向同一個科室集中，以政務服務中心為平臺，部門窗口審批事項要辦理到位，對窗口辦理事項要授權到位。在行政審批權整合集中之後，現在武侯區群眾辦理行政審批事項只找一個窗口辦事，在提高行政效率的同時大大方便了群眾辦事。武侯區行政審批局推出了網上電子審批與大廳實地審批相結合的多元化審批模式，按專業化審批的制度改革要求，精簡審批項目，將審批工作重心前移至窗口、簡化審批流程，從而實現了集約化的行政審批服務。相關部門的統計數據顯示，武侯區行政審批局辦理行政許可的平均時間相較過去縮短了將近一半，通過行政審批制度的改革和行政資源的優化，行政審批效能實現了大提速。

(2) 行政審批委託制的試運行

2008年10月，依據行政許可法武侯區開始探索試行行政審批「委託制」，對審批制度進行全面社會化改革，建立重大項目審批代辦制度，將量小或季節性較強的行政審批事項統一委託給轄區內政務服務中心辦理。在各街道、工業園區、專業商圈組建、整合代辦機構，為重大項目審批提供無償代辦服務，按照企業意願，實施從企業設立註冊、項目立項到項目開工全過程的行政審批手續，以及投產營運所涉及的其他相關服務事項全程代辦，切實提升服務、推動項目落地。依據企業申請和需要，在控制法律風險和工程量

確定的情況下，審批部門制定模擬審批的實施細則，對尚未完全具備基本建設項目審批條件的項目，審批部門最大限度簡化審批手續，最大限度發揮模擬審批在項目審批提速提效中的作用，促進項目早日開工。

（3）行政審批局對所有事項的審批

按照「大部門」體制對政府機構進行改革調整後，武侯區以區行政審批局的正式成立作為標誌，將全區主要行政職能部門的行政審批權統一劃轉給武侯區行政審批局。一是將仍保留在區級行政部門的行政審批事項統一集中劃轉給武侯區行政審批局辦理，實現業務劃轉率100%；二是整合審批環節涉及的各要素和各部門分中心，規範進駐區政務服務中心，設立辦事窗口，實現服務場所集中率90%以上；三是進一步完善職能部門的行政審批事項權力清單，要通過陽光審批窗口，將主要業務窗口受理的一般性審批事項的審批流程和環節全面公開，一律充分授權，杜絕「窗口收件、後臺審批」的現象，實現現場辦結率100%。

（4）行政審批程序的規範

自2009年武侯區出抬《成都市武侯區行政審批局職能配置內設機構和人員編製規定》以來，武侯區行政審批局已做過三次調整：第一次調整，當時全區28個職能部門的大部分審批事項進入中心集中辦理；第二次調整，將前期改革中未劃轉的區教育局、區環保局、區衛生局等部門全部納入整體性改革範圍，將這些部門的行政審批職能劃轉給區行政審批局；第三次調整，2011年8月，按「大部門」體制對政府機構進行改革調整後，將新組建的20個區級政府部門的主要行政審批職能統一劃轉給武侯區行政審批局辦理。將區級職能部門承擔的現場勘查、社會聽證、技術論證等職能調整至區行政審批局，通過培育具有從事專業政務審核工作資質的社會組織，採用政府購買服務的方式，由社會組織承擔行政審批事項的全程代理、代辦、項目跟蹤和現場勘查、社會聽證、技術論證等專業化的服務工作。三次職能調整，使武侯區區屬職能部門的行政審批權基本實現了「相對集中」。

（5）智慧化審批系統的推出

2015年10月8日，武侯區政務中心正式投入營運，這是對武侯區行政審

批制度改革的「再提速」。新的政務服務中心共有 28 個行政部門入駐，設置對外服務窗口 295 個。全新的政務服務中心還推出了一套顛覆傳統的智能化系統——智能化工位系統，通過對大廳辦證人員分配單獨的虛擬工號，用工號直接對接政務服務中心的雲端大數據，實現了無電腦主機辦公和數據共享。標準工位系統配備有音頻、視頻設備以及窗口評價器，對審批行為進行全程監督，真正將行政審批工作置於陽光監督之下。新的政務服務中心為了方便辦事群眾，還推出了訂單式服務和預約式服務等特色服務，建立了統一對外呼叫平臺（熱線 96166）以及政務「O2O」在線服務。市民只需要通過下載手機 App、微信公眾號等手段，就可以遠程在線申請審批事項，只要完成手機註冊就會接到前往窗口辦理相關手續的短信提醒服務，還可以查詢到申請審批事項的辦件狀態，同時也可以享受全程線下代辦服務。這一改革使區一級行政許可事項集中辦理度達到 99.6%，全面提升了行政審批效率。

4. 改革的成效

武侯區相對集中行政許可權改革取得的成效主要體現在：一是推動簡政放權實現政府「減負」。武侯區行政審批局通過集中辦理行政服務事項，在政務服務大廳內的窗口日均辦件量是過去的 3 倍，85% 以上的行政許可事項在窗口完成現場辦結。這大大地提高了行政審批效能，降低了行政運行成本，減少了不必要的資源浪費。將行政許可權集中於審批局內的運行模式，極大地方便了行政相對人。如群眾上交審批的材料減少 60%，企業辦事時間減少 3/4 以上，審批效率平均提升 120% 以上。二是規範權力運行。行政審批權的相對集中，推動了相關職能部門由實施管理向提供服務轉變，從源頭上減少了權力尋租機會。三是激發市場活力。通過優化政務服務環境，市場主體蓬勃發展，每年武侯區新註冊的企業達到 1 萬戶以上，2015 年新註冊企業達到 16,370 戶。截至 2016 年 6 月底，市場主體總數達 19.7 萬戶，位居全省區（市）縣第一。

（二）2015 年全國試點

1. 背景

行政審批改革是深化行政體制改革的重要組成部分，是在新一輪簡政放

權的背景下所展開的。黨的十八屆三中全會指出，政府行政職能的轉變是深化行政體制改革的最重要的一步。本屆政府成立開始第一件事情就是改革行政體制、轉變政府職能，把簡政放權、放管結合作為「先手棋」。繼四川之後，相對集中行政許可權的改革在全國其他地方逐漸展開。①

2. 全國試點

繼成都市武侯區之後，相對集中行政許可權的改革在全國其他地方逐漸展開。特別是自2014年起，天津濱海新區、河北威縣、山西太原、江蘇的南通、盱眙、鹽城的大豐和蘇州工業園區、浙江溫州的部分區縣、廣東廣州、清遠、深圳的部分區、四川的新津、綿陽、江油、巴中、貴州的貴安新區、貴陽國家高新技術產業開發區、甕安，相繼展開相對集中行政許可權的改革試點。2015年3月，經國務院批准，中央編辦和國務院法制辦聯合發布《關於印發〈相對集中行政許可權試點工作方案〉的通知》（中央編辦發〔2015〕16號），通知確定天津、河北、山西、江蘇、浙江、廣東、四川、貴州八個省市開展相對集中行政許可權改革試點工作。改革的核心內容是：「根據《行政許可法》第二十五條規定，由國務院批准有關省級人民政府，根據精簡、統一、效能的原則，組織試點市、縣（市、區）或開發區就相對集中行政許可權的實現形式進行探索。將政府各部門的行政許可權交由一個部門行使，或者將一個部門的行政許可權交由另一個部門行使。」行政許可的相對集中由此在全國形成了兩種模式：一是行政服務中心模式。這種模式的特點是，由地方政府設立一個或若干個行政服務中心，行政許可機關向行政服務中心派駐工作人員，工作人員代表行政許可機關行使行政許可權，行政服務中心為許可機關派駐窗口提供服務和規範化管理。但行政許可權仍由職能部門行使，原職能部門派出的工作人員仍由原職能部門管理，代表原職能部門做出行政許可決定。二是專門的行政審批局模式。這一模式的特點是，行政許可權能從原行政機關職權中分離出來，集中歸並到行政審批局，行政審批局以自己

---

① 王克穩. 論相對集中行政許可權改革的基本問題[J]. 法學評論，2017，35（6）：44-51.

的名義行使行政許可權，做出行政許可決定。[①]

本書以江蘇省作為案例進行分析，具體見表 9.5。

表 9.5　江蘇 13 個地方開展行政審批試點

序號	名稱	試點地
1	南京	市本級溧水區、高新區、江北新區
2	蘇州	姑蘇區、虎丘區、蘇州工業園區
3	無錫	全市
4	常州	全市
5	鎮江	句容市
6	揚州	高郵市
7	泰州	全市
8	南通	全市
9	鹽城	大豐區
10	宿遷	沭陽縣、經開區
11	淮安	全市
12	徐州	沛縣
13	連雲港	贛榆區

資料來源：江蘇省機構編製網。

（1）試點地區的設立

為了使改革平穩地進行下去，江蘇省也開始了試點先行這一改革方式。各地區自主申請，再由省委、省政府相關領導簽字，江蘇南通、江蘇蘇州工業園區、江蘇盱眙、江蘇大豐是江蘇省進行相對集中行政許可權改革的代表地區。第一步是確立定方案，即定機構、定職能、定編製。其中由於南通行政層級較高，改革情況相對複雜，採取的是循序漸進的方式。其制定的方案通過廣泛徵求意見，專家討論，評估風險，合法性審查，上級業務部門審核，

[①] 王克穩. 論相對集中行政許可權改革的基本問題 [J]. 法學評論，2017，35（6）：44-51.

同級編委會審議、政府常務會議審議、同級人大常委會審議、黨委常委會議和報請省委、省政府批准等 10 項程序後，由省委、省政府批准並報中央編辦和國務院法制辦備案。方案經最終批復後，4 個試點地區相繼建立了行政審批局並投入運行。在具體實踐過程中，始終堅持問題導向、堅持法治思維、堅持求真務實，著力減少審批事項、優化審批流程，在結合本地實際情況的基礎上再大膽探索，初步形成了權責統一、集中高效審批模式。試點地區按照「撤」「建」的原則組建了行政審批局，根據相關的法律規定，立足廣大百姓的需求，將「市場准入類」「建設投資施工許可類」和「複雜的民生服務辦證類」群眾反應強烈的事項優先劃入行政審批局。在具體的改革過程中，各試點行政審批局實際進駐事項及其分佈情況如表 9.6 所示：南通劃轉了 15 個部門的 53 項行政許可事項，蘇州工業園區劃轉了 16 個部門的 86 項行政許可事項和 28 項民生服務類事項，盱眙劃轉了 21 個部門 171 項行政許可事項，大豐劃轉了 22 個部門的 227 項行政許可事項。

表 9.6　試點地區情況

地區	市場准入類	投資建設類	民生服務類	其他類	總數
南通市	27 項	26 項	無	無	53 項
蘇州工業園區	56 項	23 項	35 項	無	114 項
盱眙縣	28 項	17 項	65 項	61 項	171 項
大豐區	12 項	77 項	116 項	22 項	227 項

（2）成效

試點地區堅持在現行法律框架內，針對行政審批存在的「一長四多」問題，大膽探索，推動並聯審批，規範優化仲介環節，將原來政務中心進駐部門間的聯審聯辦事項轉為審批局內部鏈條上下游協調事項。

第三方評估結果顯示，行政審批局模式在實際運行過程中有效治理了「一長四多」，審批流程進一步優化，審批效率大幅提高。南通市審批局實行「證照聯辦」，外商投資企業辦理設立登記由原來至少需要 20 個工作日減少到 3 個工作日以內，推進投資建設領域「多評合一」「多圖聯審」。如皋國際園

第九章 黨的十八大以來行政審批制度變遷的主要內容

藝城項目審批時間由原來的至少 300 個工作日減少到 5 至 20 工作日。蘇州工業園區恩格斯豪斯有限公司項目施工許可證辦理從 97 個工作日縮短到 41 個工作日。盱眙縣審批局辦營業執照當日可取，中安家天下項目施工許可證辦理由原先至少需要 113 個工作日縮短為 42 個工作日。大豐區審批局大力推行聯合會辦、踏勘、圖審、驗收，溫氏畜牧有限公司生豬養殖項目施工許可證辦理由原先至少 8 個月縮短為 41 個工作日。

尤其值得一提的是，目前冠江蘇省名的企業辦完名稱核准、工商登記、刻章備案、銀行開戶、社保註冊、領取稅票等手續，全省平均僅需要 15 個工作日；二手房交易登記加貸款蘇南部分城市需要 3~4 個月；建設項目從立項到施工許可全省平均需要 70 個工作日。省審改辦 2017 年年初提出「3550」目標，即江蘇以上三類事項在 2017 年底前分別實現在 3 個、5 個、50 個工作日完成全部審批手續。盱眙作為全國相對集中許可權改革試點，已經實現「3550」目標。

此外，行政審批局模式在監管方面也得到了較大的突破。盱眙利用電子政務網上平臺建立審批監管信息的雙向推送機制，明確了信息推送聯繫人，第一時間將審批項目基本情況推送至監管單位，各單位均能及時接收推送信息，安排好現場勘察，提供總量控制參數、監測數據、專項或行業規劃、專家評審意見等信息反饋；並在推行審管分離機制基礎上，通過模擬推演及時發現問題，實現審管無縫對接，縣紀委和效能 101 督查開展不定期抽查，事項辦理信息全過程可追溯，杜絕行政審批權相對集中可能導致的「集中腐敗」。統計顯示，盱眙縣行政審批局運行以來，已累計辦結各類審批事項 5,044 件，向監管單位推送 1,752 項，監管單位反饋率 100%。

（三）制度創新的擴散

為深化行政審批制度改革，提高行政審批效率，中央有關部委於 2015 年 3 月選擇津冀晉蘇浙粵川黔等八個省市，進行相對集中行政許可權試點。[①] 2018 年 6 月份，《中共中央辦公廳國務院辦公廳印發〈關於深入推進審批服

---

① 方寧. 相對集中行政許可權試點實踐探析 [J]. 中國行政管理, 2018 (12)：22-24.

務便民化的指導意見〉的通知》（廳字〔2018〕22號）明確提出：「深化和擴大相對集中行政許可權改革試點，整合優化審批服務機構和職責，有條件的市縣和開發區可設立行政審批局，實行「一枚印章管審批」①。至此，行政審批局模式歷經頂層設計、試點探索、推廣實行，實現了從「一枝獨秀」到「多地開花」的華麗轉身。截至2018年6月底，全國共有21個省份（除中央編辦和國務院法制辦確定的兩批共14個省份外，另有山東、江西、青海、雲南、陝西、內蒙古等7個省區）開展相對集中行政許可權改革試點。試點共有368個，其中：地市級65個（含天津市轄區16個）、縣（市、區、旗）級257個，各類開發區（園區）49個。近幾年來，各地區的試點單位勇於創新探索，在集中審批的權責關係、程度和形式，以及審批與監管的關係等方面，取得了實質性進展。

二、相對集中行政審批改革的成效

從全國範圍來看，相對集中行政審批改革取得了顯著的成效，不僅在行政審批效率上得到提升，而且群眾的滿意度也非常高（表9.7）。

表9.7 兩種模式的對比

		行政服務中心模式	行政審批局模式
權力主體		各職能部門	行政審批局
職權範圍		多個職能部門審批主體	實質性的行政審批權統一劃轉至行政審批局
人員編製		仍隸屬於原職能部門	隸屬於行政審批局
行政體制職能轉變	職能目標	協調各部門審批權提高審批效率	打破部門利益倒逼職能轉型
	審管聯動機制	審批監管都屬各職能部門，審管一體	審批局審批、職能部門監管的制度性審管聯動機制，實現審管分離

---

① 中共中央辦公廳，國務院. 中共中央辦公廳、國務院印發《關於深入推進審批服務便民化的指導意見》[EB/OL]. http://www.gov.cn/zhengce/2018-05/23/content_5293101.htm.

第九章 黨的十八大以來行政審批制度變遷的主要內容

從表9.7可以看出，行政審批局的權力集中化程度明顯高於政務服務中心。

（一）可以徹底地杜絕在行政許可中存在的許可事項互為前置、職能交叉的現象

整合原先互為前置關係的事項，變部門間協調為部門內協調，實現部分事項跨階段辦理。[1] 原來行政審批權力分散在各部門行使，部門之間為了規避風險和推脫責任，各部門將不同部門之間的許可事項相互捆綁在一起，不同部門的許可互為前置、相互扯皮以及由此造成的當事人辦證難、辦證繁成為許可證辦理中屢禁不絕的頑疾。[2] 行政許可權集中後，所有的許可權力被集中到一個部門內，這給當事人減少了許多的難題，也解決了行政許可證分散辦理中互為前置、相互捆綁在一起的症狀。

（二）行政審批項目的相對整合，行政服務方式的不斷優化

審批權力的相對集中打破了以往權力分散在各個部門運行的模式，在提升行政權力運行的透明度和行政效率方面起到了突出作用；審批方式越來越科學化和規範化，許多事項可實現現場辦理，當日辦結，為民眾提供了便捷的服務。將原來分散的各個審批窗口，集中到一個區域，實行一個窗口對外，一條龍服務，為群眾辦好事、快辦事、能辦事、辦成事奠定堅實基礎。貫徹「互聯網+政務服務」的理念，網上審批的不斷發展，也為民眾辦事提供了很大便利。

（三）審批權由分散到相對集中

中國的行政管理體制雖歷經多年改革，但是部門分割、各自為政、多頭管理、權力重疊、職能交叉、權限模糊、權責不清的問題並沒有解決。對於行政許可而言，這種部門分割的審批體制使整個審批管理處於碎片化的狀態之下，不僅行政效率低下，而且資源浪費，老百姓辦證苦不堪言。因此，整合行政職能、精簡政府機構成為中國管理體制改革的重要內容。行政服務中

---

[1] 丁輝，朱亞鵬. 模式競爭還是競爭模式？——地方行政審批改革創新的比較研究 [J]. 公共行政評論，2017，10（4）：24-39，192-193.
[2] 王克穩. 論相對集中行政許可權改革的基本問題 [J]. 法學評論，2017，35（6）：44-51.

心模式雖然實現了辦證場所的相對集中，減輕了申請人在各許可機關之間的奔波之苦，但由於行政機關的許可職能並沒有合併集中，傳統體制下各自為政的弊病並沒有解決。相對集中行政許可權改革打破了原有的審批模式，推動了行政許可職能的整合。而且，行政許可權的相對集中也是信息、數據資源的集中。通過資源整合，多個審批事項通過「一個主體、一個公章、一本卷宗、一個數據庫」即能夠完成。因此，相對集中許可權不僅是許可權力的相對集中，同時也是信息資源、數據資源的整合與集中。當許可職能分離出去後，原有機關中大量從事審批管理的人員必須裁並或轉崗，這又對政府機構的精簡、合併形成了倒逼之勢。①

審批權力由分散到集中將不同部門的許可權集中到行政審批局統一行使，真正實現了實體權力的集中。其優點在於可以減少社會成本，避免多頭多部門許可，申請人只面對一個行政審批機關，極大地方便了辦事人員、節約了很多時間、提高了辦事效率。以成都新津為例。2015年3月，新津縣行政審批局成立，將縣規劃局、建設局、交通局等22個部門承擔的173項行政審批職能全部劃轉到審批局下，相關審批工作人員也一同劃轉，而原本分散在22個職能部門的審批用公章也簡化成一枚新津縣行政審批局審批專用章。自此，新津的企業無論辦理多少事項，都只需走進一道門，面對一位工作人員，提交一份材料。新津成立行政審批局以後，將社會投資項目涉及的30餘項行政審批事項分為「註冊、立項、設計、報建」四個階段，社會投資項目從登記註冊到取得施工許可證，最短只需40個工作日，比原來的161個工作日大大減少。截至2017年6月底該局共受理審批事項36,604件，辦結率100%；2016年新增市場主體4,201戶，同比增長56.8%；註冊資金96.91億元，同比增長41.1%。

（四）合理劃分審批權和監管權

對於相對集中行政審批制度改革，「審管分離」是其重要的價值取向，應當將審批職能和監管職能進行有效的區別，事前程序的審查和事中事後的監

---

① 王克穩.論相對集中行政許可權改革的基本問題[J].法學評論，2017，35（6）：44-51.

第九章　黨的十八大以來行政審批制度變遷的主要內容

管工作都由相應的專門部門去執行。例如天津市濱海新區在成立行政審批局的同時，專門建立了行政審批與事後監管聯動機制，研發了「行政審批與事後監管信息交換平臺」，隨時將審批信息告知監管部門，為做好後續監管服務提供了保障。① 成都市武侯區和新津縣在設立行政審批局的基礎上，按照「成熟一項劃轉一項」的思路，將原分散在不同部門的行政審批職能劃轉到行政審批局統一行使。截至目前，武侯區和新津縣劃轉事項分別為 195 項和 173 項。同時，對原部門的職能定位進行重新界定和明晰，明確職能部門主要負責行業發展規劃、政策規範、行業管理、公共服務及其組織實施，逐步將履職重點轉移到事中事後監管和提供優質公共服務上。②

（五）加強事中事後監管

在放權的同時，事中事後監管這一手必須硬起來。首先要有明確、嚴謹、周密的公平競爭規則。如果規則本身含混不清或者漏洞百出，那必然會導致比賽的失序和結果的不公。其次要嚴格公正執法，不能對不同的人適用不同規則。要以公平、有序為方向加強和創新監管，不斷提高監管效能，使市場活而不亂。③ 在後期的運行監管中，要不斷地創新監管方式，要採用柔性監管、動態監管和非現場監管，貫徹實施「雙隨機」抽查制度，杜絕「隨意執法」和「擾民執法」，避免監管環節成為個別公務員新的尋租空間。為了加強行政審批事中事後監管工作，新津縣政府出抬《新津縣行政審批事中事後監管實施意見》，明確審批部門、監管部門的責任。縣審改辦、縣監察局、縣法制辦組成聯合督查組，對行政審批局的審批行為進行督查，每季度按審批辦件量 3%～5% 的比例進行抽查，重點督查在審批過程中是否存在違法、違紀、違規行為；同時對 22 個職能部門的監管工作進行督查，重點督查監管部門監管措施、監管責任的落實情況。

---

① 姜書彬. 相對集中行政許可權之「行政審批局」模式探析 [J]. 機構與行政，2016（6）：18-21.
② 鄧國彬. 創新行政審批體制再造行政權力流程——成都市推進相對集中行政許可權試點實踐與探索 [J]. 中國機構改革與管理，2015（11）：19-22.
③ 李克強. 全國深化「放管服」改革轉變政府職能電視電話會議 [EB/OL]. http://www.gov.cn/guowuyuan/2018-07/12/content_5305966.htm.

第六節　兩個重點領域的改革

一、商事制度改革

（一）改革的背景和目標

商事制度改革是黨中央國務院作出的活躍市場經濟的重大決策，轉變政府職能是核心內容，重點方向是放寬市場准入、創新市場監管、優化政府的服務。2013年3月10日，《國務院機構改革和職能轉變方案》出抬，新一輪商事制度改革拉開帷幕。方案對現有工商登記制度進行了改革，「對按照法律、行政法規和國務院決定需要取得前置許可的事項，除涉及國家安全、公民生命財產安全等外，不再實行先主管部門審批、再工商登記的制度，商事主體向工商部門申請登記，取得營業執照後即可從事一般生產經營活動；對從事需要許可的生產經營活動，持營業執照和有關材料向主管部門申請許可。將註冊資本實繳登記制改為認繳登記制，並放寬工商登記其他條件」[1]。本次方案的出抬為商事制度改革指明了大的方向，為後期的改革奠定了基礎。2014年2月，國務院出抬了《註冊資本登記制度改革方案》，標誌著商事制度改革已經發展到國家全面推進的階段。商事制度改革實行後取得了明顯的階段性成果：企業辦事程序簡化了許多，商事服務環境得到了優化等成效，但是也存在許多的問題：程序複雜、效率低下；事中事後監管有待完善；以審代管，等等。本書將從放寬市場准入和強化後續監管兩方面進行詳細分析。

（二）改革的主要內容

1. 放寬市場准入

政府部門主動下放行政審批權力，減少行政審批事項，還權於市場、放

---

[1] 馬凱. 關於國務院機構改革和職能轉變方案的說明（全文）［EB/OL］. http://www.china.com.cn/news/2013lianghui/2013-03/10/content_28196336.htm.

第九章　黨的十八大以來行政審批制度變遷的主要內容

權於企業，放寬市場准入，這是轉變政府職能的非常重要的一步。政府部門只有把該放的權力放下去，才能實現能轉變的目標。

（1）負面清單管理優化市場准入

本屆政府上任以來，國務院正式打響了深化經濟體制改革的總號角。從全面推行商事登記制度改革到建立負面清單制度再到自上而下的市場監管管理體制改革，中國市場監管領域的改革提速明顯，監管模式「舊貌換新顏」。如果說商事登記制度規制的是市場主體的准入，那麼負面清單制度則規制的是投資准入，兩者相互聯繫、相輔相成。負面清單，是英語「negativelist」的直譯，最初是用以禁止或者限制外國投資進入本國一定範圍的行業、領域、業務等的一種形式，屬於外商投資制度範疇。[1] 負面清單制度可以分為外商投資負面清單制度和市場准入負面清單制度，前者適用於境外投資者在華投資經營行為，而後者是對各類市場主體市場准入管理的統一要求，故對境內外投資者統一適用。凡是負面清單列明的行業、領域、業務等，市場准入受到不同程度的限制；不在負面清單之列的，各類市場主體皆可依法平等進入。在此之前，中國在外商投資准入方面一直實行的是「正面清單制度」——將外資進入一國時可以投資的領域以清單方式列明，從而實現有選擇的自由化，限制外資的進入和滲透來為國內相關產業提供保護，一般應用於開放程度不高的經濟領域。[2] 中國加入 WTO 已有十多年，正面清單制度的存在不利於中國與國際市場的接軌，不利於對外開放的深化，不利於市場經濟的發展。所以，更具市場化和自由化的「負面清單制度」是當下的絕佳選擇。2013 年中國在上海自貿區率先探索適用外商投資負面清單制度，並且不斷深化。如今這一制度有望在全國範圍內推廣，實行全面的市場准入負面清單制度。2013 年，上海自貿區公布的負面清單，共羅列特別措施 190 項，其中禁止類 38 項，限制類 152 項，這與同期適用的《外商投資產業目錄（2011 年修訂）》

---

[1] 董成惠. 負面清單管理模式的經濟法解讀 [J]. 南華大學學報（社會科學版），2016，17（1）：95-100.
[2] 郇赫，程健. 負面清單與上海自由貿易試驗區外資管理模式探索 [J]. 現代管理科學，2015（4）：48-50.

相比並沒有實質的變化。2015版「負面清單」列出122項特別管理措施。其中,有禁止性措施37條,限制性措施85條。據統計,新版負面清單比2014年版減少17條,比2013年版減少了68條,它將統一適用於上海、廣東、天津、福建4個自貿試驗區。除此之外,市場准入負面清單制度也將開始施行,按照先行先試、逐步推開的原則,爭取形成全國統一的市場准入負面清單及相應的體制機制。

(2) 前置條件的簡化

改革前的商事登記制度要求商事主體從業資格與營業資格相統一,商事主體在取得合法登記前必須取得相應經營項目的審批許可,滿足前置條件才能依法登記並取得從業資格。2013年新一輪商事制度改革開始,簡化了企業准入的前置條件,為中國經濟的發展注入了新的活力。

①簡化經營場所登記手續

市場主體在工商、市場監管部門辦理登記或備案的地址具體涉及兩個概念:一是住所,即工商、市場監管部門登記的市場主體主要辦事機構所在地,其意義在於公示市場主體法律文件送達地、確定市場主體的司法管轄地及行政管轄地;二是經營場所,即工商、市場監管部門登記或備案的市場主體從事經營活動的所在地。「一照多址」是指:個體戶以外的不需前置審批的市場主體,符合住所和經營場所在同一行政區域(市級以內)這一條件,可以申請在營業執照上標註經營場所地址而不需再向工商、市場監管部門辦理分支機構的設立。「一址多照」是指:依法可以在同一地址經物理分割登記為多個市場主體的住所(經營場所),例如合法的集中辦公區、市場主體孵化器等區域。①

②簡易註銷登記

對取得主體資格後未開業企業、開業後從未有過債權債務或擬註銷前已將債權債務清算完結的企業簡化註銷登記程序。結合國家企業信用信息系統

---

① 艾琳,王剛.商事登記制度改革的行政審批視角解析——兼評廣東省及深圳市商事登記制度改革的實踐[J].中國行政管理,2014(1):19-25.

的公示、監督作用,通過降低市場主體退出成本的方式,讓債務關係清楚明晰,需要退出市場的企業減少申請手續、縮短辦理時間、提升辦事效率,有利於重新整合資源,提高社會資源利用效率,並進一步提升政府效能,優化營商環境。

③企業名稱登記管理改革

根據《企業名稱登記管理規定》,依法需要辦理登記註冊的企業,在企業申請設立時,由工商、市場監管部門依當事人申請核定企業名稱,並在核准登記後方可允許使用名稱。企業名稱登記管理改革是指由原先的申請人現場提交擬使用名稱、名稱登記主管部門在內網的業務系統對該名稱進行查重、符合條件的予以核准改為申請人通過互聯網提出申請,企業名稱庫向公眾開放,公眾在名稱自主申報系統,自主查重並申報名稱。改革的目的是通過推行網上申請簡化申請審核流程,提高登記效率,推動建立相關機制,完善相關法規修訂,為最終取消企業名稱預先核准、實現自主核名奠定基礎,達到企業名稱與其他登記事項在申請設立或變更時同步辦理的目標。現行的改革措施包括全面開放企業名稱庫,建立完善的企業名稱查詢比對系統,提供名稱篩查提示相似、相近、禁用等服務並試行企業自主申報名稱。[①]

④企業登記全程電子化工作

以登記便利化為目標,以登記途徑多樣化為載體,在保留窗口登記的同時,開通能夠滿足所有企業類型辦理設立、變更、備案、註銷等各個業務流程的電子政務服務系統,並逐步實施無紙全程電子化登記。以完善的企業全程電子化登記管理系統,通過申報者外網提交申請,經外網轉換到內網後,由工作人員對申請內容審核,再將審核結果由內網反饋至外網到達申請人的操作模式,為申請人提供功能全面、快捷易用的政務服務。[②]

[①] 國家工商行政管理局.《企業名稱登記管理規定》[EB/OL]. http://gszj.hsxgw.gov.cn/.2012-11-09.

[②] 佚名. 工商總局召開全國企業等級和監管重點工作新聞通氣會[EB/OL]. http://www.scio.gov.cn/xwfbh/gbwxwfbh/xwfbh/gszj/Document/1547880/1547880.htm.

⑤電子營業執照

電子營業執照是以工商總局為全國統一信任源點，載有市場主體登記信息，與紙質營業執照具有同等法律效力以證明主體資格的法律電子證件，由工商、市場監管部門依法按照統一標準核發。通過構築全國同一標準樣式的電子營業執照模式、管理系統及機制，建立全國統一的電子營業執照庫，最終達到電子營業執照跨區域、跨部門間廣泛認可與互享共用。①

（3）多證合一、先照後證及證照分離

①從三證合一到多證合一

商事制度改革的另一重要舉措是各證合一，從「三證合一」到「五證合一」再到「多證合一」都是黨中央、國務院為了促進企業發展、搞活市場經濟的重要舉措。按照國務院的部署，要繼續全面實行「一套材料、一表登記、一窗受理」的工作模式，申請人辦理企業註冊登記時只需填寫「一張表格」，向「一個窗口」提交「一套材料」。② 具體情況見表9.8。

表9.8 「三證合一」到「多證合一」

時間	名稱	證照名稱	文件
2015年6月23日	「三證合一、一照一碼」	工商營業執照、組織機構代碼、稅務登記證	《關於加快推進「三證合一」登記制度改革的意見》
2016年10月1日	五證合一	工商營業執照、組織機構代碼證、稅務登記證、社會保險登記證、統計登記證	《關於加快推進「五證合一、一照一碼」登記制度改革的通知》
2017年10月1日	多證合一	將涉及市場主體登記、備案等有關事項和各類證照進一步整合到營業執照上，公章刻製備案	《國務院辦公廳關於加快推進「多證合一」改革的指導意見》

---

① 《工商總局召開全國企業等級和監管重點工作新聞通氣會》，2017-02-30。
② 國務院辦公廳．國務院辦公廳日前印發《關於加快推進「五證合一、一照一碼」登記制度改革的通知》[EB/OL]．http://www.gov.cn/xinwen/2016-07/05/content_5088537.htm．

第九章　黨的十八大以來行政審批制度變遷的主要內容

「三證合一、一照一碼」「五證合一」「多證合一」都是黨中央、國務院作出的重大決策，是行政審批制度改革、簡政放權、放寬市場准入、激發市場活力的重要手段，是貫徹重要關於推進供給側結構性改革決策部署，貫徹落實黨中央、國務院關於推進供給側結構性改革和「放管服」改革的重要舉措，是進一步推進政府職能轉變、深化行政審批制度改革的重要途徑，是深化商事制度改革、進一步充分釋放改革紅利，更好地服務大眾創業萬眾創新的重要抓手；對於推動市場在資源配置中起決定性作用和更好發揮政府作用，構建「互聯網+」環境下政府新型管理方式、營造便利寬鬆的創業創新環境和公開透明平等競爭的營商環境，創建程序更加方便、內容更加完善、流程更加優化、資源更加集約的市場准入新模式，促進提高勞動生產率具有重要意義。從「三證合一」到「多證合一」不僅方便群眾辦事，更有利於建立基於統一的社會信用代碼的商事主體信用信息監管機制，有利於實現「一處登記、處處可用」，而非「處處不夠、各自補錄」。

②先證後照到先照後證

「照」即營業執照，「證」即經營許可證。2013年，《國務院機構改革和職能轉變方案》指出「先證後照」應變為「先照後證」，對商事主體的設立與經營實行「寬進嚴管」，政府監管方式從以往的「重審批輕監管」轉變為「輕審批重監管」。

2015年11月3日，國務院發布《關於「先照後證」改革後加強事中事後監管的意見》，詳細列舉出了186項法律法規，明確規定監管部門和監管職責的「先照後證」改革相關審批項目。「先照後證」是促進政府職能轉變、提升政府管理職能、創新政府管理方式的重要措施。由「先證後照」改為「先照後證」，不僅是證照辦理先後順序的變化，還是市場監管體系和格局的重構；可以很好地激發市場的活力、增強經濟發展內生動力，更加有利於釐清政府與市場的關係，推動政府從「重審批輕監管」轉變為「寬准入嚴監管」，從事前審批為主轉變為事中事後監管為主，將為政府監管理念、監管模

式和監管流程帶來重大調整。①

③證照分離

證照分離改革是以轉變政府職能為中心，目標是更大程度地為企業創造便利的、法制化和國家化的營商環境，重點破除「辦照容易辦證難」「准入不準營」等突出問題，把營業執照與能分離的許可類證相分離，實現持照即可經營。2018年8月5日《國務院辦公廳關於印發全國深化「放管服」改革轉變政府職能電視電話會議重點任務分工方案的通知》（國辦發〔2018〕79號），提出「2018年要在全國推開「證照分離」改革，重點是「照後減證」，能取消審批的予以取消，有些可改為備案、告知承諾；對暫時不具備條件取消的，要通過「多證合一」等方式優化服務。實行證照分離管理制度。經營資格許可不再作為商事主體登記的前置條件，取消前置審批為原則的先證後照，營業執照不再記載商事主體的經營範圍，經營範圍由章程、協議或申請書記載並公示。完善「誰審批、誰監管」的權責統一的商事登記管理制度，力圖形成「放寬登記條件、加強日常監管服務、重視市場退出」的工作格局，扭轉「重登記輕服務」「重審批輕監管」的傾向。② 例如：貴州省貴安新區在學習上海市「證照分離」5種改革方式的基礎上，敢為人先地提出了「自主辦證、承諾辦證、證照合發」3種力度空前的先行舉措，切實向社會和市場充分放權，全面改革行政審批模式和事中事後監管方式，實現商事登記與行業行政許可審批相對獨立，最大限度減少「辦證」對市場主體從事經營活動不必要的制約和約束，積極探索可複製推廣的「貴安模式」。③

從2015年的「三證合一」到2016年「五證合一」，再到2017年的「多證合一」與「先照後證」，最後到2018年開展的「證照分離」改革，這些都是簡化企業登記註冊的具體措施；除了保留營業執照這一個項目以外，盡可

---

① 錢憲文.「先證後照」將改為「先照後證」[J]. 前線, 2015 (6)：64.
② 艾琳, 王剛. 商事登記制度改革的行政審批視角解析——兼評廣東省及深圳市商事登記制度改革的實踐 [J]. 中國行政管理, 2014 (1)：19-25.
③ 孫曉蓉. 貴安新區率先探索「六個一批」證照分離改革新模式 [N]. 貴州日報, 2016-05-03 (001).

第九章　黨的十八大以來行政審批制度變遷的主要內容

能地減少其他審批事項，不能減的審批事項轉移到後置審批工作中。讓企業在取得營業執照後先開始營業，在營業過程中辦理各項許可證明，避免出現「准入不準營」問題。

部分放寬市場准入措施內容及具體情況見表9.9。

表9.9　部分放寬市場准入改革措施的具體情況

序號	改革內容	具體情況
1	證照分離、先證後照改為先照後證	商事主體資格登記與經營資格許可各自獨立進行，經營資格許可不再作為商事主體登記的前置條件，向工商部門申請登記，取得營業執照後即可從事一般生產經營活動。若從事需要許可的生產經營活動，則再持有關材料向主管部門申請許可
2	三證合一、一照一碼、五證合一、多證合一	將原來企業登記時依次申請，分別由工商行政管理部門核發工商營業執照、質量技術監督部門核發組織機構代碼證、稅務部門核發稅務登記證，改為一次申請，由工商行政管理部門核發一個加載工商註冊號、組織機構代碼、稅務登記證號和統一社會信用代碼的營業執照。從2016年10月1日起，在「三證合一、一照一碼」的基礎上，再整合涉及企業的社會保險登記證、統計登記證，推行「五證合一、一照一碼」。此外，2016年12月1日起，在全國實施個體工商戶營業執照和稅務登記證「兩證合一」
3	註冊資本實繳制改為認繳制	以公司股東認繳的出資總額或者發起人認購的股本總額（即公司註冊資本）在工商行政管理機關進行登記，公司實收資本不再作為工商登記事項。公司登記時，無須提交驗資報告
4	簡化住所（經營場所）登記手續	申請人提交場所合法使用證明即可予以登記。此外，各地探索推行「一址多照」和「一照多址」，即在同一個地方可以註冊多個市場主體、辦理多個營業執照，企業在同一登記機關設立分支機構時無須申領新的營業執照，在已有的營業執照上標註分支機構經營場所即可
5	簡化企業註銷手續	2017年3月1日起，在全國實行企業簡易註銷登記制度。對領取營業執照後未開展經營活動、申請註銷登記前未發生債權債務或已將債權債務清算完結的有限責任公司、非公司企業法人、個人獨資企業、合夥企業，由其自主選擇適用一般註銷程序或簡易註銷程序

221

表9.9(續)

序號	改革內容	具體情況
6	推行電子營業執照和全程電子化登記管理	電子營業執照是載有市場主體登記信息的法律電子證件，與紙質營業執照具有同等法律效力，是市場主體取得主體資格的合法憑證

資料來源：王湘軍.商事登記制度改革背景下中國市場監管根本轉型探論[J].政法論壇，2018，36(2)：141-149.

2. 強化市場的後續監管

隨著市場准入門檻的進一步放寬，企業數量相比之前將會大幅度增長，適應商事主體「寬進」的新形勢，積極推動政府監管從「管主體」向「管行為」轉變，從前端控制、靜態監管向後端控制、動態監管轉變，提高政府監管的能力和水準。①

（1）企業年報公示制度

從2014年開始，在全國範圍內取消了企業年檢制度，而替代企業年檢制度的正是企業年報公示制度。企業年檢制度是企業取得相關營業執照後，工商部門對其進行的登記事項進行核查的一種制度。企業如果不接受檢查，依據相關規定，企業就會受到相應的處罰。企業年報公示制度是指企業將自己的信息在公示平臺上填報，工商部門不審核，而是直接向社會公示，企業要對其所填的信息的真實性和合法性負責。提交年報的時間從以前的第一季度末到年尾，改變為從每年的年初到每年的年中。這一制度的轉變有助於加強企業的自主性，激發企業的活力。

（2）企業信用信息公示制度

公示是商事制度的重要一環，是商事登記的根本目的，也是保障交易安全的重要手段。商事主體在進行市場交易的過程中，其信用往往通過償債能力與社會評價來體現。②

---

① 鍾瑞棟，劉奇英.商事登記制度改革背景下的行政管理體制創新[J].管理世界，2014(6)：176-177.
② 許俊偉.中國商事制度改革的時代價值與深化路徑[J].改革與戰略，2018，34(10)：32-36.

第九章　黨的十八大以來行政審批制度變遷的主要內容

　　2014年10月1日,《企業信息公示暫行條例》正式施行,同時也確立了企業信息公示制度。2015年12月30日,工商部門建立起了企業「黑名單」制度,將那些嚴重違法的行為和在信用方面不好的企業列入黑名單,並依法處理違規嚴重的企業。這些措施的實施不僅可以加強對企業的監管,而且有利於建立起企業信用監管體系。後期將逐步形成企業信用監管的長效機制。

　　因此,要轉變對商事主體的監管方式,通過公示制度迫使商事主體提升信用意識。企業信息公示制度要注重發揮信用在市場秩序規範方面的作用,更多地依靠社會監督的方式營造公平的競爭環境,將市場交易各方置於監督之下,一定程度上可以減少交易風險。基於此,必須以問題為導向,明確失信行為發生後的各方法律責任,全面保障交易相對人的權益。鼓勵商事主體積極公示,並加強誠信教育,建立更為公平、公正的市場秩序。[1]

　　商事登記制度改革的上述舉措,旨在轉變政府本位主義、家長主義下以秩序為先的行政管理理念,改變對商事主體自由缺乏尊重的行政審批運作模式[2],構建符合市場經濟發展規律的商事登記制度,激發市場活力。在客觀上,這就意味著市場監管的重心從事前開始轉向,從靜態的主體的控制開始轉移,這無疑是以事前行政審批為突出特徵的既有市場監管模式開啓轉型的一個重要切入點與突破口。[3]

二、社會組織登記和備案制度改革

　　改革開放以來,社會組織的發展經歷了一段自由發展時期,處於鬆散和分散管理狀況,沒有嚴格的審批權力劃分。20世紀90年代之後,以《社會團體登記管理條例》《民辦非企業單位登記管理暫行條例》《基金會管理條例》

---

[1] 許俊偉.中國商事制度改革的時代價值與深化路徑[J].改革與戰略,2018,34(10):32-36.
[2] 艾琳,王剛.商事登記制度改革的行政審批視角解析——兼評廣東省及深圳市商事登記制度改革的實踐[J].中國行政管理,2014(1).
[3] 王湘軍.商事登記制度改革背景下中國市場監管根本轉型探論[J].政法論壇,2018,36(2):141-149.

三部法規為基礎，開始了對社會組織雙重審批權力行使的實踐，三部法規成為規範三種主要社會組織的直接法律依據。2013年8月27日，《國務院關於深化行政審批制度改革加快政府職能轉變工作情況的報告》明確提出要加快社會組織和個人的資質資格認定事項取消或下放。2016年8月21日，中共中央辦公廳、國務院辦公廳印發《關於改革社會組織管理制度促進社會組織健康有序發展的意見》，提出：穩妥推進直接登記、完善業務主管單位前置審查、嚴格民政部門登記審查等要求。①

從權力配置角度出發，社會組織登記和備案制度改革可以劃分為縱向和橫向兩種改革。縱向改革主要是指上下級垂直管理部門之間權力配置的轉變，橫向改革主要是指同級政府部門之間權力的重新配置。

(一) 社會組織縱向審批改革

對社會組織審批權力的縱向配置是在國務院、省、市（縣、區）分層級劃分，國務院對不同類型的社會組織的審批登記，分別進行了不同的審批權力配置的規定。《社會團體登記管理條例》和《民辦非企業單位登記管理暫行條例》作了類似的規定，兩類社會組織審批權的縱向配置，是在國務院和地方各級政府，包括縣級以上人民政府之間分配。《基金會管理條例》則規定，基金會的審批權力在國務院和省級政府之間分權配置。但是，實踐中的一個變化是，自2013年以來，精簡行政和權力下放的改革得到了進一步推進，基金會的登記和審批權力得到了垂直調整和授權。一些縣級政府已經獲得了基金會的審批權。②

垂直審批權分配的改革主要是將部分社會組織的審批權從省市轉移到縣級政府，或從縣級政府轉移到基層政府。比如：將基金會和一些商會類社會組織審批權力下放。這主要是在省級政府和下一級政府（市、縣級政府）之間，對社會組織審批權力配置的改革。例如，2014年，江蘇省民政廳把一些基金會的登記審批權力下放給市、縣的民政局；浙江省民政廳也向各市、縣

---

① 朱春.2001年以來中央政府行政審批制度改革的基本經驗與優化路徑 [J]. 理論探討，2014 (5).
② 潘秀珍. 轉型期中國行政審批制度變遷的制度環境分析 [J]. 陝西行政學院學報，2010，24 (3): 5-8.

民政局下放由內地居民擔任法定代表人的基金會登記管理權限。總體上是審批權力從上級向下級釋放。而社會組織審批權力的縱向配置改革還體現在一些省級政府把異地商會的登記審批權力下放。例如，2014年以來，浙江、安徽、湖南、河北等省也陸續把異地商會的登記審批權力下放到地級市（州）和縣級（市、區）的民政部門。這些都是省級政府與下級政府縱向審批權力的調整。同時，權力的縱向調整還體現在延伸和擴展基層政府對社會組織的備案權力。實施對部分社會組織的備案制，這種權力配置改變是向基層政府授權或者權力下放。例如，深圳市除了改革社會組織審批權力橫向配置，還把審批權力在縱向上向下延伸。在社會組織的登記管理方面，深圳市授權街道辦事處對社區社會組織進行備案管理，重點扶持發展那些服務居民的社區社會組織。這種基層政府對社區社會組織登記備案權力的行使，不斷在許多地方成為實踐。其中，南京市2006年出抬《基層民間組織備案管理暫行辦法》，全面推行社區社會組織備案制，使得大量活躍於社區為基層群眾服務但又不具備法人條件的社會組織取得合法地位。

（二）社會組織橫向審批改革

社會組織的審批權在橫向部門之間分配。在中國，社會組織實行的是雙重審批制度。權力的橫向分配體現在審批權的聯合行使和民政部門與業務部門之間政治風險的共擔上。在這兩種權力的分配中，主管業務部門的審查權更具實質性，具有前提條件審批權，而民政部門的審批權是程序權。在社會組織的行政法規中，有民政部門和相關政府部門之間分配審批權的原則。雙重審批的目的在於規範社會組織發展、維護社會秩序，反應了政府對社會組織政治風險的考慮。但是，社會組織的行政法規模糊了登記部門和主管業務部門之間的責任分工。社會組織的準備、登記和審查申請、年檢和檢查，以及違反有關規定的調查和處罰都存在重疊。為深化行政體制改革，2012年，全面推進社會組織直接登記，除了國家法律法規規定的必須有前置審批的，社會組織審批權力都由民政部門集中行使，實現了民政部門和業務主管部門橫向審批權力的重新分配。

總體上來講，社會組織審批權力在橫向部門之間調整，實際上降低了社

會組織成立門檻，這也是簡政放權改革的重要內容，對促進和培育社會組織發展具有積極實踐意義。但是橫向的權力集中也帶來了困惑或者說新的問題。審批權力重新配置後，原來業務主管部門的責任和擔憂轉嫁給了民政部門，而民政部門由於監管力量無法跟上，事實上也不願承擔相應責任。民政部門面向社會組織註冊登記及嚴格監管中間到底應當承擔怎樣的責任，是十分值得探討的問題。凸顯出的關鍵癥結是，橫向審批權力由不同部門分別掌管轉變為民政部門一元主體行使之後，事後的監管權力如何配置或者說監管職責的承擔主體如何確定。

第十章
黨的十八大以來行政審批制度變遷的主要邏輯

　　正如第九章所簡述的，黨的十八大以來，中國的行政審批制度發生了較大的變遷。以「放管服」為主線的改革，使政府手裡的審批事項進一步減少、審批效率進一步提高，「三張清單」將政府的權力「關進了籠子」從而更好地服務於經濟社會的發展，相對集中行政審批制度的創新更是在審批權力的橫向配置上實現了新的突破。任何制度的變遷，背後都有原因和推動力。本章將深入剖析黨的十八大以來行政審批制度變遷背後的深層邏輯。首先從制度變遷的誘發環境來加以闡釋，然後從相關者的行動邏輯視角分析制度變遷背後的直接動因。

第一節　制度變遷的誘發環境：
黨的十八大以來面臨的內外部環境

一、轉型期中國行政審批制度變遷所處的國內環境

（一）政治背景

2012年黨的十八大提出「行政審批改革是推動上層建築適應經濟基礎的必然要求」，因此要「深化行政審批制度改革，繼續簡政放權，推進政府職能轉變」。2013年黨的十八屆三中全會召開，會上指出「經濟體制改革是全面深化改革的重點，核心問題是處理好政府和市場的關係，使市場在資源配置中起決定性作用和更好發揮政府作用」。在這樣的政治背景下，行政審批制度成了繼續全面改革開放的一個重要目標。

黨中央和新一屆政府對深化行政審批制度改革的高度重視無不昭示著在當前社會矛盾突出、經濟社會轉型陣痛的情況下，大力推進審批改革的重大政治意義。具體而言，制度變遷的誘發內部環境主要包含三個方面：

首先，總體而言，政府職能亟待迅速轉變。轉變政府職能是深化行政體制改革的核心，而深化行政審批制度改革則是轉變政府職能的「突破口」和「抓手」。行政審批制度改革，要以轉變政府職能促進依法行政，以從源頭上預防和治理腐敗為目標，建立與社會主義市場經濟體制相適應的行政管理體制。衡量行政審批制度改革的效果如何，不僅要看減少了多少審批項目，更重要的是看是否通過改革促進了政府職能的轉變，是否實現了依法行政水準的提高和制度創新，逐步形成科學合理的審批管理機制、規範高效的審批運行機制、嚴密完善的審批監督制約機制。[①] 事實上，在行政審批制度改革的過程中，重視前置審批，輕視事中事後監管甚至「以批代管」的「墮政思想」與

---

① 鮑靜. 適應完善社會主義市場經濟體制的要求進一步推進行政審批制度改革——國務院行政審批制度改革工作領導小組辦公室主任李玉賦接受本刊專訪［J］. 中國行政管理，2004（1）：10-15.

第十章　黨的十八大以來行政審批制度變遷的主要邏輯

行為仍然存在。市場出現問題後，部分政府官員的第一反應不是如何強化監管，而是增加審批事項，或是在審批事項上增加內涵，使得審批範圍有意擴大等。①

其次，深化行政審批制度改革是完善市場經濟體制的客觀保障。行政審批作為政府實施行政管理的一個重要手段，屬於上層建築，對社會生產力的發展具有直接的影響。隨著社會主義市場經濟體制的建立和完善，現行行政審批制度的弊端日益顯現。審批事項過多，審批權限混亂，審批環節繁苛，審批程序不透明，審批時間過長，審批效率低下，重「審」輕「管」等問題都不利於充分發揮市場主體的積極性和能動性，妨礙了市場對資源配置發揮基礎性作用，阻礙了社會生產力的發展。因此，行政審批制度必須進行改革，以適應完善社會主義市場經濟體制的客觀需要。

再次，深化行政審批制度改革是建設法治政府的內在要求。構建法治政府的核心在於促進各級政府依法行政，約束和規範行政權力，使行政權力授予有依據、行使有規範、監督有效率。「法無授權不可為」，這是法治政府應當遵循的一項重要原則。行政權力應當來自法律授權，無法律即無行政。高度集中的行政審批權（包括行政許可權、行政確認權及非行政許可審批權）應當依法而為。否則，在缺乏法律的有效調整下，在缺失監督制衡的情況下，行政審批權即便是掌握在最高層級的行政機關手中，也很容易異化為權力尋租的工具。比如，在宏觀經濟調控過程中，國務院某些部門或者省級政府的行政審批權限過大、管得過多過細，這樣不僅管不好，相反還可能助長權力腐敗、行政性壟斷等②。

(二) 經濟下行壓力較大

黨的十八大以來，中國的外部不確定、不穩定性因素依然較多，具體表現在國際經濟環境總體趨於複雜化、國內地方財政情況惡化和金融市場風險累積。

首先，全球經濟增長動能持續減弱。國際貨幣基金組織、世界銀行等機

---

① 王春豔. 中國行政審批制度變遷的演進邏輯與動力機制 [J]. 行政管理改革, 2016 (7): 45-50.
② 魏瓊. 簡政放權背景下的行政審批改革 [J]. 政治與法律, 2013 (9): 58-65.

構紛紛下調 2019 年世界經濟增長預期，全球經濟進入週期性下行軌道。世界貿易組織預計 2019 年全年主要經濟體貿易政策具有高度不確定性，國際貿易和製造業活動更趨疲軟，全球貿易增長進一步放緩。同時，影響世界經濟穩定運行的因素依然較多。英國與歐盟以及英國國內各種勢力間在「脫歐」關鍵問題上分歧依舊，脫歐進程的不確定性仍將持續擾動全球經濟和金融市場；「美朝核談」曲折反復影響東北亞穩定；美國將加大對伊朗制裁力度，恐進一步加劇中東地區的緊張局勢。世界經濟論壇在年初發布的《2019 年全球風險報告》中指出，國際關係不斷惡化正在挫傷國際經濟合作。

其次，地方財政收支平衡風險和地方債務、隱形債務問題突出。近年來，經濟持續下行，加之減稅降費規模連年擴大，一些地方財政減收較多，部分縣市突顯財力緊絀壓力。在剛性支出難以壓縮的情況下，保工資、保運轉、保基本民生等方面均出現一定困難。財政收支矛盾不斷加大，對地方政府基礎設施和公共服務等補短板的能力都將提出嚴峻考驗。同時，截至 2019 年 3 月末，全國地方政府債務餘額達 196,194 億元，較上年末增加 12,332 億元。中西部一些省區，如新疆、西藏、青海、甘肅、雲南、貴州等，負債率均在 60%以上，償債和付息壓力較大。特別是一些地方通過融資平臺公司、政府和社會資本合作（PPP）、政府購買服務等非公開透明方式產生的隱性債務，具體規模尚未摸清，此類債務風險更大且短期難以找到有效化解途徑。

再次，債券市場潛在違約風險依舊存在，人民幣匯率波動加劇。2018 年企業債券出現由點發式「爆雷」違約向板塊式違約擴展的跡象，全年新增 42 家違約主體，涉及 118 只債券，累計違約金額高達 1,154.5 億元。另外，中美經濟政策分化和全球金融市場波動性上升的雙重影響，疊加美元指數變動，均增加了人民幣匯率走勢的不確定性。若匯率波動幅度過大，不僅會嚴重影響人民幣國際化的進程，而且會對中國金融和房地產市場的穩定性造成明顯衝擊。①

---

① 杜飛輪，劉雪燕，何明洋，杜秦川. 經濟運行緩中趨穩內生動力活力仍需增強——2019 年一季度經濟形勢分析［J］. 宏觀經濟管理，2019（5）：12-16.

第十章　黨的十八大以來行政審批制度變遷的主要邏輯

因此，如何避免過去行政審批制度的弊端，減小傳統審批對市場的負面影響，成了行政審批制度改革的一個奮鬥方向，對於優化營商環境、提高經濟發展水準有著重要的意義。

（三）社會環境日趨複雜

黨的十九大提出中國特色社會主義進入新時代，中國社會主要矛盾已經轉變為人民日益增長的美好生活需要和不平衡不充分的發展之間的矛盾。這一變化一個重要的基礎就是中國社會轉型。社會轉型期間社會的活力和創造性大大激發，但也導致了社會環境的不平穩因素出現。各個主體之間利益需求、利益衝突增多，社會心理失衡、社會結構變化等現象對社會穩定產生了重要的影響。

首先，社會矛盾衝突增大。隨著中國改革的深化和市場經濟的發展，利益的加劇分化也導致利益衝突和社會矛盾增多，這些矛盾對社會和諧穩定造成了重大影響，又特別體現在「官民矛盾」中。政府官員應該是人民利益的實現者和維護者，但是，隨著社會轉型和市場化，部分政府官員也成為多元利益主體中的一分子。這樣，一些官員官僚主義、「權力尋租」、與民爭利的現象就難以避免。同時，民生問題也導致了許多社會矛盾的增加，在城鎮化、收入差距中集中體現。民生問題可能會由個體事件引發，再通過信息化、網絡化傳播媒介的作用產生放大效應，增大了政府解決矛盾、化解風險的難度。

其次，收入不平等導致整體上社會心理失衡情況加劇。收入不平等加劇導致了貧富差距的擴大。中國的基尼系數超過了國際公認的社會穩定標準，近年來略有下降，但目前也在0.46左右。社會財富的不均衡聚集導致了人們社會心理的巨大變化：一方面逐利意識普遍提高，人們尋求更多更廣泛的渠道獲取利益；另一方面，人們的攀比心理、不平衡心理也越來越凸顯，社會變得普遍急躁、焦慮。人們奉行實用主義，甚至一些群體為獲得利益不擇手段。

再次，社會結構呈現多元化趨勢。當前中國社會階層分化日益明顯，產生了越來越多的新興社會群體。其中，所有制結構調整、非公有制經濟發展造就了廣大的私營企業主和非公有制企業從業者群體。同時，就業方式的多

樣化造就了廣大的自由職業者群體,城鎮化進程的加速造就了廣大遊弋於城鄉之間的就業群體。這些社會群體成為中國先進生產力的重要組成部分,他們為經濟社會發展做出了重要的貢獻。因此,如何充分調動和發揮各個社會群體的積極性,引導他們有序參與國家建設和社會公共生活是政府的一個重要課題。

在日趨複雜的社會環境壓力下,行政審批改革「勢在必行」,其實施的意義不光在於刺激經濟發展,更在於維護社會穩定、保障社會參與主體的公正平等。

二、轉型期中國行政審批制度變遷所處的國際環境

(一) 國際政治環境日趨複雜

首先,「多級單邊衝突」爆發。冷戰結束以後,伴隨著歐洲經濟一體化和中國的崛起,世界政治格局事實上形成了美國主導、多級參與合作和進行全球化治理的格局。當前國際政治力量的分佈仍是多級格局,美國、歐盟、中國、日本、俄羅斯等主要經濟體相互制衡的總體格局並未發生變化。但是,從 2012 年開始蔓延的全球化衰退,使得世界各國的民粹主義紛紛抬頭,多級合作的全球化開放趨勢受到挫折。國際政治格局變化的根本原因是原有框架下制衡增多迫使美國選擇戰略收縮。在傳統的國際政治框架下,隨著歐盟、中國、日本、俄羅斯的崛起,多極化趨勢對唯一超級大國——美國產生的制衡作用增強。在實力結構變化的條件下,美國通過原有的「一帶多」的國際政治格局不再能掌握絕對主動權和獲取國際政治經濟利益,從而迫使美國選擇戰略收縮,回到單邊主義的軌道。

其次,「單邊競爭」興起。隨著國際政治的基本格局從多級平衡合作轉向多級單邊衝突,國際政治的表現形式也從多邊協商轉向單邊競爭。國際組織和國際協議的制約作用大幅減弱。聯合國、世界銀行、世貿組織等「二戰」以後建立的國際秩序協調機制的作用將隨著美國參與意願的減弱而逐漸被削弱。美國退出氣候協議、否定伊核協議、重啓對伊朗制裁等諸多行為,不僅

第十章　黨的十八大以來行政審批制度變遷的主要邏輯

僅表現為美國新政府對上屆政府政策的否定，更體現出國際組織和國際協議的約束力大幅衰減。單邊競爭盛行將促使政治集團形成。「多級合作協商」的基礎不復存在以後，國際爭端只能以單邊主義進行。美國樂意採取單邊主義進行制裁，使得各國也只能採取單邊主義形式進行回擊。[①]

總體而言，近年來國際政治環境發生了深刻變化，國際政治形勢轉向不和諧的大國衝突。國際政治格局方面，基本格局已從「多級平衡合作」向「多級單邊衝突」發生歷史性轉變，對中國國內政治經濟社會產生了重要的影響，最終對中國行政審批制度改革產生了重要的影響。尤其是「負面清單」制度的試點和實行，在一定程度上有利於減少貿易壁壘和「單邊競爭」的惡性循環。

（二）國際經濟格局變化

全球金融危機以來，世界各國的全要素生產率都出現了顯著下降。這一方面是由於危機產生的僵屍企業占據了大量資源，另一方面是由於互聯網創新帶來的技術紅利已被消耗吸收。而近年來新技術革命正在孕育中，人工智能、區塊鏈、新能源等新技術的研發熱度空前。這些技術在一定的時候可能顛覆傳統的生產工藝流程，從而帶來新一輪的技術進步和全球經濟增長。與以往的產業革命不同的是，中國正在經歷本輪技術革新，掌握彎道超車的機遇。[②]

過去中國通過FDI技術外溢或者OFDI反向技術外溢提高了自身的高科技技術水準。但是，不可否認，中國目前的創新技術仍然處於追趕的狀態。因此，國際技術封鎖可能阻礙中國的技術進步。儘管中國近年來也大量投資新技術領域，然而技術的策源地還是在歐美國家。技術帶來的增長效應本身就是一個拓展、學習、再拓展的過程，中國經濟的可持續增長需要依託更多的國外技術溢出和自身研發的投入。如果經貿易摩擦繼續升級成技術封鎖，將

[①] 陸江源，李世剛，徐薪璐. 近期國際政治經濟格局變化分析［J］. 產業創新研究，2018（10）：1-4.
[②] 劉慶雲，戴春勤. 構建人類命運共同體：破解人類發展困境的必由之路［J］. 長沙航空職業技術學院學報，2018（4）.

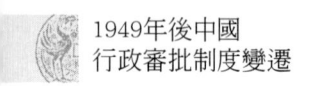

嚴重不利於中國的技術進步和長期經濟增長。

因此，中國行政審批改革的一個重要目標就是降低企業交易成本。特別是一些成長初期的創新創業公司，他們的成長對於中國高新技術的發展有著重要的作用。因此，優化營商環境、增強市場活力、降低企業進入門檻的審批改革顯得尤為重要。

第二節　制度變遷的根本動力：相關者的行動邏輯

從本質上來說，地方政府行政審批制度改革是一個權力和利益重新分配和調整的過程，涉及各級地方政府與中央政府、社會團體、企業和公眾等核心利益主體。受政治、經濟、社會、技術等制度環境因素的影響，各個利益主體為追求各自利益最大化，相互採取不同的博弈態度與行動策略，影響著地方政府行政審批制度改革的進程與成效，如圖 10.1 所示。

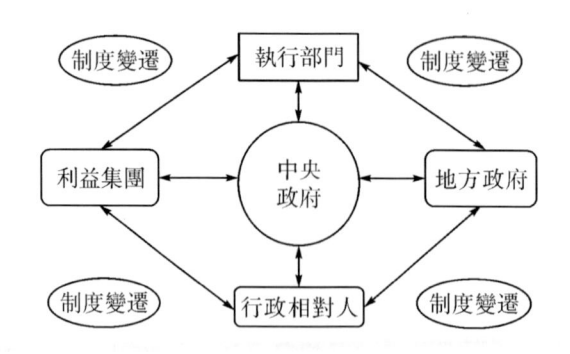

圖 10.1　利益主體博弈分析圖

第十章　黨的十八大以來行政審批制度變遷的主要邏輯

一、作為直接規劃者的中央政府

在計劃經濟體制下，行政審批制度作為政府管理社會經濟事務的一種重要手段，曾經發揮過重要作用，但隨著中國改革開放進程的加快以及社會主義市場經濟體制的逐步確立，其弊端也日益顯現。目前的行政審批制度設置過多過泛，不僅使得政府過多地介入社會資源的配置，阻礙了社會資源的自由流動，造成了政府與市場的邊界不清，而且阻礙了市場經濟主體的平等競爭和自主決策，限制了經濟社會創造活力的迸發。在建立市場經濟體制與建設法治國家的戰略目標下，加快政府職能轉變，依法推進行政審批制度改革，已經成為當下社會各界的一致共識與迫切要求。自 20 世紀 90 年代以來，一些地方政府就開始行政審批制度的改革實踐和探索，並取得了顯著的效果。[1] 而中央層級的行政審批制度改革則起步較晚，直到 2001 年才開始進入實質性推進階段。

作為決策利益相關者，中央政府是中國行政審批制度改革的直接規劃者，是這項制度變遷的直接推動者。中國的行政審批制度是計劃經濟的產物。新中國成立初期，在蘇聯的示範作用下，中國選擇了計劃經濟體制。與此相對應，建立了一套行政審批制度，對社會資源進行配置。在計劃經濟基礎上發展起來的中國行政審批制度，很多審批項目還帶有濃重的計劃色彩，如物價審批、進出口許可、匯率管理、項目審批制度等等。改革開放以來，隨著社會主義市場經濟體制的建立和發展，計劃經濟體制下發展起來的行政審批制度已成為中國市場經濟發展的瓶頸，成為阻礙中國走向國際化的絆腳石。

李克強總理指出：「政府工作只有一個目的，就是最大限度維護國家利益和人民利益。」為此，作為決策主體的政府應積極倡導行政審批制度改革。首先，落實企業自主權，通過轉變政府職能、放鬆規制、簡政放權增強企業活力，為企業鬆綁以激發其市場活力；其次，最大限度地發揮市場機制的作用，讓市場這只「無形之手」有效發揮經濟調節作用，政府這只「有形之手」主

---

[1] 卞蘇徽. 審批制度改革：深圳的經驗與啟示 [J]. 北京行政學院學報，2000 (6).

要在提高公共服務的質量和效率方面發揮作用；第三，提高行政管理效率，即把由地方政府管理更為方便、有效的經濟社會事項一律下放到地方和基層。

縱觀中央政府的七輪行政審批制度改革，中央政府推行的行政審批制度改革可以概括如下：

首先，建設服務型政府。「服務型政府」是隨著中國經濟和社會發展的深入推進而逐漸確立起來的政府理念和目標之一。作為一個理論概念，它是指在公民本位、社會本位理念指導下，把服務作為社會治理價值體系核心和政府職能結構重心的一種政府模式或者說政府形態。① 作為一個操作性概念，它是指政府的本質工作是為社會大眾分配包括教育、醫療衛生、社會保障與社會福利、安全、秩序、平等、正義、自由等在內的各種公共利益和價值，具體表現在組織社會經濟活動，發展科學、教育、文化、衛生等事業，管理和發展社會公共事業等方面。用一句話來概括，政府職能的本質就是「服務」，「服務」是政府存在的唯一理由。② 因此，改革開放以來，全面構建服務型政府，一直是中央政府屢次進行機構改革的根本出發點。計劃經濟體制下，行政審批制度作為國家全面干預社會經濟事務的重要手段，更多體現出「管控」特色和「禁令色彩」，用以有效貫徹國家意志，保持社會秩序的穩定，保障指令性計劃的順利實施和保證有限資源的合理配置。但隨著改革開放的深入推進與市場經濟體制的不斷深化，原有的行政審批制度已經難以適應經濟社會的發展需要，並成為桎梏經濟社會發展活力迸發的重要因素。當建設「服務型政府」越來越成為當代中國政府的改革目標和發展方向時，最具有「管控」色彩的行政審批制度自然成為改革的「標的物」。

其次，簡政放權。行政審批制度改革是政府的一場「自我革命」③，是對傳統行政管理體制的揚棄和變革，是政府職能轉變和行政體制改革的突破口。從歷次行政審批制度改革的內容及其實質來看，每次改革都圍繞這樣一個主題推進——簡政放權。一方面，通過梳理國務院各部門的職責職能，採取職

---

① 施雪華.「服務型政府」的基本含義、理論基礎和建構條件 [J]. 社會科學，2010 (2).
② 唐亞林. 推進長三角公共服務均等化的理論思考 [J]. 學術界，2008 (1).
③ 廖揚麗. 政府的自我革命：中國行政審批制度改革研究 [M]. 北京：法律出版社，2006.

第十章　黨的十八大以來行政審批制度變遷的主要邏輯

能「收縮」的方式，把一些不再適合市場經濟發展的行政審批事項予以取消，達到「簡繁政」的目的；另一方面，通過權力層級下移的方式，把可以由地方政府來承擔的權力和責任下放，使其充分結合本區域發展實際，發揮能動性來實現本區域經濟社會的整體平衡，達到「簡政放權」的目的。① 因此，簡政放權既是行政審批制度改革的前提，無此則改革不可能深入推進並獲得成功，同時又是行政審批制度改革的核心內容。

再次，厘定政府的權力邊界。「行政審批制度改革，就其本質層面而言，就是對行政權力與市場或社會機制作用的重新界定。」② 與西方發達國家行政審批制度所不同的是，中國的行政審批制度並非出於彌補市場失靈的需要，它最初產生於計劃經濟，是建立在「政府萬能」或曰「全能主義政府」的基礎上的。在傳統的計劃經濟體制下，政府作為全能的管理者，既承擔著優化營商環境、為企業提供服務的責任，也承擔著辦社會的職能。整個經濟社會的決策以及人、財、物的支配權統歸中央政府所有，包括行政審批制度在內的行政措施成為唯一調整經濟社會關係的手段。隨著行政審批改革的推進，政府的部分權力逐漸讓渡於市場和社會。總結中央政府的歷次行政審批制度改革，可以清楚看到的是，在這個過程中一條改革主線正變得越來越清晰——厘定政府—市場—社會三方的權力邊界。

二、利益博弈中的地方政府

在行政審批改革中，地方政府一般會從提升本地區政治、經濟和社會效益出發，採取一系列策略行動，通過大幅度削減行政審批項目，簡化審批程序，再造審批流程，縮短審批時限，實行「減量化」改革，促進企業招商引資項目快速運轉。在這一制度變遷過程中，中央政府從頂層設計推動改革，地方政府從基層探索推動改革，分別扮演著改革的倡導者與推動者、組織者與

---

① 魏瓊. 簡政放權背景下的行政審批改革 [J]. 政府與法律, 2012 (9).
② 榮仕星. 論政府行政審批制度改革 [J]. 中央民族大學學報：哲學社會科學版, 2004 (1).

執行者的角色。兩者間這種良性互動帶來改革目標的有效貫徹與落實，促進了國家和地區經濟、政治與社會效益函數的快速提升。[1]

但是，由於中央政府與地方政府的縱向府際關係間權力與利益的競爭博弈，兩者難免會基於各自的價值判斷和利益取捨來推行制度改革，形成了改革的反向張力。具體來說，就是中央政府主要從國家整體利益考慮政府和市場的資源配置，其利益偏好和目標是要削減、約束和規範地方行政審批權力，此時地方政府的權力和利益在制度設計中往往得不到充分考慮，制度供給與需求間無法達到均衡。作為基層改革實踐方的地方政府，此時希望努力保持甚至增加手中的實際權力，在改革過程中會考慮部門利益最大化等多元目標函數，與中央政府進行多次博弈，選擇對自己最有利的行動策略。為了彌補收益損失，他們往往利用信息不對稱優勢，採取虛報削減、合併調整審批事項的數量、虛化行政審批服務中心或網上審批服務職能等一些機會主義行為，增大審批隨意性和自由裁量權，使得改革的實際效果在一定程度上偏離中央政府的預期目標，陷入政府主導型的「執行困境」。

三、多重目標下的執行部門

一般來說，執行者部門指國務院各部門、各級地方政府及其所屬職能部門以及具體的行政審批執行者。執行者利益集團具有雙重的目標函數：一方面，他們要執行決策者集團關於行政審批制度改革的各項決策以獲得上級的政治支持；同時又寄希望於通過改革降低市場准入門檻，優化投資環境以促進地方部門經濟的發展。這兩項都是中國現行的壓力型行政管理體制下官員晉升的重要條件，因此在執行者集團目標函數中佔有相當大的權重。但是，他們又要盡力維護甚至擴大本部門的權力和利益。原來的行政審批制度賦予執行者集團相當大的審批事項設定權以及對生產和經營活動的特許權，而改

---

[1] 蔡小慎，牟春雪. 基於利益相關者理論的地方政府行政審批制度改革路徑分析 [J]. 經濟體制改革, 2015（4）：5-12.

第十章　黨的十八大以來行政審批制度變遷的主要邏輯

革的目標是弱化甚至是取消這些特權。那麼，執行者利益集團便想方設法地保留本部門的審批權限，特別是涉及重大的部門利益的審批事項。在相互矛盾的多重目標中，執行者利益集團採取了一系列的策略行動。

執行部門居於非常特殊的地位。首先，他是行政審批制度改革的執行者。從行政權責隸屬關係角度來看，他將會積極按照決策利益相關者的要求去做。從這個意義上講，他的利益同決策利益集團的利益是相一致的，即維護公共利益。其次，執行利益集團是行政審批權力的擁有者。按照「經濟人」假設理論，執行利益集團在權力運行中會追求私利的最大化。[1] 雖然執行者利益集團在改革過程中對決策者集團所設定的改革目標、路徑、方式、步驟沒有任何發言權，但他們有著決策者集團不可比擬的制度信息優勢。為了實現他們的另一目標——部門權力最大化，執行者集團與決策者集團展開了或明或暗的權力博弈，在改革中採取了一些投機行為來「敷衍上級」。

概括來說，行政審批改革的投機行為主要可以概括為幾種類型：第一種是在行政審批項目數字上作假。主要採取以下一些方式：一是升格，將原來只是備案或者核准的項目作為審批項目上報，然後再復原，這樣從數量上看起來削減的幅度很大。或者是將原來的兩個或者多個審批項目合為一個，數量變少了，但是審批的內容並未發生改變。第二種是抓大放小、丟卒保車。部分地方政府取消下放的審批事項多是「含金量」不高、「不痛不癢」、細枝末節的項目，對「束縛企業生產經營、影響人民群眾就業創業創新的事項」和涉及本部門核心權力和切身利益的項目則抓著不放。因此，公眾的感受與取消下放審批事項的數量之間存在巨大的落差，激發市場主體活力和社會創造力的效果還有所欠缺。第三種是「運動式」改革。每一次清理之後，又開始設置新的審批項目，使項目出現精簡—膨脹—再精簡—再膨脹 的循環。

---

[1] 蔡小慎，年春雪. 基於利益相關者理論的地方政府行政審批制度改革路徑分析 [J]. 經濟體制改革，2015（4）：5-12.

四、壟斷企業

壟斷企業主要是指「特權集團」，也可稱為既得利益集團，主要是與中央和地方政府各主管部門有著「父子」或親緣關係的大型國有壟斷企業比如金融、電信、交通、電力等等，以及一些壟斷行業的先行進入者。他們作為執行者利益集團的下屬企業，與政府職能部門有著千絲萬縷的利益關係。主管部門依靠這些企業擴大自己的影響力，增加自己可支配的資源。「特權集團」依靠主管部門的庇護在市場中獲得壟斷地位以及由此帶來的高額壟斷利潤。庇護的重要手段就是形形色色的審批，通過審批限制市場准入來限制競爭。當決策者集團所推動的行政審批制度改革危及他們原來的既得利益時，他們就會聯合起來保護既得利益。執行者集團通過採取上述的行動策略以滿足自己的多重目標需求，而「特權集團」也會利用其特殊地位，通過說服、求助主管領導、施壓、尋租等手段保護其壟斷地位，為行政審批制度改革設置重重障礙。「特權集團」成員數量小，在舊制度中獲利豐厚，為維護其既得利益他們有很強的動力去採取集體行動，甚至單個企業承擔全部的成本也在所不惜。所以有著既得利益的「特權集團」是行政審批制度改革的最主要障礙。[1]

另一方面，普通企業集團是舊審批制度的最大受害者，他們對政府的審批行為有著某種相同的態度，大都特別迫切希望進行審批制度改革，但在自上而下的政府主導的行政審批制度改革中，他們並未採取集體行動。因為行政審批制度對於普通企業利益集團來說，是比較典型的公共物品，具有非排他性和非競爭性。而普通企業利益集團是一個相當大的群體，涵蓋了經濟領域的各行各業，遍布全國各地，難以計數。根據奧爾森教授的分析，集團越大，單個成員所獲得的集團利益的分額就越小，就越不足以抵消為獲得這種收益所支出的成本；另外，集團成員數量越大，組織成本就越高，獲得集體物品前所需要跨越的障礙就越大。因此各集團不能通過集體行動增進他們的共同利

---

[1] 潘秀珍. 利益集團理論視角的中國行政審批制度改革 [J]. 理論導刊, 2006 (3): 21-23, 30.

第十章　黨的十八大以來行政審批制度變遷的主要邏輯

益。[①] 所以，理性的企業經營者往往從自身效用最大化目標出發，他們大多會利用各自的人情關係網，通過各種合法或非法的手段設法使自己的項目在各個審批部門及時通過。

總體而言，利益集團對中國行政審批制度變遷的影響是雙向的，既有正向推動作用又有逆向阻滯作用。這種雙向作用交替出現在行政審批制度變遷過程中，決定了不同階段行政審批制度變遷的特徵。推進和阻滯兩種作用的發揮取決於改革的支持力量和阻礙力量兩種力量的對比。當支持改革的利益集團的力量超過反對力量，則能成功地推動審批制度改革深入進行，行政審批制度正向變遷得以實現，此時利益衝突對行政審批制度變遷起正向推動作用；反之，當反對力量大於支持力量，則行政審批制度改革很難深入開展，反對改革的利益主體在利益衝突中占據高位，行政審批制度改革政策難以出抬或者即使出抬也很難落實，利益衝突阻滯行政審批制度正向變遷。行政審批制度變遷是在支持和反對改革的不同利益主體之間博弈的結果。[②]

五、一般行政相對人

地方政府行政審批制度改革以服務社會和廣大公眾為宗旨。可以說，社會公眾是審批制度改革的最終服務群體和直接受益者，反過來社會公眾也是改革最具有說服力的評估者，兩者相得益彰，互促互進。地方政府會建立健全重大事項社會聽證和公示機制，擴大公眾的知情權、參與權和監督權，通過網絡調查、電話調查、群眾走訪等民意調查方式，最大限度地瞭解社會公眾對審批事項的意見和要求，將其作為行政審批改革的重要依據。通過調整涉及社會生活的事項審批種類和放鬆管制、發展電子政務，提升政府為公眾提供多元服務的便捷性，增強公眾對政府的信任感，凸顯制度改革的政治和社會效益，推動審批決策的科學化、民主化。這時，社會公眾因為享受到多

[①] 曼瑟爾．奧爾森．集體行動的邏輯 [M]．上海：上海三聯書店，上海人民出版社，1996．
[②] 王春曉．中國行政審批制度變遷的演進邏輯與動力機制 [J]．行政管理改革，2016（7）：45-50．

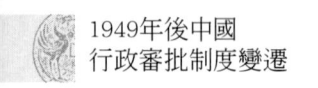

元、優質的公共服務，一般會給予審批制度改革極大支持與積極擁護。

同時，社會公眾也會通過動員社會各方力量向政府當權者的決策施加影響和壓力，對政府行為進行監督和信息反饋，要求在行政審批上一視同仁，保證公平、公正的制度環境，促進審批服務職能由「管理」向「治理」的範式邁進。相反，現實中大部分的地方政府仍處於一種全能政府狀態，在集權意識形態慣性下管理權限下放有限，使得社會公眾對政府高度依賴，最終形成了一種強勢政府和弱勢社會的不健康狀態。在這一過程中，雖然很多地方積極回應中央號召，將不需要管、社會能管的審批事項通通予以調整和取消，由原來的審批類型轉變為一般管理服務職能；然而由於部門審批人員對這些下放和轉移事項的觀念意識轉變、服務水準能力不足，社會公眾仍然無法真正享受改革的成果。通常這個時候，社會公眾由於參與意識、維權意識不足，往往採取對政府消極服從的博弈策略，更傾向於採取「搭便車」的機會主義行為，希望從別人的集體行動中免費受益，這導致放權後的「公共治理」因為缺乏公眾對政府的積極回應和有效監督，其改革成效大打折扣。

第十一章
黨的十八大以來行政審批制度變遷的評價

　　黨的十八大以來的行政審批制度改革是基於當下政治、經濟和社會帶來的挑戰發起的新一輪改革。2012年，新一屆政府把行政審批制度改革作為當頭炮，在「放管服」的背景下，通過減少審批項目、壓縮審批程序和「三單建設」，進一步對政府與市場、政府和社會、各級政府的關係進行優化，以達到轉變政府職能、激發市場和社會活力的目的，將市場、社會能做好能辦好的事放給市場和社會。總體來講，黨的十八大以來的行政審批制度改革對優化政府職能、提升市場和社會的活躍度起到了積極的作用。從政府方面來看，行政審批改革制度改革進一步優化了政府職能，促進了政府職能轉變：厘清了政府權力邊界，同時明確了政府的責任，在放權的同時加強對市場和社會的監管，為人民群眾提供更好的服務；約束了政府對權力的濫用，極大程度上避免了政府官員的「尋租」現象。從市場和社會方面來看，通過簡政放權，把原屬於政府權力範圍的事也放還給了市場和社會，激發了市場活力和社會創造力。此外，在行政審批制度改革過程中，權力下放、政務大廳建設、網絡審批探索等都在一定程度上保障了群眾的利益。同時，政府也可以更好地為群眾服務。在這個過程中，行政相對人的權利得到了更有力的保障。

第一節　進一步優化了政府職能

以取消和下放行政審批事項為主要手段進行的新一輪行政審批制度改革，其實質是對權力的重新配置，要求根據中國現階段所處的環境，進一步轉變政府職能，明確什麼是政府該管的，什麼是政府該放手的，因此改革成效首先就體現在政府職能的優化上。自 2012 年以來，政府持續強調權力的下放，主要體現在三個方面：一是各級地方政府應該把權力下放到市場和社會，做到完全釋放、不予保留，而對上級政府下放的行政審批項目要能夠承受和管理；二是直接取消大量行政審批事項；三是加強行政審批事中事後監督。黨的十八大以來，截至目前，已取消審批事項 1,038 項，下放 149 項。審批事項大量取消和下放後，減少了各級政府花在繁瑣的審批事項上的時間和精力，同時其工作重心發生了轉移。通過擬定政策措施、加強監督檢查、提高公共服務質量，原先無序、多頭管理和失控的行政審批優化為規範、高效、廉潔的政府服務。服務的質量顯著提高，覆蓋面顯著擴大。總之，黨的十八大以來的行政審批改革促進了政府職能轉變的進一步轉變，這主要體現在厘清了政府的權力邊界、明確了政府的責任、約束了政府對權力的濫用以及加強了政府行政審批合法化的進程。

一、厘清了政府的權力邊界

政府權力究竟有多大、有多廣一直以來都沒有清晰的界定，政府這雙「看得見的手」是否伸到了他不該管的領域、是否造成低效率也無法明確。黨的十八大召開以來，新一輪的行政審批制度改革重新界定了政府權力邊界。通過多輪行政審批事項清理，一些政府不該管的事項得到清理、轉移。這既有利於政府高效履行職責，也有助於逐步厘清政府與市場、政府與社會的邊界。「管理就是審批」的觀念正在成為歷史。李克強在大連 2013 夏季達沃斯

第十一章　黨的十八大以來行政審批制度變遷的評價

論壇開幕式上表示,「通過簡政放權,把該放的權放開、放到位,把政府該管的事情管好、管到位,為各類企業創造公平競爭的環境,以激發市場主體的創造活力」[①]。「簡」並不僅僅意味著「少」,還意味著一個清晰的界定,即明確劃分政府的「看得見的手」和市場的「看不見的手」。觀察當前政府提出的一系列政策舉措,其中大多數是基於「簡」的概念。根據「簡」的概念,政府推行了「三張清單」管理模式,公開「權力清單」,明晰政府應該做些什麼,即「法無授權不可為」。給政府的權力劃了範圍,在極大程度上減少了由於政府管得多、管得寬造成的失靈現象,從而提高了治理效率與效益。

二、明確了政府的責任

通過行政審批改革,對政府權力進行了重新配置,把更多的權力下放給了市場和社會,但這並不意味著政府可以事不關己高高掛起,他需要承擔起更多的責任。簡政放權,「簡」的理念的實施路徑是「減」,新一輪行政審批制度改革取消了所有的非行政許可審批,消減了大量行政審批項目,正是體現了「減」。此外,政府還將大量行政審批事項下放到地方政府和社會組織。但並不是一減了之、放任不管,政府將更多精力放在了對市場的監管和人民需求上,創造公平、高效的優勝劣汰環境,不斷優化服務,便捷企業和群眾。

在中央政府力推的「三張清單」中,「責任清單」明確了政府怎麼管市場,做到「法定責任必須為」。簡政放權主要表現在政府權力對下級政府的下放和對市場、社會的外放,但應該明確的是,放權不能一放了之,而應該做到放管結合。為保證有放有管,新一輪的行政審批改革創新了監管方式,運用「互聯網+」、大數據等手段,對市場主體實施「智能監管」。與此同時,商事制度改革健全了信用監管制度,為加強事中事後監管奠定了堅實的基礎。行政審批改革過程中,國家一直在不斷探索「制度+技術」的方式,創新監管

[①] 吳定平. 總理力促「簡政放權」再顯改革決心 [EB/OL]. [2016-04-11]. http://news.xinhuanet.com/comments/2013-09/26/c_117525613.htm.

模式。2015 年，國家明確提出「誰審批、誰監管、誰主管、誰監管」的原則，構建了新型監管制度，即以信息歸集為基礎、以信息公示為手段、以信用監管為核心，38 個中央部門共同建立了失信聯合懲戒，對企業跨部門、跨地區、跨行業進行信用約束和聯合懲戒。

政府除了負有監管市場、促進市場良好運轉的責任外，還承擔了優化服務、為企業和群眾提供更加便捷的辦事渠道、增強群眾的滿意度和幸福感的任務。黨的十八大以來，在中央政府的帶領下，行政審批制度的改革進行了權力的下放、政務大廳的建設、網絡審批的探索，這種種實踐便捷了群眾，使群眾從以前的「多跑腿」到「少跑腿」，再到「不跑腿」，極大提高了辦事效率和效益，增強了群眾的滿意度。

三、約束了政府對權力的濫用

當前，我們的市場經濟還不發達，還處在初級階段，且中國行政審批制度長期以來只注重審批而忽視監管，行政監察部門對行政審批的監管沒有起到實質性作用，有些政府工作人員將審批權作為部門或個人的「尋租」方式，加大了行政成本和投資成本，導致腐敗現象增長。縱觀改革開放以來發生的重大腐敗案件，許多都出現在審批上，如土地審批、期貨期權審批、進出口審批。通過改革審批制度，重新分配利益，加強監督機制，弱化審批權限，服務基層和人民，防止腐敗和促進經濟建設。中共中央始終把改革審批制度、規範審批行為、加強監督審批程序作為深化反腐的重要任務。實踐證明，這是完全正確的。通過改革減少程序和削弱權力可以提高政府工作效率，改善工作作風，防止腐敗，減少尋租行為的發生。另外，除了減少審批程序外，中央政府還不斷加強行政審批的監管力度。主要體現在以下三個方面：第一，監督範圍不斷擴大。各地加強了審批監督，特別是全國人大和政協的監督；強化了相關部門的監督職能，特別是行政監督機關的監督職能；增加了多條監督渠道，特別是群眾和新聞媒體的監督。從多種角度、多種主體強化審批監督，形成了內部監督和外部監督共同作用的監督體系。第二，監管手段更

第十一章　黨的十八大以來行政審批制度變遷的評價

加多樣。根據「誰審批、誰負責」的原則，部門地方政府制定了行政審批責任追究制度和信息反饋機制。此外，有些地方還設立了行政審批投訴中心、行政審批投訴熱線和舉報信箱，通過各種途徑接受群眾的監督和舉報。第三，監督力度大大加強。行政審批過去重視事前監督，對事中事後監督卻有所忽略，而現在也將事中事後監督納入重點監督範圍，加強對整個審批過程的監督。從審查到決策到結果，任何環節都嚴格執行監督工作。因此，審批制度的改革通過減少審批程序，加大監管，極大地約束了政府對權力的濫用，在防控貪腐、尋租方面具有重要作用，是加強廉政建設的戰略決策。

四、加強了行政審批合法化的進程

　　黨的十八大以來的行政審批改革，取消調整了全部非行政許可審批事項，使「非行政許可審批」這一概念徹底成為歷史，加強了行政合法化的進程。

　　2003 年行政許可法問世，是為了規範行政許可的設定和實施，保護公民、法人和其他組織的合法權益，維護公共利益和社會秩序，保障和監督行政機關有效實施行政管理。根據憲法規定制定的法律，標誌著審批的職權、流程等以法律的方式確定下來。此後，中國出現了「行政許可」的概念。用法律、法規將行政許可置於較高層次規定下來，使得行政許可走向法制化和規範化。非行政許可審批與行政許可審批是兩個相對的概念。非行政許可審批大多從行政許可審批「派生」而來，它的主要任務是輔助、替補和監督，其範圍既有法律法規規定的，也有法律法規之外的。在法律法規中，非行政許可審批因不適用於行政許可法的審批規定，而常被認為是「制度後門」和「灰色地帶」。在推行行政審批制度改革過程中，一批非行政許可審批事項陸續被取消和調整。然而，一些政府部門通過各種形式和手段自行設定了一些非行政許可審批事項，包括政府內部管理事務的事項和打著非行政許可審批的幌子面向公民、法人或者其他組織設定的行政許可事項。非行政許可審批的存在，給了政府「鑽空子」的機會，政府權力沒能得以限制與約束。李克強表示，有些地方長期以來把審批當成了分配利益的手段，「這就把政府和市場的界限

搞混了，也把社會經濟的制度、體系搞亂了」。他明確提出，現代政府的職能，應該是「把該管的管好，把該服務的服務好」，至於其他都應該交給市場。非行政許可審批這個「灰色地帶」，顯然與這樣的政府職能理念相悖。

本屆政府成立以來，已先後開展多輪清理工作，多次取消非行政許可審批事項。2014年4月22日，國務院下發的《關於清理國務院部門非行政許可審批事項的通知》要求，清理工作要按照統一的要求進行分類處理和分步實施，將該取消和該調整的非行政許可審批事項清理到位，也就是將面向公民、法人或其他組織的和面向地方政府的非行政許可審批事項分別取消或依法調整為行政許可和政府內部審批事項，不再保留「非行政許可審批」這一審批類別。① 2015年5月6日，國務院常務會議決定徹底取消非行政許可審批，這是在2014年大幅減少國務院非行政許可審批事項的基礎上按照中國依法行政的要求做出的決定。此後，再無「非行政許可審批」這一概念。

「我們取消非行政許可審批，制定權力清單，其目的就是為了劃定政府權力的『邊界』。」李克強強調，政府做事要光明磊落、公開公正，不能再模糊自己的權力邊界，做出超越與自身權利邊界的事。而對於非行政許可審批事項，要做到該取消的取消、該轉化的合理轉化。

第二節　活躍了市場和社會

作為施政的「先手棋」「當頭炮」，簡政放權主要是通過轉變政府職能，逐步理清和理順政府與市場、社會之間的關係。黨的十八大對行政審批改革加大強度以來，政府職能得以優化，在厘清政府的權力邊界、明確政府職責和約束政府對權力的濫用方面取得了積極的成效。這意味著，與政府相對應

---

① 國務院下發《關於清理國務院部門非行政許可審批事項的通知》，2014.4.22。

第十一章　黨的十八大以來行政審批制度變遷的評價

的市場和社會獲得了更多的權力和更多自由運轉的機會。2013年伊始，李克強在答「兩會」中外記者提問時表示：市場和社會能辦好做好的事政府不應該多管，而應該放權於他們，將更多的精力與中心放在自己應該管好、管住的事。① 「簡政放權」，原來掌握在政府手中的部分權力下放到了市場和社會，市場和社會獲得了更多的機會。具體來說，市場因大量審批事項的減少而更具活力，社會由於多元社會治理主體的積極參與而更加活躍。另外，對於行政審批體系中處於被動地位的行政相對人來說，其權益得到了更有力的保障。

一、市場更有活力

黨的大以前的行政審批制度改革在激發市場活力方面也取得了相關成效，尤其是在中國加入 WTO 後，較之前來說市場運轉更有效率，也取得了更好的收益。而黨的十八大以來的行政審批改革在此基礎上進一步推動了市場的更新與發展。從國際上來看，中國營商環境顯著改善：2019 年世界排名 46 位，較 2013 年上升了 45 位（表 11.1）。這主要通過以下兩個方面得以實現：其一，最大限度減少政府對微觀經濟活動的直接干預，激發市場主體活力；其二，將企業生產經營活動直接相關的審批事項下放到市、縣政府，使基層管理服務的作用發揮到極致，有效促進企業的經營與管理。

表 11.1　2013—2019 年中國營商環境排名

中國營商環境							
年份	2013	2014	2015	2016	2017	2018	2019
排名	91	96	90	84	78	78	46

---

① 陳軒. 李克強熱字之一：簡 [EB/OL].[2016-04-11]. http:/news.xinhuanet.com/politics/2016-02/27/c_128758095.htm.

首先，最大限度減少政府對微觀經濟活動的直接干預是激發市場主體活力的直接因素。不可否認的是，與建立社會主義市場經濟體制的要求相比，政府在經濟領域的審批事項仍較為繁瑣，一些部門以行政手段分配資源，直接干預微觀經濟活動。特別是在企業註冊和項目投資方面的程序尤為複雜，造成市場運轉頻率慢，效率低，缺乏較強的自主性，大量機會因此流失，成為中國經濟快速發展的絆腳石。而減少政府對微觀經濟活動的直接干預能有效地解決上述問題，如取消與企業生產經營活動直接相關的審批事項，減少政府對企業的行政管制，降低公民創新創業門檻，建立「寬入嚴管」的企業登記管理體系，充分釋放了各類市場主體的積極性和主動性，企業主體快速增長。據統計，截至 2018 年 3 月，各種市場主體總量超過 1 億；自 2014 年 3 月商事制度改革全面啓動以來，全國累計新登記市場主體超過 6,000 萬戶。

其次，將與企業生產經營活動直接相關的審批事項下放到市縣政府實施是激發市場活力的重要因素。黨的十八大以來，各級政府全面清理並公開行政審批事項，進一步下放審批權限。從覆蓋面來看，取消下放的行政審批事項主要集中在市場經濟和市場監管領域，充分體現了簡政放權的主要目標在於激發市場和社會活力，鼓勵大眾創業、萬眾創新。[①] 企業生產經營活動相關的審批權力的下放，將基層就近管理服務的作用與功能發揮到淋漓盡致。企業直接對話基層政府，極大方便了企業，提高了其辦事效率；又有利於縮短投資審批週期、減少環節，給企業鬆綁。社會創業熱情增長：2017 年，平均每天新登記企業 1.5 萬戶，增速 70%；2016 年新登記企業從業人數達 1,703.88 萬人，較 2013 年多為 586.02 萬人提供了就業崗位。黨的十八大以來的行政審批制度改革切實做到了把由地方實施更有效的審批事項，堅決下放給地方，在激發地方政府活力的同時帶動企業的活躍，進而實現整個市場的活躍。

不斷深入推進的行政審批制度改革有力解放和發展了生產力，激發了市場活力和社會創造力，促進了穩增長、調結構、惠民生，在國內外形勢錯綜

---

① 馬懷德. 行政審批制度改革的成效、問題與建議 [J] 國家行政學院學報，2016 (3)：14-18, 2.

複雜、中國經濟下行壓力加大的情況下，為中國經濟保持穩定增長，帶動城鎮人口就業，發揮了關鍵作用。

二、社會更加活躍

　　形成「小政府、大社會」的格局，是中國行政審批制度改革的最終目的。要達成此目的，政府必須從複雜的微觀事務中抽離出，將工作重心放到制定規則和監督上來。行政審批制度改革的目標除了重新定位政府與市場的角色、激發市場活力外，還著眼於社會。如何構建多元治理主體，增強社會自治能力，也是改革的目標之一。因此要培育發展社會組織，尤其是要培養有能力的社會組織和行業協會，將社會的力量調動起來，將政府下放的權力利用起來，進而增強社會自治能力。

　　社會組織尤其是行業協會在市場經濟體系中起到了規範市場秩序、制定行業標準、調解貿易糾紛等方面的重要作用，成了一支不可或缺的力量。此外，社會組織對政府公共服務的不足還起到了彌補的作用，一些社區社會組織積極參與社區共治，化解了大量社會矛盾；另外，社會組織直接服務於民生領域，成為推進公益事業、弘揚慈善精神的引領者。各種社會組織是社會大系統的一個組成部分，社會組織在實現組織自身目標的同時也實現了社會的大目標。越來越多的數據說明社會組織在市場、公共服務和民生方面都發揮了不可替代的作用，因此，注重社會組織的培育與發展是促進社會進步、激發社會活力和創造力的手段之一。

　　黨的十八大以來的行政審批制度改革也體現出了對社會組織的重視。在簡政放權的背景下，簡化了社會組織登記程序，原有複雜繁瑣的流程得以簡化；通過放低對社會組織的准入要求和標準，更多社會組織得以註冊成立；此外創新社會組織管理機制，促進社會組織向「去壟斷化」和「去行政化」發展。要達到社會組織去「去行政化」的目標，應做到對社會組織「放手」。「放手」首先體現在對一些長期依託於政府機關的社會組織採取「斷奶」措

施，讓他們在沒有行政支持的背景下、在市場經濟環境下實現自力更生、自我發展與提高。「放手」其次體現在取消社會組織註冊的前置審批上。除一些影響國家、社會穩定的少數特殊領域外，其他領域的社會組織的成立只需在民政部門登記，而不再需要主管部門的同意。另外，應按照社會組織的成立符合市場需求的要求，堅持自主成立、自負盈虧、自我發展的原則，逐步實現社會組織的「去壟斷化」。因此，相關政府部門應該「放權」「放手放心」，不必過多干預。

另外，隨著改革的深入推進，一些地方和部門發現，社會仲介組織特別是行業協會對行業信息、行業發展趨勢、行業內企業狀況等方面的瞭解較政府而言更深入。通過政府授權行業協會來承擔某些行政審批職能或審批環節的方式，能有效降低行政成本，並提高審批服務的質量。因此，許多地方政府在一些行政審批事項上引入了當地的行業協會，得到了他們的支持與協助。比如上海市將「中小企業國際市場開拓資金確定」交由上海國際商會承辦，區縣上報材料和部分市級中小企業項目和資質初審皆由承辦單位負責；另一些地方則將某些特定的審批事項轉移到行業協會，如一野生動物養殖協會參與了海南省林業廳對野生動物養殖的審批。①

取消和下放社會組織相關審批事項、創新社會組織管理體制機制後，湧現出了越來越多的社會組織。據中國社會組織網公布的相關數據（圖 11.1 和圖 11.2），截至 2017 年底，全國共有社會組織 80.3 萬個②，較 2016 年的 70.2 萬個增加了 10.1 萬個，是歷年來增長數量最多的一年；較 2012 年的 49.9 萬個增長 60.9%。2012—2017 年，全國社會組織大量增長（見圖 11.1 和圖 11.2），他們在監管市場、提供公共服務、參與基層治理方面貢獻出了積極的作用，激發了社會活力。

---

① 黃小勇．中國行政體制改革研究 [M]．北京：中共中央黨校出版社，2013：179-180．
② 中華人民共和國民政部官網資料為 76.6 萬個。

第十一章　黨的十八大以來行政審批制度變遷的評價

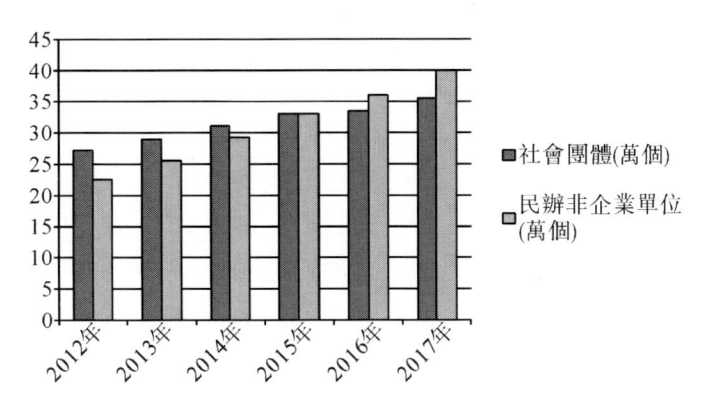

圖 11.1　社會組織數量統計圖（2012—2017）

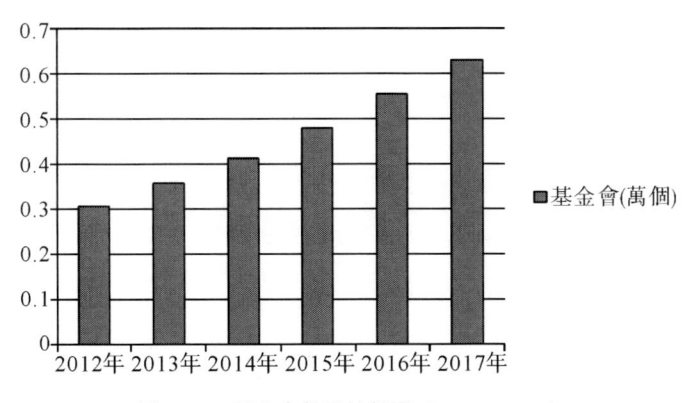

圖 11.2　基金會數量統計圖（2012—2017）

三、行政相對人的權利得到更有力的保障

長期以來，中國行政審批處於權力本位官僚體制下，行政部門權力意識較強，無論是對行政審批相對人的賦權，還是對申請人禁止性行為的解除，審批部門處在「不報不理」「報也可不批」的優越地位，在辦事過程中遇到一些衝突和麻煩時會忘記「全心全意為人民服務」的初衷，從而形成行政審批中「門難進，臉難看，事難辦」的機關作風。黨的十八大以來的新一輪行政審批制度改革，通過簡政放權的方式，力求將「管制型政府」轉化為「服務

253

型政府」，提供相應條件，提升審批效率，激發了市場和社會的活力與創造力，同時也保障了行政相對人的權利。

首先，黨的十八大以來的行政審批制度改革保障了行政相對人法無禁止即可為的權利。「封閉運轉」「暗箱操作」是行政權力異化的基本特徵，「內部保密」「不予告知」是許可權背離其公共屬性的主要表現，審批部門存在的這些現象嚴重阻礙了行政審批制度的發展。黨的十八大以來的行政審批制度改革減少了審批事項，公開了所有實際發生的審批事項。對於沒有公開的，則要求不予認可；沒有公開仍在審批的，則要追究相應審批部門的行政責任。將審批事項公開，行政審批人可以根據頒布的文件與法令，將需要進行審批的事項按照相應的程序交由審批部門進行辦理；若未公開的，行政相對人享有無須審批即可執行的權力，極大程度上保障了行政相對人法無授權即可為的權力，嚴重打擊了審批部門為實現自身利益而不斷擴展審批範圍、擴大許可權限的現象。

其次，黨的十八大以來的行政審批制度改革提高了行政審批效率。一直以來，行政審批效率的提高都被作為行政審批制度改革的核心和重點。在新一輪改革的大力推動下，行政審批效率有所提高，對社會經濟的飛速發展都產生較大的促進作用。改革對管理範圍內的大多數審批事項都規定了處理時限並建立了責任問責機制，超過規定審批時限的審批行為將受到行政處罰。通過精簡環節、簡化受理、創新方式，極大提高了審批效率，行政相對人提起的審批申請在相應的時間內能得到處理，並力求杜絕「一拖再拖」到最後甚至「杳無音信」的情況。舉個例子，成都市武侯區把行政審批權集中到區行政審批局後，提高了行政審批效率，極大方便了群眾辦事。以前群眾辦理審批事項免不了跑多個部門，可事情不一定能辦成；現在只需要到一個窗口，事情就能得以解決。這是因為按照行政審批制度改革專業化的要求，行政審批局將工作重心轉移至窗口，重新梳理了行政審批的流程，審批流程得以優化。此外，還推出線上線下相結合的審批模式，拓寬了辦理渠道，集約化審批得以實現，行政審批效能真正得到提高。上級職能部門新下放的行政審批事項，直接由區行政審批局承接。為保證基層的事留在基層辦理，區行政審

第十一章　黨的十八大以來行政審批制度變遷的評價

批局將與群眾生產、生活密切相關的審批權限逐步下放到街道、社區，同時區行政審批局對街道、社區的有關審批工作人員加強業務指導和培訓，確保下一級能接住、管好、用活下放事項，切實做到「有序承接，規範下放」。「兩集中、兩到位」、「一站式服務」、網上辦事大廳等審批服務標準化建設，從多種途徑提升了行政審批工作的效能，行政審批環節得到大幅優化，行政審批的效率得以極大提高。這種種改革內容與工作成效贏得了群眾的廣泛認可與支持。

最後，黨的十八大以來的行政審批制度改革確保行政相對人獲得更好的服務。改革以來，國務院決定取消284項職業資格許可和認定事項。[1] 推進簡政放權、放管結合、優化服務改革的重要內容是減少職業資格許可和認定事項，這確保了行政相對人獲得更好的服務。此外，在行政審批制度改革中催生出來的政務服務中心的建立，「以申請人為導向」理念的廣泛確立，審批部門與申請人的關係得到極大的改善，行政相對人獲得了更優質的服務。審批辦證從「求你關照和變通」到「認人更認規則」，從「你到辦公室找我」變成了「我在服務窗口等你」，從坐等接受申報到開展主動服務、上門服務、延時服務，均體現了政府服務在運作方式中所做的積極調整，為的就是能更好地為行政相對人服務。證明「我是我」「我媽是我媽」等奇葩要求近年來也得到改善。另外，「橫向協同、上下聯動」的省、市、縣（區）、鎮（街道）及村五級貫通的政務服務體系的確立，行政審批服務標準化、全程代理服務制的推行，在線申報和網上受理的開展，統一平臺的審批信息系統的建立，以及以服務對象滿意度提升為核心的運作模式，政務服務中心統一的規範和要求嚴格的內部管理，使更多的申請人體驗到新一輪行政審批制度改革帶來的便利，享受到了改革的成果。

---

[1]　數據來源：中國政府網。

第三節 仍然存在的問題

黨的十八大以來，各級政府不斷推進行政審批制度改革，簡政放權，取得了重要成果，但也必須看到，隨著改革的深入，由於改革中存在局限性和不徹底性，現行的行政審批制度還不能完全適應市場經濟發展的需求，和宏觀經濟環境發展的要求相比較處於相對滯後的狀況。簡政放權已越來越觸及部門核心利益，改革難度逐漸加大，在放權、監管和服務方面仍存在問題。

一、行政審批權的精減和下放仍有空間

改革的實質是對權力和利益關係的調整。而權力和利益對於任何人或者機構來說都至關重要，審批事項的下放在一定程度上也意味著權力的下放。「放」是簡政放權的重要方面，在目前的改革中也遇到了「放未真放」的難題。

首先，該放的權力未放。一些領域審批雖經改革有所壓縮，但各種審批要件、程序、環節還是繁多，成效不明顯。

其次，下放權力的含金量低。改革過於注重數量，而忽視了質量。各級政府取消下放的審批事項多是「含金量」不高、「不痛不癢」、細枝末節的項目，對「束縛企業生產經營、影響人民群眾就業創業創新的事項」[1] 和涉及本部門核心權力和切身利益的項目則抓著不放。因此，公眾的感受與取消下放審批事項的數量之間存在巨大的落差，激發市場主體活力和社會創造力的效果還有所欠缺。[2]

最後，放權不當帶來了承接難題。放權不當包括兩個方面：放權不同步

---

[1] 楊晶. 國務院關於深化行政審批制度改革加快政府職能轉變工作情況的報告 [J]. 中國機構改革與管理，2014（10）：8

[2] 馬懷德. 行政審批制度改革的成效、問題與建議 [J]. 國家行政學院學報，2016（3）：14-18, 2.

第十一章　黨的十八大以來行政審批制度變遷的評價

與放權不配套。放權不同步是指對於涉及多個部門、多個環節的事項，有些部門放了有些部門沒放，或是大部分環節放了而核心環節沒放，下放的權力難以實施；放權不配套則大多表現為權力下放了而將編製留於手中，或是下放了責任而未給予權力。在推進行政審批制度改革的進程中，權力與編製均未配套下放，也就是說下級部門在承接下放的審批事項時，卻沒有得到相應的人力的增加。此外，一些地方政府在審批事項的下放上存在放責留權現象，他們更傾向於將風險較高、涉及責任較大的事項下放，而往往沒有下放相應的配套權力。另外，有些地方政府是沒有充分考慮基層的承接能力，下放了下級無法承接的事項，而導致權力的無法承接。權力下放不到位、難落實，將導致群眾和企業的獲得感不強。

二、對行政審批權的監管仍需要加強

雖然「三張清單」（權力清單、責任清單和負面清單）以及一個監管體系的建立極大地約束了政府對權力的濫用，但對政府行政審批權力的行使的監管仍需加強。

在現實情況下，缺乏對審批主體的有效監督、缺乏對審批權限的制約都是造成「尋租」行為和貪污腐敗出現率大大提高的原因。審批過程中出現「暗箱操作」，審批成為某些部門謀利的手段，有些部門人員素質低，盲目過審、胡亂收費，這破壞了政府機關良好的公眾形象。有的部門和地方將審批「改頭換面」為「核准」「備案」「指標」等，權力不減反增，影響了改革的效果和質量。行政審批制度改革觸及深層次矛盾，觸動權力和利益調整，是政府的自我革命。只取消下放審批事項，不進行機構撤並、職能調整，就不能徹底做到簡政放權，難免出現審批事項「死灰復燃」的情況，陷入權力精簡—膨脹循環的怪圈。

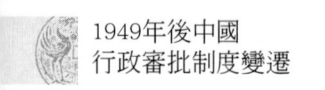

三、對市場和社會的事中事後監管體系亟待完善

簡政放權，絕不是一放了之，放與管的結合、放權同時的事中事後監督也是改革的重點。如長春長生假疫苗事件證明了政府在監管方面存在不足。目前的監管機制存在很大問題，重視前置審批，卻輕視事中事後的監管，加之存在「以批代管」的惰政思想與行為，當出現問題時沒有第一時間找出監管體系的漏洞，而是增加審批事項。對市場和社會的事中事後監管體系出現的問題主要表現在以下兩個方面：

重環節輕監管。經審批入市後的主體仍有可能會對市場經濟造成嚴重的損害，這主要是因為工作人員管理的慣性思維以及監管模式不適應改革需求。入市的主體由於不適應市場經濟的發展，很快就被淘汰了，這對整個審批工作來說無疑造成了人力與物力的浪費。甚至有些不法主體以虛假信息通過審批進入市場後會做一些違法亂紀的事，如侵占公共利益、浪費公共財產，極大損害了公眾的利益。這種重視利益、忽視服務、厚此薄彼的行為會打亂市場經濟的發展步伐。如在推進商事制度改革的過程中，有照無證違法經營、無經營場所的「皮包」公司在市場上仍較多。這都表明政府依舊沿襲傳統的管理理念，對審批入市後的主體監管程度不夠。另外，商事制度改革後，市場主體數量迅速增加，政府部門的監管任務加重，但由於沒有迅速地轉變傳統的管理方式，對市場主體的監管不到位，監管模式沒有適應改革的需求。

監管主體不明確。這主要出現在合併後的機構中，如在中央層面組建合併的一個新機構：國家市場秩序監督管理總局。該局是由工商局、質監局和食品藥品監督管理局這三個部門組成，由於在機構整合時忽略了在職能結構上進行深層次的整合，在具體的監管過程中監管主體不明確，部門相互推諉。在審批過程中，由於涉及部門多，部門之間協調力度不夠，會經常導致監管的擁擠與缺位現象。另外，在減少審批事項後，一些部門和人員還未從以前的角色中轉換出來，不知道如何監管，也不願監管，而且普遍存在一個認識誤區，即「自己不審批自己不監管」。

審批事項的削減與下放在行政審批制度改革過程中已取得了較好的成效，

第十一章　黨的十八大以來行政審批制度變遷的評價

但要注意審批事項不能光「放」，同時還要加強監管。針對市場上出現的種種不規範問題，政府和企業都應認識到事中事後監管存在漏洞和不足，仍需在監管上下大力氣。

四、服務質量需要進一步提升

黨的十八大以來的行政審批制度改革，權力的下放、政務大廳的建設、網絡審批的探索都取得了一定的成效，在一定程度上便利了群眾。但從服務方面來看，仍然存在著一定的問題，服務質量需要進一步提升。由於以前政府的管理是通過審批和處罰對行政相對人實施的，面對現階段簡政放權過程中審批事項減少、行政處罰規範的情況，很多部門和人員還沒跟隨改革發生相應的轉變，造成了監管不到位、服務水準不高的問題，甚至仍能聽到群眾「跑斷腿、磨破嘴、交了錢、受了累」的抱怨。同時，推進行政審批制度改革以來，一些部門在工作方式方法、管理制度等方面沒有做出改變，致使服務與改革不匹配，部分地區還存在「看臉色辦事」的情況。

黨的十八大以來的行政審批改革在促進政府職能轉變、活躍市場和社會方面取得了積極的成效，但我們也要清醒地認識到，行政審批在放權、監管及服務方面還存在著些許問題。這些問題若不得到解決，長此以往會嚴重阻礙行政審批制度的改革。

第十二章
路在何方：中國行政審批制度變遷的約束條件與發展方向

從計劃經濟時期到改革開放初期再到21世紀改革開放的持續深入，中國行政審批制度變遷從國家政策的角度凝練和反應了中國行政審批的漫長改革實踐。一方面，中國行政審批制度變遷置身於經濟體制改革、社會體制改革和行政體制改革的大背景中，成為解讀政府職能轉變和行政體制改革的關鍵切入點。另一方面，中國行政審批制度變遷集中展現行政審批制度改革與發展的脈絡軌跡、動因緣由和實踐成效，是把握行政審批改革過去、今天和未來的基本路徑。在第二章至第十一章之後，本章擬從總體上總結新中國成立以來中國行政審批制度變遷的總體特徵與基本經驗，剖析現階段中國行政審批制度變遷的約束條件，指出未來中國行政審批制度變遷的發展方向。

第十二章　路在何方：中國行政審批制度變遷的約束條件與發展方向

第一節　新中國成立以來中國行政審批制度變遷的總體特徵

回顧和縱覽 70 年來中國行政審批制度變遷歷程，儘管在各階段有不同的特徵表現，但從總體上呈現出漸進式的變遷基調、內生性的變遷動因、試點型的變遷路徑和減量型的變遷模式四個方面的基本特徵。

一、漸進式的變遷基調

中國的行政審批制度在漫長的改革與變遷歷程中雖然在短期內具有運動式的特徵[1]，但在總體上始終遵循漸進式的變遷基調。美國學者 C. E. 林德布羅姆（C. E. Lindblom）提出的公共政策漸進模型包含三個核心觀點：第一，政策制定過程並不完全是一個理性過程，而是對過去政策行為不斷修正和補充的過程。第二，政策制定只能憑藉已有經驗，並在現有政策基礎上進行漸進變遷。第三，政策制定者要考慮不斷變化的政策需要，逐漸把一項舊政策轉變成一項新政策。[2] 根據林德布羅姆關於漸進的理論觀點，中國行政審批制度變遷的漸進式特徵可以從如下方面進行解讀：首先，行政審批制度的變遷過程是一個新的行政審批制度對舊的行政審批制度進行不斷修正和完善的過程，而不是一蹴而就和一勞永逸的過程。其次，中央和地方各級政府每一次的行政審批制度改革與完善，總是基於過往行政審批制度實施的實踐經驗，對既有行政審批制度進行調整、修補和改進，以此實現行政審批制度的變遷。最後，行政審批制度變遷是中央和地方各級政府，特別是行政審批職能部門根據客觀環境發展變化和相關政策需求，逐漸把舊的行政審批制度轉變成新的行政審批制度的過程。

---

[1] 徐增輝. 改革開放以來中國行政審批制度改革的回顧與展望 [J]. 經濟體制改革，2008（3）：12-15.
[2] 張國慶. 現代公共政策導論 [M]. 北京：北京大學出版社，1997：242-243.

二、內生性的變遷動因

考察中國行政審批制度變遷動因不難發現，雖然引起中國行政審批制度改革與變遷的因素充滿複雜性和多維性，但它總體上毋庸置疑是一種由政府部門自我主導、由內向外擴展的內生性變遷。認識中國行政審批制度變遷動因的內生性，應當從以下幾方面入手：第一，中國行政審批制度變遷動因的內生性是指主導行政審批制度改革與變遷的力量來自中央與地方各級政府及其職能部門內部，而非來自企業、社會組織、普通公民等外部。第二，引發行政審批制度變遷的力量雖然主要來自政府內部，但不意味著政府是唯一的動因來源，而是同時還包括企業、社會組織、公民等外部主體的推動。第三，作為中國行政審批制度變遷的主要動因，政府推動行政審批制度變遷有「自上而下」和「自下而上」兩種方式，也即「較高級別政府、部門的自上而下部署落實與較低層級地方政府的自發改革相呼應」[1]。第四，政務界和理論界都是推動行政審批制度變遷的有生力量，但源於政府政策的推動力量要強於學界理論研究的推動力量，也因此行政審批制度改革表現出「鮮明的政策導向特點」[2]。

三、試點型的變遷路徑

與其他重大行政改革一樣，中國行政審批制度改革在涉及核心事項、關鍵環節、重大利益等因素時，往往採取「先試點、後推廣」的思路，遵循試點—總結—上升—推廣的路徑。比如，作為行政審批制度改革的重要改革舉措，「證照分離」首先在上海市浦東新區實行改革試點，然後總結成功經驗，並上升為國家制度，由國務院印發《國務院關於在更大範圍推進「證照分離」

---

[1] 粟燕杰. 中國行政審批制度改革的評估與展望 [J]. 法治研究，2017（4）：143-151.
[2] 胡世文. 基於 CSSCI 的行政審批制度改革研究知識圖譜分析 [J]. 未來與發展，2017，41（8）：44-52.

第十二章　路在何方：中國行政審批制度變遷的約束條件與發展方向

改革試點工作的意見》（國發〔2017〕45號）①，在全國更大範圍推行改革。又如，在推行行政審批標準化服務改革時，先把浙江省臺州市確立為國家級和省級行政審批服務標準化試點城市，而後將行政審批標準化的臺州經驗面向全國進行推廣。② 現在，試點作為中央和地方各級政府推行行政審批制度改革的重要路徑選擇，已經成為中國行政審批制度變遷的主要特徵之一。當然，需要指出，認識中國行政審批制度變遷的試點型特徵，不意味著試點是中國行政審批制度的唯一途徑，或者任一行政審批制度改革都需先經過試點，而是強調試點這一路徑在中國行政審批制度變遷中的突出位置，以及其帶給中國行政審批制度變遷的重要影響。

四、減量型的變遷模式

圍繞中國行政審批制度變遷成效的評價，有學者指出中國行政審批制度改革的根本特點是一種「減量型改革模式」，也即行政審批制度改革的目標僅定位於行政審批事項數量的精簡，這容易導致行政審批制度改革真正目標難以實現；③ 也有學者指出當前中國地方行政審批制度改革的突出困境之一是注重改革的形式化而忽視行政審批權力的本質，表現在注重行政審批改革的數字化政績，行政審批程序和時間的形式化，把行政審批制度改革的目標簡單化。④ 本書認同上述觀點。實際上，縱觀改革開放以來，特別是2001年以來中國經歷的多輪行政審批制度改革，中央和地方各級政府都熱衷於給行政審批改革設定數字指標，進行數量縮減，片面追求行政審批事項的減少、下放

---

① 國務院關於在更大範圍推進「證照分離」改革試點工作的意見，http://www.gov.cn/zhengce/content/2017-09/28/content_5228228.htm.
② 以行政審批標準化引領「最多跑一次」改革，http://dangjian.people.com.cn/n1/2017/1114/c413386-29645903.html.
③ 王志雄. 行政審批制度改革的實踐探索與理論研究——以順德行政審批制度改革試點為視角 [J]. 長沙理工大學學報（社會科學版），2014, 29（2）：91-94.
④ 孫彩紅. 地方行政審批制度改革的困境與推進路徑 [J]. 政治學研究，2017（6）：81-90, 127-128.

與取消。與這種減量型的行政審批制度改革與變遷模式相對的是權力變革型的行政審批改革與變遷模式，即圍繞行政審批權力開展實質性的簡政放權，切實推進行政審批制度變革與完善。可以作出的一個基本判斷是，總體上中國行政審批制度變遷是一種圍繞行政審批事項進行的減量型變遷模式，而非以行政審批權力為中心的權力變革型變遷模式。

第二節　新中國成立以來中國行政審批制度變遷的基本經驗

中國行政審批制度變遷的 70 年漫長歷程，是「頂層設計」與「摸著石頭過河」緊密交織的過程，也是堅持正確理論指導、借鑑國外經驗和立足本土國情探索的過程，其間累積了一些為實務界和理論界共同認可的基本經驗，值得未來在深化行政審批制度改革中繼續延用。

一、以適應環境變化和解決現實問題為根本導向

中國行政審批制度改革與變遷歷程是與行政審批改革與發展實踐緊密交織的過程。中央和地方各級政府作為行政審批制度變遷的主導力量，所開展的每一次行政審批制度改革均是為了更好適應外部市場與社會環境變化，解決行政審批面臨的一系列現實困境、挑戰與問題。20 世紀 70 年代末 80 年代初的行政審批制度改革是為了適應改革開放的嶄新環境，搞活企業和調動地方政府積極性。20 世紀 90 年代的改革是為了適應建立社會主義市場經濟體制的目標，向企業放權，減少政府對微觀事務的管理。[①] 2001 年中國加入 WTO

[①] 徐增輝. 改革開放以來中國行政審批制度改革的回顧與展望 [J]. 經濟體制改革，2008 (3)：12-15.

第十二章　路在何方：中國行政審批制度變遷的約束條件與發展方向

之後，行政審批制度改革是為了加快經濟體制改革和政府職能轉變的步伐，解決行政審批過多、過濫、繁雜的問題。① 2004—2012 年的行政審批制度改革在行政許可法頒布的背景下開展，旨在推進中國行政審批制度的法制化進程。2012 年黨的十八大以來至今，行政審批制度改革則主要著眼於全面深化改革的根本任務，圍繞清晰界定政府—市場—社會三方的權力邊界而進行。綜上可見，順應環境形勢變化和解決實踐問題是長期以來中國行政審批制度改革與變遷始終堅持的根本導向和基本方略，也為今後行政審批制度的進一步改革與完善提供了重要經驗。

二、以簡政放權為主題和以厘清政府—市場—社會三者邊界為主線

從行政審批制度改革內容與實質的角度考察可以發現，中國歷次行政審批制度改革都緊緊圍繞簡政放權這一主題進行。一方面，為了達到「減繁政」的目標，各級政府部門的行政審批制度的每次改革通過梳理政府職能職責，不斷將不符合市場經濟發展和社會建設需要的行政審批事項予以取消，實現政府職能「瘦身」；另一方面，為了達到「放實權」的目標，中央政府向地方政府、上級政府向下級政府下放行政審批實權，確保地方政府和下級政府能夠結合自身實際享有合理的行政審批權限與承當相應的責任，從而調動和激發其積極性與自主性。同時，政府自身還加強創新行政管理方式，通過變革行政審批體制機制，不斷塑造與市場、社會的關係，將市場和社會可以自我調節、自我管理、自我服務的事項轉移出去，實現對市場主體和社會主體的良性培育。與此同時，中國行政審批制度改革與變遷也始終圍繞厘清政府—市場—社會三者間的邊界進行。改革開放以後，特別是進入 21 世紀以來，隨著中國市場經濟的逐步建立和不斷發展完善，以及社會建設不斷得到推進，中國政府與市場、社會的關係問題成為行政審批制度改革的焦點。（中國）行

---

① 唐亞林，朱春. 2001 年以來中央政府行政審批制度改革的基本經驗與優化路徑 [J]. 理論探討，2014（5）：148-153.

政審批制度改革，就其本質層面而言，就是對行政權力與市場或社會機制作用的重新界定。[1] 從 2002 年國務院行政審批制度改革工作領導小組《關於搞好行政審批項目審核和處理工作的意見》明確要求處理好「政府與市場、政府與企業、政府與社會的關係」，到 2013 年國務院發布《關於取消和下放一批行政審批項目等事項的決定》指出「繼續堅定不移推進行政審批制度改革，清理行政審批事項，加大簡政放權力度」，均可看出建立合理的、規範的、科學的政府—市場—社會三者關係是中國行政審批制度改革的主線。[2]

三、以創新行政審批方式為關鍵環節

為了提高行政審批運轉效率，實現行政審批改革目標，中國行政審批制度改革從優化部門間行政審批職能、加強行政審批監督、制定行政審批事項清單、促進行政審批法治化等方面入手，不斷致力於創新行政審批方式。2001 年《關於行政審批制度改革工作的實施意見》指出「要合理劃分和調整部門之間的行政審批職能，簡化程序，減少環節，加強並改善管理，提高效率，強化服務。」2008 年《關於深入推進行政審批制度改革的意見》要求「各有關部門要切實履行監管職能，對取消審批後仍需加強監管的事項，建立健全後續監管制度，制定配套措施，加強事中檢查和事後稽查」。在前一階段國務院各部門分別公開本部門所保留的行政審批事項的基礎上，2014 年《國務院審改辦公開國務院部門行政審批事項匯總清單的說明》要求對國務院各部門行政審批事項匯總清單予以公開。為了更好地在法治軌道上推進行政審批制度改革，2014 年《國務院關於深化行政審批制度改革加快政府職能轉變工作情況的報告》指出要「研究制定政府投資條例、企業投資項目核准和備案管理條例等法規，著力規範投資、生產經營等重點領域的審批行為」。

---

[1] 榮仕星.論政府行政審批制度改革 [J].中央民族大學學報，2004（1）：5-18.
[2] 唐亞林，朱春.2001 年以來中央政府行政審批制度改革的基本經驗與優化路徑 [J].理論探討，2014（5）：148-153.

第十二章　路在何方：中國行政審批制度變遷的約束條件與發展方向

四、以建立健全行政審批配套制度為保障條件

中國行政審批制度改革與變遷過程始終把建立健全相關配套制度放在突出地位，重視為行政審批改革實踐營造良好的制度環境和提供可靠的制度保障。2001年《關於行政審批制度改革工作的實施意見》要求「按照公開、公平、公正的原則，明確行政審批的條件、程序，並建立便於公民、法人和其他組織監督的制度」。2008年《國務院辦公廳轉發監察部等部門關於深入推進行政審批制度改革意見的通知》專門指出要「建立健全行政審批相關制度」，具體包括專家諮詢和民意徵集機制、相對集中行政許可權制度、新設行政審批事項嚴格審核論證機制、行政許可決定公示制度、行政許可聽證制度、重大行政許可決定備案制度，以及行政許可的統一辦理、聯合辦理、集中辦理制度等。2014年《國務院關於深化行政審批制度改革加快政府職能轉變工作情況的報告》要求改革工商登記制度，健全市場監管保障制度，改革社會組織管理制度，制定政府投資條例、企業投資項目核准和備案管理條例等法規，加強行政執法監督和規範性文件備案審查等方面的制度建設。

第三節　現階段中國行政審批制度變遷的約束條件

經過70年的變遷歷程，中國行政審批制度改革不僅取得了明顯的進展與成績，而且累積了一定的歷史經驗，也形成了獨特的演進路徑與模式。然而，一些與行政審批制度相伴相生的「痼疾」始終存在，特別是黨的十八大以來在中央政府推進簡政放權改革的戰略下，地方行政審批改革與發展實踐更暴露出現階段行政審批制度改革的突出困境與約束條件。

一、既得利益者梗阻與行政審批制度改革規避

經濟學家吳敬璉曾說：「行政審批從經濟學的角度來看，就是尋租，行政審批是腐敗的源頭。」這深刻指出了行政審批與利益的密切關聯。

在行政審批制度發展、改革與變遷的過程中，「局部利益或者部門利益對推進行政審批制度改革形成障礙，已經成為一個帶有普遍性的問題」[1]。對於既得利益者而言，推動行政審批的簡政放權改革，取消或下放行政審批事項，意味著損害和削減其既得利益，因而它必然在行政審批制度改革過程中進行「曠日持久的利益博弈，增大改革的阻力，延緩改革的進程」[2]。正是由於行政審批制度改革的實質在於調整權力結構和觸及部門利益，因而每一次行政審批改革中充盈著大量博弈，如各部門為保護自己的既得利益而採取各種辦法對付上級，向上級部門討價還價等。[3]

伴隨行政審批制度改革進入深水區，那些附著利益少、與利益關聯度不大或者利益牽扯相對簡單的事項已被優先改革完成，剩下的則是涉及核心利益、隱藏複雜利益關係的需要「啃硬骨頭」才能繼續改革的事項。這是中國行政審批改革從早期到中期再到後期必然經歷的過程。因而，現階段以及未來階段的行政審批制度改革中，來自既得利益集團的重重阻力和避重就輕式的選擇性改革將是可以預見的困境，必須加以突破才能繼續推動行政審批制度向前改革。

二、行政審批監管機制存在缺漏

從理論上講，審批與監管共同構成行政審批的完整管理鏈條，其中審批屬於事前管理環節，監管屬於事中和事後管理環節。在實踐中推行審批與監

---

[1] 上海社會科學院經濟研究所課題組.上海2035：全球城市因何卓越 [J].檢察風雲，2018 (11)：34-36.

[2] 徐華.負面清單嵌入行政審批制度改革研究 [J].甘肅社會科學，2015 (5)：247-251.

[3] 徐穎，趙暉.中國行政審批制度改革的由來與展望 [J].團結，2014 (2)：59-63.

第十二章　路在何方：中國行政審批制度變遷的約束條件與發展方向

管分離，也符合構建決策權、執行權、監督權相互制約又相互銜接機制的內在要求。① 然而，長期以來中國行政審批制度改革始終未能破除形成於計劃經濟體制時期的「重審批、輕監管」的弊病，「一批了之」的現象沒有得到根本轉變。當前中國行政審批監管機制存在缺漏集中表現在要麼一些迫切需要監管的領域處於無人監管的真空狀態，要麼不同部門之間監管邊界交叉重疊致使在監管過程中相互推諉扯皮，要麼行政審批部門監管之手伸得過長管了不該管的。監管機制的不科學與應有監管的缺失，使得「行政審批領域仍然是違紀違法案件易發多發的領域，大案要案時有發生，人民群眾的反應還比較強烈」②。

從綜合的視角考察可知，現階段中國行政審批監管機制的缺漏是諸多因素共同作用的結果。一方面，權力關係尚未釐清，這表現為「一些地方仍存在上級政府部門選擇性下放審批權力的現象，導致放權過程在上下級之間缺乏有效銜接，放權後的監管也不到位」③。另一方面，監管利益共同體格局被打破。正如有學者指出，中國成立行政審批局後，審批權歸屬行政審批局而監管責任由原單位負責，這就破壞了原先審批和監管共同存在於一個單位內部的情形，「誰審批誰監管」的約束失效。④ 此外，人力物力等資源分配在審批環節和監管環節之間存在較嚴重的失衡困境。「從管理機構上看，凡是有審批權力的機構，人員配置一般都比較齊整，而負責監管職能的機構，則往往編製相對偏少。」⑤

---

① 沈毅，宿玥. 行政審批局改革的現實困境與破解思路 [J]. 行政管理改革，2017（5）：19-23.
② 張曉，岳盈盈. 簡政放權重在落實——基於山東省某市行政審批效能的實證研究 [J]. 中國行政管理，2014（10）：10-13.
③ 孫彩紅. 地方行政審批制度改革的困境與推進路徑 [J]. 政治學研究，2017（6）：81-90，127-128.
④ 張曉，岳盈盈. 簡政放權重在落實——基於山東省某市行政審批效能的實證研究 [J]. 中國行政管理，2014（10）：10-13.
⑤ 於宏偉，葉章. 行政審批制度改革亟須強化市場監管配套 [J]. 中國發展觀察，2013（11）：59-60.

三、政府與市場、社會的邊界尚待厘清

行政審批是調整政府與市場、社會關係的核心行政行為，也是完善社會主義市場經濟體制，處理好政府與市場、社會關係的重要內容。歷次行政審批制度改革都以調整政府與市場、社會的關係為主線，旨在厘清和優化政府與市場、社會間的邊界。例如僅 2013—2014 年一年多時間裡，國務院先後取消和下放 7 批共 632 項行政審批等事項，其核心目標在於「理順政府與市場、社會的關係，減少政府對微觀事務的管控」[1]。然而，由於客觀上清晰界定政府與市場、社會的邊界存在極高難度，主觀上行政審批部門出於自我利益保護不願推動調整政府與市場、社會關係的行政審批改革，造成現階段中國政府與市場、社會的邊界遠未厘清，導致「凡是通過市場機制能夠解決的，應當由市場機制去解決；通過市場機制難以解決，但通過公正、規範的仲介組織、行業自律能夠解決的，應當通過仲介組織和行業自律去解決」「使市場在資源配置中起決定性作用和更好發揮政府作用」的目標遠未實現。

應當看到，改革開放以來伴隨中國政治經濟領域的一系列深刻變革，無論是市場領域的以國有企業為代表的企業力量，還是社會領域的社會組織和自治組織力量，都獲得了空前壯大。市場和社會的發展壯大要求行政審批制度改革必須作出相應調適，為市場和社會的進一步健康發展營造良好環境。然而，政府職能轉變不到位和行政審批改革不及時造成的政府職能「缺位」「越位」和「錯位」現象時有發生，對市場和社會主體「管得過死」和「監管不到位」的現象同時存在。這些都要求未來行政審批制度改革繼續沿著厘清政府與市場、社會的邊界推進。

---

[1] 楊晶. 國務院關於深化行政審批制度改革加快政府職能轉變工作情況的報告 [J]. 中國機構改革與管理, 2014（10）：8.

第十二章　路在何方：中國行政審批制度變遷的約束條件與發展方向

第四節　未來中國行政審批制度變遷的發展方向

中國行政審批制度改革的總目標是「行政審批事項進一步減少，審批行為實現公開透明、規範運作，行政審批相關制度和制約監督機制較為健全，利用審批權謀取私利、亂收費等現象得到有效遏制，人民群眾的滿意度有新的提高」。對比這一目標，中國行政審批制度改革還有較長的路要走。未來中國行政審批制度的改革應當堅守服務性政府的價值目標，堅持改革的全面性，堅定實施權力結構的深度變革。

一、以服務型政府的價值目標引領行政審批制度改革

服務型政府是指在公民本位、社會本位理念指導下，在整個社會民主秩序的框架下，通過法定程序，按照公民意志組建起來的以為公民服務為宗旨並承擔著服務責任的政府。[1] 行政審批制度改革與服務型政府建設具有十分密切的內在關係，「行政審批制度改革是見之於形的改革，服務型政府是在行政審批制度改革背後的質的改變」[2]。實施和推動行政審批制度改革的根本宗旨和終極目的是讓政府向社會公眾提供更好的公共服務，而這也是建設服務型政府的價值取向。從這個意義上講，行政審批制度改革既是建設服務型政府的構成部分，也是建設服務型政府的重要途徑。

服務型政府本身蘊含的為人民服務、以人民為中心、以人為本、公民本位等價值理念為實施行政審批制度改革提供了正確的價值指引。行政審批是社會民眾獲取政府服務產品和感受政府服務理念的重要窗口，也是社會民眾

---

[1] 劉熙瑞. 服務型政府——經濟全球化背景下中國政府改革的目標選擇 [J]. 中國行政管理，2002 (7)：5-7.

[2] 唐亞林，朱春. 2001年以來中央政府行政審批制度改革的基本經驗與優化路徑 [J]. 理論探討，2014 (5)：148-153.

與政府部門接觸十分廣泛和極為頻繁的前沿陣地。行政審批的程序是繁瑣還是簡化，行政審批的材料準備是冗雜還是簡明，行政審批的週期是漫長還是高效，行政審批的過程是封閉還是透明，行政審批的運作是規範還是混亂，都將直接影響百姓對於行政審批改革成效的感知和評價，並間接影響服務型政府的構建。

以服務型政府的若干價值目標為指引，行政審批制度改革應當從行政審批程序繁瑣複雜、運行效率低下、週期過長、過程封閉、權力監督約束乏力等「痼疾」入手，著力解決社會公眾反應強烈的痛點難點問題，從而切實提高民眾對於改革成果的獲得感和滿意度。一方面，「要讓政府行為真正從『以管為本』走向『以人為本』，從強調尊重政府權力轉向強調尊重公民合法權益，通過體制改革和制度創新，按照行政許可法的規定，改革規範經濟管理制度，簡化行政審批的項目和程序」①；另一方面，要以社會公眾的真實需求為導向，極力削減各行政部門之間不必要的審批流程，同時整合不同政府部門之間功能相似的審批流程，努力構建起以社會民眾為中心的審批服務型政府。②

二、以「減」「放」「改」「管」「服」全面推進行政審批制度改革

黨的十八屆三中全會提出要「進一步簡政放權，深化行政審批制度改革」。本屆政府也把精簡行政審批項目作為推動政府職能轉變的重要內容。進一步實施和推進行政審批制度改革，應當堅持全面性，從「減」「放」「改」「管」「服」五個方面同時著力，努力達成行政審批制度改革目標。

其一，繼續深化行政審批項目「減」字訣。各級政府要摸清目前剩餘的行政審批事項底數，逐一按照行政許可法以及經濟社會發展要求進行甄別，繼而按照「凡是明令取消的，任何部門不得以任何理由保留；凡是看準且目

---

① 王悅榮. 公共服務型政府的邏輯框架與建設策略［J］. 湖北社會科學，2004（8）：33-35.
② 唐亞林，朱春. 2001年以來中央政府行政審批制度改革的基本經驗與優化路徑［J］. 理論探討，2014（5）：148-153.

第十二章　路在何方：中國行政審批制度變遷的約束條件與發展方向

前能取消的，抓緊啓動取消準備工作；凡是應該取消的，設定取消『時間表』和『路線圖』，創造條件取消」①的分類思路推進改革。裁減行政審批事項需要突破部門權力和利益化的藩籬，也要防止部門為了保護利益而「明減暗不減」或「明做減法暗做加法」，還要防止部門紅頭文件設立新的審批事項。其二，把無須政府審批的事項盡快「放」給地方、市場和社會。除有必要保留的審批事項外，把代替地方、市場和社會行使的事權下決心「放」。要根據各級政府的職責層次和範圍，把應該交由地方和下級政府的審批事項下放。要堅持市場在資源配置中起決定性作用的原則，摒除用審批方式分配資源、項目的傳統方式，真正放權於市場，激發企業活力，給市場、企業及部門「鬆綁」。要把適合由社會組織承擔的審批事項交由社會組織去承擔，同時加強對社會組織的培育和引導。其三，與時俱進「改」保留的行政審批事項。必須適應經濟社會發展新形勢的要求，對現有審批時限進行改革、創新和優化。圍繞審批什麼、怎麼審批、多長時間審批等核心問題，不斷改革審批方法和手段，優化審批流程，縮短審批時限，提高審批效果。其四，切實履行事中事後監管職責。行政審批事項在「減」和「放」後，絕不意味著「一減了之」或「一放了之」，而是必須承擔起相應的事中和事後監管責任。其中，事中監管主要看是否按照規定的審批流程和要求進行審批，事後監管主要看審批後執行過程中出現的問題是否得到解決和糾正。最後，加強行政審批的服務意識和精神。行政審批本身也是政府向民眾提供的一項公共服務。各級政府部門開展行政審批工作必須樹立為人民服務的意識、理念和精神，為人民群眾提供方便、快捷的審批服務，自覺接受社會的監督。

三、以權力結構變革深度實施行政審批制度改革

縮減事項、簡化流程、改革手段、提高效率等固然是行政審批制度改革

---

① 王瀾明. 深化行政審批制度改革應「減」「放」「改」「管」一起做——對國務院部門深化行政審批制度改革的一點看法和建議 [J]. 中國行政管理，2014（1）：6-8.

的重要內容，但不能以此遮蔽或替代更為關鍵的對審批權力結構的變革。該改革具體包括上下級政府行政審批權力結構劃分，橫向政府部門之間審批與監管權力劃分和政府與企業、社會的權力結構劃分三大方面的變革。[①]

上下級政府之間行政審批權力劃分的根本依據是法律法規，要按照立法機關制定的憲法和法律來劃分上下級政府的審批權力。要求上級政府向下級政府下放行政審批權，絕不是下放權力越多越好，而是應當合法、合理地下放，甚至在一些關鍵領域還可以上收審批權力。當然，當前中國關於上下級政府審批權劃分的法律法規還不完善，需要在法律法規中進一步明確。

橫向政府部門之間的權力結構需要重點解決審批和監管的配置問題。要依法明確界定行政審批權力與監管責任屬於同一級政府中的哪個或哪幾個部門，並在下放行政審批權力中合理劃分同級政府不同部門之間的權責歸屬。要進一步明確審批和監管的責任主體，包括事前審批責任、事中監管責任和事後處罰權力的劃分。要按照決策主體、執行主體和監督主體相分離的思路，對行政審批事項的執行主體和監督主體的權責予以劃分。

政府審批權力與市場、社會主體權力的配置要解決政府控制性、市場和社會主體自主性的問題。要堅持推動阻礙激發市場和社會主體活力的權力下放，同時保留涉及重要公共資源分配和重大公共安全的權力。涉及政府與企業的權力關係改革，要以「減少政府的自由裁量權，增加市場的自主選擇權」[②] 為目標，堅持市場在資源配置中的決定性地位，同時更好發揮政府的市場監管、制度保障等作用。涉及政府與社會的權力關係改革，要在保證社會發展空間和自由度的基礎上，最大程度激發社會組織、自治組織等社會主體的活力，將那些社會主體自身能夠解決的問題放權由社會解決。

---

① 孫彩紅. 地方行政審批制度改革的困境與推進路徑 [J]. 政治學研究，2017 (6)：81-90，127-128.
② 李克強. 政府工作報告 [N]. 人民日報，2017-03-17.

參考文獻

［1］舒新城. 辭海：合訂本［M］. 北京：中華書局，1947.

［2］張序，張霞. 機制：一個亟待厘清的概念［J］. 理論與改革，2015（2）：13-15.

［3］陳成文，黃誠. 論優化制度環境與激發社會組織活力［J］. 貴州師範大學學報（社會科學版），2016（1）：50-56.

［4］道格拉斯·C. 諾斯. 制度、制度變遷與經濟績效［M］. 杭行，譯. 上海：格致出版社，上海三聯書店，上海人民出版社，2008.

［5］歐紹華，吳日中. 中國國企高管薪酬制度改革的路徑分析——基於制度變遷理論的視角［J］. 宏觀經濟研究，2012（7）：93-100.

［6］關於印發《關於貫徹行政審批制度改革的五項原則需要把握的幾個問題》的通知［EB/OL］. http：//www.chinalawedu.com/falvfagui/fg21752/30641.shtml.

［7］行政審批與行政許可的區別［EB/OL］. http：//www.chinalawedu.com/web/21698/jx1608183348.shtml.

［8］吳曉燕，韓承鵬. 當前中國行政審批制度改革中存在的問題及對策［J］. 改革與開放，2015（1）：35-36.

［9］歐桂英. 行政審批制度改革若干問題解說［M］. 北京：中共中央黨校出版社，2003.

[10] 成娟. 中國行政審批制度改革過程中的利益分析 [J]. 法制與社會, 2016 (12): 152-153.

[11] 鄧曦澤. 問題研究與文本研究——基於知識生產視角的學術方法論探討 [J]. 中國人民大學學報, 2013, 27 (5): 144-150.

[12] 鄧曦澤. 問題、方法與比較研究——《論六家要旨》的啟示 [J]. 江漢論壇, 2018 (2): 42-49.

[13] 曹玉濤. 文本實用主義的陷阱——分析馬克思主義的文本分析法批判 [J]. 教學與研究, 2009 (9): 51-55.

[14] 文世芳. 中國共產黨對境外發展經濟經驗的認識與借鑑 (1976—1984) [D]. 北京: 中共中央黨校, 2017.

[15] 謝志強, 鄭麗闖. 福建省大學生接觸大眾傳媒體育信息現狀調查與分析 [J]. 湖南科技學院學報, 2017, 38 (12): 149-150, 153.

[16] 王聖華. 基於博弈論的城中村改造模式演變研究 [D]. 杭州: 浙江大學, 2013.

[17] 姜曉萍, 郭金雲. 地方政府深化行政審批制度改革的個案研究——以四川省成都市行政審批制度改革為例 [J]. 中國軟科學, 2004 (7): 151-156.

[18] 張定安. 行政審批制度改革攻堅期的問題分析與突破策略 [J]. 中國行政管理, 2012 (9): 14-18.

[19] 孫彩紅. 地方行政審批制度改革的困境與推進路徑 [J]. 政治學研究, 2017 (6): 81-90, 127-128.

[20] 黃愛寶. 行政生態學與生態行政學: 內涵比較分析 [J]. 學海, 2005 (3): 37-40.

[21] 尹書博. 論高度集中統一的計劃經濟管理體制在建國初期的歷史作用及其局限 [J]. 許昌學院學報, 1996 (2X): 108-112.

[22] 張文壽. 中國行政管理體制改革: 研究與思考 [M]. 北京: 當代中國出版社, 1994.

[23] 世界銀行1984年經濟考察團. 中國: 長期發展的問題和方案: 主報

告［M］．北京：中國財政經濟出版社，1985．

［24］劉國光．中國十個五年計劃研究報告［M］．人民出版社，2006：423．

［25］董志凱，武力．中華人民共和國經濟史：1953—1957（上）［M］．北京：社會科學文獻出版社，2011：308-309，436．

［26］許放．中國行政改革概論［M］．北京：冶金工業出版社，2012：56-57．

［27］劉國光．中國十個五年計劃研究報告［M］．北京：人民出版社，2006：303-304．

［28］胡鞍鋼．中國政治經濟史論：1949—1976［M］．北京：清華大學出版社，2008：513．

［29］張康之．行政審批制度改革：政府從管制走向服務［J］．理論與改革，2003（6）：42-45．

［30］徐湘林．行政審批制度改革的體制制約與制度創新［J］．國家行政學院學報，2002（6）：20-25．

［31］胡赫．中國行政審批制度改革的回顧與啟示［J］．管理觀察，2016（26）：61-64．

［32］傅小隨．中國行政體制改革的制度分析［M］．北京：國家行政學院出版社，1999：248．

［33］黃旭東．中國行政審批制度之透視與前瞻［J］．廣西社會科學，2001（5）：75-78．

［34］徐曉林．試論中國行政審批制度改革［J］．中國行政管理，2002（6）．

［35］孫健．中國經濟通史［M］．北京：中國人民大學出版社，2000：190-191．

［36］汪海波．新中國工業經濟史（1979—2000）［M］．北京：經濟管理出版社，2001．

［37］王越．中央與地方財權、事權關係研究［D］．延安：延安大學，

2014.

[38] 周黎安. 轉型中的地方政府 [M]. 上海：格致出版社, 2008.

[39] 李楓. 中國行政審批制度改革研究 [D]. 鄭州：鄭州大學, 2003.

[40] 卞蘇徽. 深圳行政提速與深化審批制度改革 [J]. 中共桂林市委黨校學報, 2001, 1 (3)：5-7.

[41] 卞蘇徽. 走向現代化的行政改革：深圳政府體制創新之路 [M]. 北京：國家行政學院出版社, 2000.

[42] 林尚立. 制度創新與國家成長 [M]. 天津：天津人民出版社, 2005.

[43] 杜建剛. 政府職能轉變攻堅 [M]. 北京：中國水利水電出版社, 2005.

[44] 謝慶奎, 燕繼榮, 趙成根. 中國政府體制分析 [M]. 北京：中國廣播電視出版社, 2002.

[45] 張雅林. 推進行政改革, 建立有限政府 [J]. 中國行政管理, 1999 (4).

[46] 王春豔. 中國行政審批制度變遷的演進邏輯與動力機制 [J]. 行政管理改革, 2016 (7)：45-50.

[47] 卞蘇徽. 審批制度改革：深圳的經驗與啟示 [J]. 北京行政學院學報, 2000 (3)：20-23.

[48] 潘樂群. 上海1~10月外埠企業註冊逾四千家 [N]. 文匯報, 2001-12-03.

[49] 許勇. 轉型時期中國行政審批制度改革研究 [D]. 長春：吉林大學, 2007.

[50] 周寶硯. 試析中國行政審批制度的改革 [J]. 中共福建省委黨校學報, 2002 (5)：51-53.

[51] 唐亞林, 朱春. 2001年以來中央政府行政審批制度改革的基本經驗與優化路徑 [J]. 理論探討, 2014 (5).

[52] 姜明安.《行政許可法》條文解釋與案例解析 [M]. 北京：人民法院出版社, 2003.

［53］周漢華. 行政許可法：觀念創新與實踐挑戰［J］. 法學研究，2005（2）.

［54］周漢華. 變法模式與中國立法法［J］. 中國社會科學，2000（1）：91-102.

［55］張朝霞.《行政許可法》的立法背景、價值取向與實施阻力［J］. 西北民族大學學報（哲學社會科學版），2004（3）：78-86.

［56］顧佳華. 公共決策研究——文化視野中的闡述［M］. 長沙：湖南人民出版社，2005：380.

［57］王長勝. 電子政務藍皮書：中國電子政務發展報告［M］. 北京：社會科學文獻出版社，2003：6.

［58］魏瓊. 基於電子政務的行政審批流程再造分析［D］. 湘潭：湘潭大學，2007.

［59］蔡立輝. 電子政務：信息時代的政府再造［M］. 北京：中國社會科學出版社，2006：13.

［60］連成葉，連桂仁. 論電子政務建設中的政府業務流程再造［J］. 福建師大福清分校學報，2010（1）：12-19.

［61］何振，魏瓊. 電子政務視野中政府行政流程再造分析［J］. 電子政務，2005（22）.

［62］劉婭，譚剛，曾葆. 電子監察在行政審批中的運用及對政府改革的推進——行政審批電子監察的「深圳實驗」［J］. 成都行政學院學報，2008（4）：34-37.

［63］劉一，鄧波. 行政效能提質增速電子政務再譜新篇——行政審批電子監察系統在四川的建設與應用［J］. 信息化建設，2010（7）：26-27.

［64］蔣錄全，吳瑞明，王浣塵. 電子政務中的網上行政審批［J］. 情報雜誌，2004（6）：69-71.

［65］吳勇毅. 網上行政審批系統遭遇瓶頸［N］. 政府採購信息報，2008-02-18（007）.

［66］屈群蘋. 行政服務中心的流程再造：局限與超越［J］. 遼寧行政學

279

院學報，2014，16（3）：23-24，29.

　　[67] 姜曉萍，唐冉熊. 深化審批制度改革 [J]. 湖南社會科學，2004（2）

　　[68] 王勝君，丁雲龍. 行政服務中心的缺陷、擴張及其演化——一個行政流程再造視角的經驗研究 [J]. 公共管理學報，2010，7（4）：24-30，123.

　　[69] 馮光. 發揮行政服務中心在建設服務型政府中的作用 [J]. 天津經濟，2008（8）：41.

　　[70] 李林. 加強政務中心建設為行政審批制度改革提供新平臺 [J]. 紅旗文稿，2012（21）：13-14.

　　[71] 陳時興. 行政服務中心對行政審批制度改革的機理分析 [J]. 中國行政管理，2006（4）：36-39.

　　[72] 佘建國. 健全績效考核體系促進服務型政府建設——以北京市懷柔區綜合行政服務中心為例.「落實科學發展觀推進行政管理體制改革」研討會暨中國行政管理學會 2006 年年會論文集 [C/OL]. https://jour.blyun.com/views/specific/3004/CPDetail.jsp? dxNumber = 330104538696&fenlei = 04070501&d = FAAA8D3DDB7B57A4A5F3513006FFE3DB&sw=%E4%BB%A5%E8%B7%A8%E9%83%A8%E9%97%A8%E5%B9%B6%E8%81%94%E5%AE%A1%E6%89%B9%E6%9C%BA%E5%88%B6%E6%8F%90%E5%8D%87.

　　[73] 奧斯本，普拉斯特里克，等. 摒棄官僚制：政府再造的五項戰略 [M]. 北京：中國人民大學出版社，2002.

　　[74] 秦浩. 中國行政審批模式變革研究 [D]. 長春：吉林大學，2011.

　　[75] 周麗婷. 中國地方政府行政審批制度改革的現狀與發展思路——基於廣東省佛山市行政審批流程改革的分析 [J]. 暨南學報（哲學社會科學版），2012，34（7）：45-51，162.

　　[76] 佘建國. 以跨部門並聯審批機制提升政府行政能力 [A]. 中國行政管理學會、甘肅省行政管理學會. 中國行政管理學會 2005 年年會暨「政府行政能力建設與構建和諧社會」研討會論文集 [C]. 中國行政管理學會、甘肅

省行政管理學會，2005：3.

[77] 吳昊. 中國網上並聯審批存在的問題及對策探析 [J]. 企業導報，2012（21）：11-12.

[78] 從「一站式」到「一窗式」的成都並聯審批 [J]. 領導決策信息，2007（29）：20-21.

[79] 劉婭，譚剛，曾葆. 電子監察在行政審批中的運用及對政府改革的推進——行政審批電子監察的「深圳實驗」[J]. 中國浦東幹部學院學報，2008（5）.

[80] 黎軍. 行政審批改革的地方創新及困境破解 [J]. 廣東社會科學，2015（4）.

[81] 歐桂英，黃長杰. 行政審批制度改革若干問題解說 [M]. 北京：中共中央黨校出版社，2003.

[82] 顏海林，張秀. 論有限政府的基本特質 [J]. 湖南大學學報（社會科學版），2010（1）.

[83] 張國慶，曹堂哲. 權力結構與權力制衡：新時期中國政府優化公共權力結構的政策理路 [J]. 湖南社會科學，2007（6）.

[84] 徐靜琳，陳琦華. WTO 與中國行政審批制度改革 [J]. 上海大學學報（社會科學版），2011，18（2）：99-106.

[85] 朱逢春. 試析行政審批制度改革的困境與治理 [J]. 中共太原市委黨校學報，2012（3）：22-24.

[86] 劉瓊蓮. 中國行政審批制度改革的關鍵：放權與監管 [J]. 領導科學，2014（8）.

[87] 劉俊，等. 人家都沒改，就你們認真改革——審批改革十年博弈路 [N]. 南方週末，2012-09-13.

[88] 劉文杰，劉志暉. 中國行政審批制度改革的回顧與前瞻 [J]. 成都行政學院學報，2009（6）：12-14.

[89] 艾琳，王剛. 行政審批制度改革探究 [M]. 北京：人民出版社，2015：29.

[90] 應松年. 行政審批制度改革：反思與創新 [J]. 人民論壇·學術前沿, 2012 (3)：48-53, 85.

[91] 楊晶. 國務院關於深化行政審批制度改革加快政府職能轉變工作情況的報告 [J]. 中國機構改革與管理, 2014 (10)：8.

[92] 溫家寶. 政府工作報告 [N]. 人民日報, 2013-03-6 (2).

[93] 李克強. 國務院關於落實《政府工作報告》重點工作部門分工的意見 [J]. 浙江統計, 2009 (4)：1.

[94] 國務院辦公廳. 國務院辦公廳關於印發全國深化「放管服」改革轉變政府職能電視電話會議重點任務分工方案的通知 [EB/OL]. www.audit.gov.cn/n6/n36/c185355/content.html.

[95] 朱鴻偉, 杜婭萍. 非行政許可審批的合理性 [J]. 暨南學報（哲學社會科學版）, 2011, 33 (1)：82-88, 164.

[96] 周成新. 非行政許可審批和登記需要清理與規範 [J]. 南方論叢, 2006 (2).

[97] 劉光容. 政府協同治理：機制、實施與效率分析 [D]. 武漢：華中師範大學, 2008.

[98] 張大峰. 中國行政審批後續監管制度研究 [D]. 上海：華東政法大學, 2011.

[99] 陸靜瑜. 論行政許可監督檢查制度 [D]. 2010.

[100] 陳靜瑩. 厘清職能優化流程, 行政審批提速增效 [J]. 潮商, 2018 (3)：19.

[101] 季言. 聯合踏勘提速行政審批 [N]. 揚州日報, 2015-11-17 (A02).

[102] 曹玉妹, 王豔燕. 政務服務中心標準化建設現狀研究及發展路徑 [J]. 中國質量與標準導報, 2017 (5)：57-59, 63.

[103] 郭澤保. 改革行政審批推進效能建設 [J]. 福建政法管理幹部學院學報, 2003 (1)：35-37.

[104] 劉秀華. 行政審批取消、下放後的事中事後監管制度探析——以

浙江省湖州市為例［J］.湖州職業技術學院學報，2015，13（2）：91-94.

［105］張樹義.行政法與行政訴訟法學［M］.北京：高等教育出版社，2002：107.

［106］王克穩.論相對集中行政許可權改革的基本問題［J］.法學評論，2017，35（6）：44-51.

［107］梅玫.地方政府行政審批下的自由裁量權［J］.時代金融，2011（26）：43-45.

［108］張海英.以深化「放管服」改革為契機進一步規範行政許可自由裁量權［J］.遼寧省社會主義學院學報，2018（2）.

［109］徐繼敏.相對集中行政許可權的價值與路徑分析［J］.清華法學，2011，5（2）：79-87.

［110］王克穩.論相對集中行政許可權改革的基本問題［J］.法學評論，2017，35（6）：44-51.

［111］方寧.相對集中行政許可權試點實踐探析［J］.中國行政管理，2018（12）：22-24.

［112］李建法，郭麗英，陳曉.行政審批局模式的運行維度分析［J］.河北工程大學學報（社會科學版），2018，35（3）：48-51.

［113］丁輝，朱亞鵬.模式競爭還是競爭模式？——地方行政審批改革創新的比較研究［J］.公共行政評論，2017，10（4）：24-39，192-193.

［114］王克穩.論相對集中行政許可權改革的基本問題［J］.法學評論，2017，35（6）：44-51.

［115］姜書彬.相對集中行政許可權之「行政審批局」模式探析［J］.機構與行政，2016（6）：18-21.

［116］鄧國彬.創新行政審批體制再造行政權力流程——成都市推進相對集中行政許可權試點實踐與探索［J］.中國機構改革與管理，2015（11）：19-22.

［117］國務院.國務院機構改革和職能轉變方案［N］.人民日報，2013-03-15.

[118] 艾琳, 王剛. 商事登記制度改革的行政審批視角解析——兼評廣東省及深圳市商事登記制度改革的實踐 [J]. 中國行政管理, 2014 (1): 19-25.

[119] 孫曉蓉. 貴安新區率先探索「六個一批」證照分離改革新模式 [N]. 貴州日報, 2016-05-03 (001).

[120] 鐘瑞棟, 劉奇英. 商事登記制度改革背景下的行政管理體制創新 [J]. 管理世界, 2014 (6): 176-177.

[121] 許俊偉. 中國商事制度改革的時代價值與深化路徑 [J]. 改革與戰略, 2018, 34 (10): 32-36.

[122] 王湘軍. 商事登記制度改革背景下中國市場監管根本轉型探論 [J]. 政法論壇, 2018, 36 (2): 141-149.

[123] 施雪華.「服務型政府」的基本含義、理論基礎和建構條件 [J]. 社會科學, 2010 (2).

[124] 唐亞林. 推進長三角公共服務均等化的理論思考 [J]. 學術界, 2008 (1).

[125] 廖揚麗. 政府的自我革命: 中國行政審批制度改革研究 [M]. 北京: 法律出版社, 2006.

[126] 魏瓊. 簡政放權背景下的行政審批改革 [J]. 政府與法律, 2012 (9).

[127] 榮仕星. 論政府行政審批制度改革 [J]. 中央民族大學學報: 哲學社會科學版, 2004 (1).

[128] 蔡小慎, 牟春雪. 基於利益相關者理論的地方政府行政審批制度改革路徑分析 [J]. 經濟體制改革, 2015 (4): 5-12.

[129] 潘秀珍. 利益集團理論視角的中國行政審批制度改革 [J]. 理論導刊, 2006 (3): 21-23, 30.

[130] 曼瑟爾, 奧爾森. 集體行動的邏輯 [M]. 上海: 上海三聯書店, 上海人民出版社, 1996.

[131] 新華網評. 總理力促「簡政放權」再顯改革決心 [EB/OL]. 人民

網，http://opinion.people.com.cn/n/2013/0927/c1003-23050317.html.

[132] 薛瀾，劉赫. 行政審批改革的最大難點 [J]. 人民論壇，2013 (25)：58-59.

[133] 國務院. 關於清理國務院部門非行政許可審批事項的通知 [EB/OL]. www.gov.cn/zhengce/content/2014-04/22/content_8773.htm.

[134] 馬懷德. 行政審批制度改革的成效、問題與建議 [J] 國家行政學院學報，2016（3）：14-18，2.

[135] 黃小勇. 中國行政體制改革研究 [M]. 北京：中共中央黨校出版社，2013：179-180.

[136] 徐增輝. 改革開放以來中國行政審批制度改革的回顧與展望 [J]. 經濟體制改革，2008（3）：12-15.

[137] 張國慶. 現代公共政策導論 [M]. 北京：北京大學出版社，1997：242-243.

[138] 栗燕杰. 中國行政審批制度改革的評估與展望 [J]. 法治研究，2017（4）：143-151.

[139] 胡世文. 基於CSSCI的行政審批制度改革研究知識圖譜分析 [J]. 未來與發展，2017，41（8）：44-52.

[140] 王志雄. 行政審批制度改革的實踐探索與理論研究——以順德行政審批制度改革試點為視角 [J]. 長沙理工大學學報（社會科學版），2014，29（2）：91-94.

[141] 孫彩紅. 地方行政審批制度改革的困境與推進路徑 [J]. 政治學研究，2017（6）：81-90，127-128.

[142] 徐增輝. 改革開放以來中國行政審批制度改革的回顧與展望 [J]. 經濟體制改革，2008（3）：12-15.

[143] 唐亞林，朱春. 2001年以來中央政府行政審批制度改革的基本經驗與優化路徑 [J]. 理論探討，2014（5）：148-153.

[144] 上海社會科學院經濟研究所課題組. 上海2035：全球城市因何卓越 [J]. 檢察風雲，2018（11）：34-36.

[145] 餘華. 負面清單嵌入行政審批制度改革研究 [J]. 甘肅社會科學, 2015 (5)：247-251.

[146] 徐穎, 趙暉. 中國行政審批制度改革的由來與展望 [J]. 團結, 2014 (2)：59-63.

[147] 沈毅, 宿玥. 行政審批局改革的現實困境與破解思路 [J]. 行政管理改革, 2017 (5)：19-23.

[148] 張曉, 岳盈盈. 簡政放權重在落實——基於山東省某市行政審批效能的實證研究 [J]. 中國行政管理, 2014 (10)：10-13.

[149] 孫彩紅. 地方行政審批制度改革的困境與推進路徑 [J]. 政治學研究, 2017 (6)：81-90, 127-128.

[150] 張曉, 岳盈盈. 簡政放權重在落實——基於山東省某市行政審批效能的實證研究 [J]. 中國行政管理, 2014 (10)：10-13.

[151] 於宏偉, 葉章. 行政審批制度改革亟須強化市場監管配套 [J]. 中國發展觀察, 2013 (11)：59-60.

[152] 劉熙瑞. 服務型政府——經濟全球化背景下中國政府改革的目標選擇 [J]. 中國行政管理, 2002 (7)：5-7.

[153] 王悅榮. 公共服務型政府的邏輯框架與建設策略 [J]. 湖北社會科學, 2004 (8)：33-35.

[154] 王瀾明. 深化行政審批制度改革應「減」「放」「改」「管」一起做——對國務院部門深化行政審批制度改革的一點看法和建議 [J]. 中國行政管理, 2014 (1)：6-8.

[155] 李克強. 政府工作報告 [N]. 人民日報, 2017-03-17.

[156] 廖揚麗. 中國行政審批制度改革研究 [D]. 北京：中共中央黨校, 2004.

[157] 竹立家主編. 中國公共行政 [M]. 北京：紅旗出版社, 2007.

[158] OSBORNE D, GAEBLER T. 改革政府——企業家精神如何改革著公共部門 [M]. 周敦仁, 等譯. 上海：上海譯文出版社, 2006.

[159] 路瑤. 中國行政審批權配置研究 [D]. 成都：西南政法大學,

2015.

［160］蔡寧，周穎，等.協同創新浙江國有企業發展之路［M］.杭州：浙江大學出版社，2008.

［161］李平，等.深化企業改革增強企業活力［M］.長春：吉林大學出版社，1990：74.

［162］北京商學院會計系課題組.股份制企業財務管理與會計核算［M］.北京：中國商業出版社，1992.

［163］鄒東濤主編.中國改革開放的30年［M］.北京：社會科學文獻出版社，2008.

［164］陳杰.中國國有企業改革發展研究［D］.北京：中國科學技術大學，2009.

［165］呂明，胡爭光，呂超.現代企業管理［M］.北京：國防工業出版社，2014.

［166］吳敬璉.當代中國經濟改革教程［M］.上海：上海遠東出版社，2016.

［167］崔俊杰.進一步推進中國行政審批制度改革的思考［D］.武漢：華中師範大學，2005.

［168］王健.關於行政審批制度改革的若干思考［J］.廣東行政學院學報，2001（6）.

［169］胡雙豔.從審批制到備案制的行政監管研究［D］.上海：華東政法大學，2015.

［170］朱寶麗.行政備案制度的實踐偏差及其矯正［J］.山東大學學報（哲學社會科學版），2018（5）.

［171］梁世林.繼續深化深圳政府審批制度改革［J］.特區理論與實踐，2002（3）.

［172］賈和亭，梁世林.深圳市改革政府審批制度［M］.深圳：海天出版社，1999（8）.

［173］傅倫博.建設社會主義法治城市深圳市——依法治市的探索與實踐

[M]．深圳：海天出版社，2000．

［174］徐婷婷．關於中國行政審批制度改革的思考［D］．上海：華東師範大學，2005．

［175］傅思明．行政審批制度改革與法制化［M］．北京：中共中央黨校出版社，2003（12）．

［176］鮑靜．適應完善社會主義市場經濟體制的要求進一步推進行政審批制度改革——國務院行政審批制度改革工作領導小組辦公室主任李玉賦接受本刊專訪［J］．中國行政管理，2004（1）．

［177］林雪霏．頂層邏輯與屬地邏輯的博弈——行政審批制度改革「雙軌制」的困境與契機［J］．社會主義研究，2016（6）．

［178］王浦劬．政治學基礎［M］．北京：北京大學出版社，2006．

［179］朱然．具體行政審批服務中自由裁量權濫用及其治理［J］．江漢論壇，2014（1）．

［180］龍海波，王維軍．行政審批改革紅利與績效評價［M］北京：中國發展出版社，2016．

國家圖書館出版品預行編目（CIP）資料

1949年後中國行政審批制度變遷 / 廖宏斌編著. -- 第一版.
-- 臺北市：財經錢線文化，2020.07
　　面；　公分
POD版

ISBN 978-957-680-426-7(平裝)

1.中國政治制度

573.1　　　　　　　　　　　109006700

書　　名：1949年後中國行政審批制度變遷
作　　者：廖宏斌 編著
發 行 人：黃振庭
出 版 者：財經錢線文化事業有限公司
發 行 者：財經錢線文化事業有限公司
E-mail：sonbookservice@gmail.com
粉絲頁：　　　　　網址：
地　　址：台北市中正區重慶南路一段六十一號八樓815室
8F.-815, No.61, Sec. 1, Chongqing S. Rd., Zhongzheng Dist., Taipei City 100, Taiwan (R.O.C.)
電　　話：(02)2370-3310　傳　真：(02) 2388-1990
總 經 銷：紅螞蟻圖書有限公司
地　　址：台北市內湖區舊宗路二段 121 巷 19 號
電　　話：02-2795-3656 傳真：02-2795-4100　網址：
印　　刷：京峯彩色印刷有限公司（京峰數位）

本書版權為西南財經大學出版社所有授權崧博出版事業股份有限公司獨家發行電子書及繁體書繁體字版。若有其他相關權利及授權需求請與本公司聯繫。

定　　價：580 元
發行日期：2020 年 07 月第一版
◎ 本書以 POD 印製發行